Michael Braun und Michael Buselmeier Der gelbe Akrobat

Michael Braun und Michael Buselmeier

Der gelbe Akrobat

100 deutsche Gedichte der Gegenwart, kommentiert

poetenladen

Zweite, korrigierte Auflage

ISBN 978-3-940691-08-8

Illustration und Umschlaggestaltung: Miriam Zedelius
Druck: Pöge Druck, Leipzig
Printed in Germany

Poetenladen, Blumenstraße 25, 04155 Leipzig, Germany
www.poetenladen-der-verlag.de
www.poetenladen.de
verlag@poetenladen.de

INHALT

VORWORT

Ein Gedicht kann ein geistig anregender Gesprächspartner sein. Man sollte freilich das Zuhören systematisch einüben, um die oft chiffrierten, gegenläufigen und vieldeutigen Aussagen eines Gedichts auch verstehen zu lernen. Die in diesem Buch versammelten 100 deutschsprachigen Gedichte der Gegenwart werden von ebenso vielen Kommentaren begleitet. Sie sind seit 1991 im Kulturteil der Wochenzeitung »Freitag« erschienen und wurden von uns für diese Buchausgabe im Verlag des »poetenladens« überarbeitet. In stetem Wechsel haben wir Kolumnen zu den Gedichten geschrieben, die im Idealfall aufeinander antworten. Die Auswahl der Texte geschah oft spontan, nach enthusiasmierenden Leseerfahrungen mit einzelnen Gedichten. Auch der Einstieg in die Kommentare war häufig ein subjektiver, biografisch orientierter, wobei die Anziehungskraft des Verses, diese lyrische »Non-stop-Predigt über menschliche Autonomie« (Joseph Brodsky), nicht nur biografische, sondern auch formanalytische Annäherungen herausforderte.

Die meisten Gedichte dieser Anthologie sind in den achtziger und neunziger Jahren des 20. Jahrhunderts geschrieben worden. Viele haben wir in literarischen Zeitschriften und Jahrbüchern gefunden. Sie stammen von Autoren, die sehr verschiedene Spielarten und Stilrichtungen innerhalb der jüngeren und jüngsten deutschsprachigen Lyrik repräsentieren, experimentelle und traditionale. So stehen neben den Texten prominenter Dichter der Gegenwart vorzügliche Gedichte von oft ganz unbekannt gebliebenen oder schnell vergessenen Autoren, wortmächtigen Außenseitern, und man kann daraus folgern, wie ungerecht die selektierende Literaturkritik häufig verfährt. Gedichte zum Beispiel von Friederike Mayröcker, Marcel Beyer oder Monika Rinck, die nach ungewohnten, offenen Formen für ihre ästhetischen Erfahrungen suchen; Gedichte von Wulf Kirsten, Christoph Meckel und Gregor Laschen, die durch Anverwandlung alter Formen und Mythen gültige poetische Bilder zu finden vermögen; auch Gedichte von Poeten aus der Provinz, West wie Ost, die überregional nie beachtet wurden, Heinz G. Hahs oder Manfred Streubel; schließlich ein paar politische Gedichte (von Friedrich Christian Delius, Volker Braun, Peter Handke), die wie erratische Blöcke in die beruhigte Landschaft ragen.

Einen breiten Raum nehmen – in den Gedichten wie in den Kommentaren – religiöse und politische Motive ein, auch poetologische Fragen. Dabei tauchen längst versunkene Fragestellungen wieder auf, die im atemlosen Dauerdiskurs des Literaturbetriebs längst ad acta gelegt waren. »Kann man einen Dichter einen Dichter nennen, wenn er mit dem Geheimdienst eines Polizeistaates paktiert hat? Können Texte von Autoren, die zu Stasi-Informanten wurden, noch Gegenstand ästhetischer Literaturbetrachtung sein?« Die Erörterung, die sich 1992 an diese Frage anschloss, hat wenig gemein mit jenem literaturkritischen Opportunismus, wie ihn der Dichter Gerhard Falkner in einer Polemik in der Literaturzeitschrift »BELLA triste« beschrieben hat: »Die Kritiker«, so klagt Falkner, »die eben noch (Sascha) Andersons literarische Bedeutung herausposaunt hatten, und das waren nicht wenige, fügten sich in die politisch angeordnete Rücknahme ihres literarischen Urteils nicht einmal kleinlaut, sondern stumm oder sogar mit Kehrtwendung.«

Solche literaturkritischen Kurzschlüsse haben wir zu vermeiden versucht. Stets liefert uns der Text des jeweiligen

Gedichts das ästhetische Erregungspotential, nicht die Gesinnungen seines Autors. Oft ist auch von der Kulturrevolution von 1968 die Rede und mehr noch von deren Scheitern, auf das gerade die Lyrik wach und sensibel antwortet. Diskutiert wird schließlich, was Dichtung heute noch leistet oder doch leisten könnte – als Alternative zur Alltags- und Medienwelt des Geschwätzes.

Unsere Kommentare bieten Lesarten an und stellen einen Zusammenhang her, sie begründen die innere Logik dieser Anthologie. Fern jedem akademischen Gestus verstehen sie sich als sympathetische Dialoge mit der zeitgenössischen Poesie. In diesen Dialogen wird nicht immer streng textimmanent operiert, sondern es wird das elementare Bewusstseinsereignis aufgezeichnet, das die Begegnung mit einem Gedicht noch immer darstellt. So bieten die Kommentare Lyrikfreunden, Studenten und Lehrern Verständnishilfen an, schlagen Lesarten vor, öffnen Zugangswege, fordern auch zum Widerspruch heraus.

Michael Braun und Michael Buselmeier
Sommer 2009

PETER HAMM

Auf den Knien, Kindheit

Auf den Knien, Kindheit,
an Kirchenschiffe gekettet
und schmale Kost, wo,
im Heiligkeitshunger, wo war
das Gnadenbrot, die Pforte
zum verheißenen Paradies?

In den Adern ahnte Leben
den Tod, flehte Scheren an,
Stricke, Schals, Tollkirschen.
Kroch zu Kreuze, treu
Tabernakeln statt seinem Traum.

Der Heilige Geist offenbarte
im Astloch einer Badehütte
das Geschlecht, den Abgrund
der Einbildungskraft, wiegte
fortan an Schlaflosigkeit
seinen unreinen Toren.

Welt, immer anderswo, war
mit Geschichte beschäftigt
und ähnlichen Skandalen –,
verurteilte den Sängerknaben
aus Wurzach in Abwesenheit
zu unstillbarem Verlangen

auf Lebenszeit.

Geburt des Dichters

Dichter wird man als Kind, hat Peter Hamm, Lyriker und Essayist, Autor anrührender Porträtfilme über Ingeborg Bachmann, Fernando Pessoa und Robert Walser, mehr als einmal gesagt. Den Zustand ungewissen »Verlangens« möchte man sich am liebsten ein Leben lang erhalten und auch als Dichter Kind bleiben, über die Schmerzen der frühen Jahre gebeugt. Sie kommen im vorliegenden Gedicht, das den nach langem lyrischem Schweigen 1981 veröffentlichten Band »Der Balken« einleitet, sogleich emphatisch zu Wort, in beschwörendem Ton (»Auf den Knien, Kindheit«), getragen vom Gestus der Selbstfindung.

Das Ambiente ist knöchern katholisch. Der kindhafte Dichter fühlt sich noch immer »an Kirchenschiffe gekettet«, an die »schmale Kost« der ärmlichen Kinderheime und Internate von Wurzach und Weingarten im Oberschwäbischen, wo Peter Hamm zur Nachkriegszeit traumatisiert aufwuchs – zugleich eine kulturgesättigte Landschaft, voller Bildungszitate; Bodensee und Säntis sind nahe, die verlässlichen Nothelfer Hölderlin, Robert und Martin Walser grüßen.

Die Geburt des Dichters verdankt sich nicht nur frühem Leid, sadistischen Erziehern und der Abwesenheit der Eltern, sondern ebenso der mitproduzierten Heilserwartung, dem »Heiligkeitshunger«, und gewiss auch der Präsenz des Todes, der gerade in katholischen Kirchen, Kreuzgängen und Klosterschulen allgegenwärtig ist. Tabernakel und Reliquienschreine erzählen aufdringlich davon, mit jener morbiden Sinnlichkeit, die sich von dem, was der Junge »im Astloch einer Badehütte« erkannt haben mag, wenig unterscheiden dürfte. Fortan ist er ein »unreiner Tor«, schlaflos umhergetrieben. Schuldgefühle und Selbstmordgedanken halten ihn wach.

Während die große Geschichte, mit »Skandalen« beschäftigt, ohne den einzelnen auskommt – sie nimmt ihn nicht einmal wahr –, rückt der kleine Lebenszusammenhang des »Sängerknaben aus Wurzach« ins Zentrum der poetischen Binnenwelt, und es entsteht eine Gegenwelt aus Sprache. Der Sänger tröstet sich mit Buchstaben auf dem Papier, errettet so das vergängliche Gefühl, die unscheinbaren, verachteten Dinge. Leben die Bücher nicht, all die toten Dichter? Der Versöhnungswunsch, ein »Verlangen«, das »unstillbar« ist, trägt Peter Hamm von Lektüre zu Lektüre, von Gedicht zu Gedicht – eine lebenslange Liebesspur, auch wenn es von außen so scheint, als wechselten Phasen der Verzagtheit, ja Depression mit Perioden hektischer Produktivität.

THOMAS KLING

anmutige gegend, zertrümmerter mai

in berittenen, rauhnacht noch, g-
dankn denk ich den rhein, denk zrr-
sprengter strom ich. den weidnmai,
gepfiffnes rohr darin und pappelschwung.
di salixsalix da im zoo im park. eis-
stadion mein kopf. denk ich paris nicht
denk persil + frühling.
                                        anmutige ge-
gnd, so aufreiz mir in fulminantn stirn-
gewittern, zrrschmettertn winterkopfs,
hergezeigt gewitterstirn, hoch gezurrte
lidmarkisn als jemand beuys den rhein her
überruderte, denk ich niedergelegte
ROBINIENALLEE als man di brut im mai im
mai am bordstein mitzerschmetterte. stirn-
rudel-stirnrudel, gesuchte kindheizgegen-
dn, so anmutig.

Beschädigte Idylle

Die klassisch-romantische Dichtung kennt den »locus amoenus« (wörtlich: der liebliche Platz) als Ort der Idylle, wo das lyrische Ich im Naturschönen zu sich selbst kommt. Die »anmutige gegend«, die der Lyriker Thomas Kling (1957-2005) heraufbeschwört, ist ein solcher idyllischer Topos: Es ist eine rheinische Landschaft mit den traditionellen Requisiten – Pappeln, Weiden, Schilfrohr. Es ist gleichzeitig die Kindheitslandschaft des Thomas Kling, der am Mittelrhein aufgewachsen ist und viele Jahre in Köln lebte. Zur glücklichen Übereinstimmung zwischen Subjekt und Natur, wie sie in Jahrhunderten lyrischer Entwicklung von den Dichtern immer wieder vorgeführt worden ist, kommt es jedoch nicht.

Die Distanzierung gegenüber romantischer Naturempfindung wird von Beginn an deutlich markiert: Das lyrische Ich fühlt und empfindet nicht, sondern »denkt« Fluss, Jahreszeit und Landschaft. Zu stark ist das Misstrauen des lyrischen Subjekts gegen das unschuldige Naturgefühl, zu nah sind die handlichen Formeln der Werbung, die auf ihre Weise Naturseligkeit auszunutzen weiß. So endet der erste Teil des Gedichts mit einer ironischen Zusammenfügung von Klischee und Naturbild: »denk ich persil + frühling«. Von Natur umgeben, bringt der Dichter nicht mehr das poetische Zauberwort hervor, sondern stürzt zurück in tiefe Zerrissenheit, sieht sich einem Ansturm schmerzhafter Assoziationen und Bilder ausgesetzt, die poetisch kaum mehr zu integrieren sind. In fast schon expressionistischer Bildlichkeit spricht Kling von »fulminantn stirngewittern«, »hoch gezurrten lidmarkisn« und »stirnrudeln« – all dies kühne Metaphern für ein dissoziiertes

Ich, das die anstürmenden Bilder nicht mehr zu ordnen vermag.

Aus dem Toben der Erinnerungen treten drei Bilder überscharf hervor: die Imagination der legendären Rheinüberquerung durch Joseph Beuys (ein Todesbote?), die Zerstörung einer »Robinienallee« und die Tötung einer nicht näher bezeichneten »brut«. Die »Zerschmetterungen«, von denen dieser zweite Teil des Gedichts berichtet, manifestieren sich formal in Veränderungen der Orthographie und Aufsplitterungen der Syntax; Verfahrensweisen, die Kling sehr häufig einsetzt, um der Gedichtsprache jede Sentimentalität auszutreiben, jede Schreib- oder Leseroutine zu stören. Es wäre oberflächlich, Klings Text nur als modernes, die Tradition konterkarierendes Naturgedicht zu lesen. Denn auch politische Assoziationen blitzen auf. So verstehe ich die Nennung des Ortsnamens Paris (»denk ich paris nicht«) in einem Rhein- und Mai-Gedicht als explizit politisches Signal: Er verweist, gleichsam als historisches Kürzel, auf die Niederschlagung des legendären Studentenaufstands jenseits des Rheins, auf die »Zerschmetterung« des »Pariser Mai« 1968. Die »anmutige gegend«, die das lyrische Ich als den Ort sehnsuchtsvoller Kindheitserinnerungen und utopischer Aufbruchshoffnungen herbeizitiert – sie liegt in Trümmern.

ERICH FRIED

Trakl-Haus, Salzburg

Zu schwer das Gewölbe:
ein Albtraum
dunkel und schön
in der schönen Stadt
zu stark und zu unverfallen
um zu hoffen auf ein Erwachen
zu alt um in ihm zu leben
zu alt um in ihm zu wohnen
und leben zu bleiben
in kühlen Zimmern ohne Sinn
Zu schön um sich
beizeiten von ihm zu trennen

Gänge und Mauern
sind Knochen des steinernen Todes
Ein eiserner Vater
half diesen Steinen keltern
den einsamen Sohn
und ihn pressen in frühen Herbst
Engel mit kalten Stirnen
trugen Verwesung

Und aus dem Haus
fliehend durch enge Gassen
durch das finstere Neutor unter dem Mönchsberg
sah er drohen von oben
die Feste Hohensalzburg

die Zwingburg die
die Juden vertrieben hat
die Bauern geknechtet hat
die Salzknappen besiegt hat
Wo war da Freiheit
außer in Traum und Umnachtung?

Das steinerne Haus

Jedes Mal, wenn ich nach Salzburg kam, habe ich Georg Trakls solid gebautes Geburtshaus am Waagplatz aufgesucht, bin in den Hof mit seinen offenen Galerien getreten und bin anschließend mit Trakls Blick durch Salzburg gegangen. Denn es ist ja, auch wenn die meisten Salzburger davon nichts zu wissen scheinen, seine Stadt, überall trifft man auf seine Farben (Blau, Braun, Gold ...), seine Motive (stürzende Engel; Gräber im Dunkel; Rösser, die aus der Brunnenschale tauchen), nur fehlt heute zunehmend die Atmosphäre von Felsen-Einsamkeit und Verfall, in der seine Obsessionen wuchsen. Eine lebensbestimmende Begegnung mit Trakls Werk und Herkunftsstadt hat Franz Fühmann in seinem bedeutenden Buch »Der Sturz des Engels« festgehalten.

Die Räume des Trakl-Hauses habe ich nie betreten, doch wurde mir versichert, es hänge darin ein Gemälde, das Trakl zusammen mit Thomas Bernhard und Peter Handke zeige. Mit seinem Gedicht »Trakl-Haus, Salzburg« reiht sich Erich Fried, der 1921 in Wien geboren wurde und den der Faschismus »aus einem österreichischen Oberschüler in einen verfolgten Juden verwandelte«, gleichsam in das Gemälde ein; es ist der Versuch einer Heimkehr. Dabei schmiegt sich der Sozialist Fried dem Fatalisten Trakl, der sich mit Drogen und Alkohol selbst zerstört hat, im Tonfall erstaunlich an: Die schönsten Verse erweisen sich als Zitate (»in kühlen Zimmern ohne Sinn«, »Engel mit kalten Stirnen«). Und man erkennt: Nicht nur Trakls, auch Frieds »Albtraum« heißt Österreich, die alte Macht der klerikal-feudalen und bürgerlichen Tradition, ein »Gewölbe«, »zu stark und zu unverfallen«, steingewordene Gewalt.

»Die schöne Stadt« lautet der Titel eines frühen Salzburg-Gedichts von Trakl, der seiner Geburtsstadt verhaftet blieb; sie war ihm dunkler Ort des »steinernen Todes«. Der Stein bildet die Landschaft und umschließt sie zugleich, sichtbar als Fels, als Torturm und Gassenschlucht, Kreuzgang und Klostermauer. Kälte herrscht im »steinernen« Haus, wo das Kind, von einer lieblosen Mutter kaum beachtet, als Sohn eines wohlhabenden Eisenwarenhändlers (des »eisernen Vaters«) aufwächst. Durch solche Kelter und Mühle gepresst, ist der »einsame Sohn« selbst versteinert. Nicht nur der Leib, sogar der Stein geht hier in »Verwesung« und Fäulnis über.

Die todbringende Kälte, die alle persönlichen Beziehungen zersetzt, bestimmt auch den gesellschaftlich-politischen Raum. Seit dem Mittelalter wirft die erzbischöfliche Feste Hohensalzburg ihren Schatten über die Stadt und raubt den Menschen Freiheit und Atem. Trakl erfuhr diese Verhältnisse als unaufhebbar; seine Leidensbilder und Untergangsvisionen entzündeten sich daran. Dass so einem auf Erden nicht zu helfen war, hat auch Erich Fried erkannt, der vermutlich zumindest die beiden etwas grobschlächtigen Schlusszeilen gern hoffnungsvoller gefasst hätte. Uns bleiben vor allem Trakls grelle Verse, geschrieben zu Anfang eines Jahrhunderts, dessen Krankheitsverlauf sie schrecklich bestätigt.

HANS MAGNUS ENZENSBERGER

Alte Revolution

Ein Käfer, der auf dem Rücken liegt.
Die alten Blutflecken sind noch da, im Museum.
Jahrzehnte, die sich totstellen.
Ein saurer Mundgeruch dringt aus dreißig Ministerien.
Im Hotel Nacional spielen vier verstorbene Musikanten
den Tango von 1959, Abend für Abend:
Quizas, quizas, quizas.

Im Gemurmel der tropischen Maiandacht
fallen der Geschichte die Augen zu.
Nur die Sehnsucht nach Zahnpasta,
Glühbirnen und Spaghetti
liegt schlaflos da zwischen feuchten Laken.

Ein Somnambule vor zehn Mikrophonen,
der kein Ende findet, schärft seiner müden Insel ein:
Nach mir kommt nichts mehr.
Es ist erreicht.

An den Maschinenpistolen glänzt das Öl.
Der Zucker klebt in den Hemden.
Die Prostata tut es nicht mehr.

Sehnsüchtig sucht der greise Krieger
den Horizont ab nach einem Angreifer.
Aber die Kimm ist leer. Auch der Feind
hat ihn vergessen.

»In der Tat, was auf der Tagesordnung steht, ist nicht mehr der Kommunismus, sondern die Revolution. Das politische System der Bundesrepublik ist jenseits aller Reparatur.« Mit solch schrillen Postulaten hat sich Hans Magnus Enzensberger in den sechziger Jahren den Ruf eines Autors mit revolutionären Neigungen erworben. Im »Kursbuch«, dem politischen Katechismus der Studentenbewegung, dozierte er nicht nur über revolutionäre Strategien zur Überwindung des »institutionell gesicherten und maskierten Faschismus« der Bundesrepublik, sondern empfahl darin auch ein revolutionäres Modell: Kuba. Nach der Besichtigung der kubanischen Revolution vor Ort folgte jedoch rasch die Ernüchterung. Aus dem Revolutionstheoretiker Enzensberger wurde der ironische Skeptiker, der fortan keine Gelegenheit mehr ausließ, den linken Genossen von einst die politische Heilsgewissheit und klassenkämpferische Zuversicht auszutreiben. Kuba und Fidel Castro fungierten in der poetischen Weltsicht Enzensbergers seither als zentrale Symbole von geschichtsphilosophischer Hybris und totalitärer Vernunft.

Ein erster Abgesang auf Castros Revolution findet sich bereits in dem 1969 entstandenen Gedicht »Das Übliche«, das auf die Verhör- und Folterpraxis des Regimes anspielt. In den 1975 veröffentlichten »Balladen aus der Geschichte des Fortschritts« ist es dann Ernesto »Che« Guevara, der Revolutionsheld an der Seite Castros, der als tragikomische Figur eines gescheiterten »Volkskriegers« eingeführt wird. Im Gedichtzyklus »Der Untergang der Titanic« aus dem Jahr 1978 schließlich erinnert sich Enzensbergers lyrisches Ich wehmütig »an die sonderbar leichten Tage der Euphorie« in Kuba und verabschiedete sich endgültig von den linken Illusionen »in jener winzigen Neuen Welt / wo alles vom Zucker sprach, von der Befreiung, von einer Zukunft, reich / an Glühbirnen, Milchkühen, nagelneuen Maschinen«.

Das Gedicht »Alte Revolution« rekapituliert noch einmal – zum Teil wortwörtlich – all diese revolutionskritischen Motive der früheren Texte und fügt einige höhnische Pointen hinzu. Enzensberger zeichnet in lakonisch-boshaften Versen das Bild einer Gesellschaft in Agonie – der real existierende Sozialismus Kubas erscheint als »das höchste Stadium der Unterentwicklung«, wie es ein Essay aus dem Jahre 1982 formuliert. Statt revolutionärer Dynamik herrscht der absolute Stillstand. In diesem gesichtslosen Raum verkündet ein »greiser Krieger« die Legende vom verwirklichten Sozialismus: »Es ist erreicht.« Die diskrete Ironie, die Enzensbergers Gedichte meist auszeichnet, weicht hier zynischem Spott. Das Gedicht, das in den letzten beiden Strophen seinen ganzen Eifer daran setzt, den gealterten Fidel Castro der senilen Lächerlichkeit zu überführen, erschöpft sich in bloßer Häme. Nicht Reflexion, sondern satirische Denunziation wird hier zum poetischen Prinzip. In einer späteren Version seines Gedichts (in: Gedichte 1950-2005. Suhrkamp Verlag, 2005) hat Enzensberger die plakativ sich belustigenden Passagen seines Gedichts wieder gestrichen. Er hatte sich wohl an die Einsichten seines Essays »Poesie und Politik« aus dem Jahr 1962 erinnert. Jedes Gedicht, das sich auf die Schmähung eines Herrschers beschränkt, schrieb Enzensberger damals, läuft Gefahr, zu mittelmäßigem Kabarett zu verkommen.

HEINZ G. HAHS

BEZAHLT IN ÖL UND ESSIG

Brahmbusch für Brahmbusch
am Bahndamm wo's leuchtet

zwischen Polarnacht (heißt das)
Blutschwätze und
Eis jetzt

leuchtet so gut der Ginster
und aus dem Ruder läuft das Blut
das Groß Gewäsch

von Wirsing Nachgeruch
dörr donnern die Züge den Himmel lang
bei uns hier unten jedoch im Bahnhofsklo

und stand unter Ginstern da war ich zehn
das Blut läuft aus dem Ruder
(immer ist innen gelb)

ach Windeln so brüchig zerrissen ihr Bäuchleins
und geht in die Schmerzwäsch alles
verirrte sich hier mein Opa in Hirngerinnseln
ich bin nicht gilb nicht wohnhaft nicht Jakob Beck

Blutschwätze

Heinz G. Hahs, ein überregional kaum bekannter, noch zu entdeckender Hermetiker, Sprachbossler und wortverdrehender Artist, ein Autor schwieriger, viel bedeutender Texte, lässt sich nicht gern festlegen. Er hat ein Pseudonym angenommen und versucht auch sonst, seine Spuren zu verwischen, indem er beispielsweise Gedichte und Prosastücke ohne Titel publiziert und semantische Hierarchien vermeidet. Er verfremdet Wörter, prägt neue Begriffe, spielt auf hintergründige Art mit Märchensätzen, Gebetzeilen, Sprichwörtern, Floskeln, Archaismen, Privatsprachen und Dialekten. Oft versteht man nur Bruchstücke eines Textzusammenhangs und erkennt das verbindende Moment umso weniger, je näher man an den Gegenstand heranrückt.

Dabei erzählen Hahs' Texte keineswegs von erlesenen Dingen und Welten, sondern vom Alltag der armen Leute auf dem Land, der Handwerker und Fahrenden zur Kriegs- und Nachkriegszeit. Sie berichten von »Winz«, dem »kleinen Tilgemeister«, der es »versäumt (hat) zu scheitern, als es noch Zeit war«, und der sich nun – an Leib und Seele beschädigt – im halben Unglück eingerichtet hat, in der rheinland-pfälzischen Provinz, ein ebenso melancholischer wie kindhafter Beobachter, der seine Sprengsätze und skurril verschlüsselten Botschaften jahrzehntelang für die Schublade schrieb und erst als Frühpensionär mit über 50 Jahren zu veröffentlichen begann.

Das vorgestellte (Passions-)Gedicht fällt unter die zugänglicheren Texte und fordert doch vielfältige Lesarten heraus. Eine Bedeutungsebene lässt sich ausmachen: Ein zehnjähriges Kind streunt, vielleicht auf dem Schulweg, den Bahndamm entlang, an Brahmbüschen vorbei, blühendem Ginster. Hahs schätzt die Kleinbürger-Enge (»von Wirsing Nachgeruch«), den herzergreifenden Ringelnatz-Ton (»am Bahndamm wo's leuchtet«, »leuchtet so gut der Ginster«). Doch unverdrängbar herrscht Krieg, und das Gedicht ist wie ein Aufschrei dagegen, indem es ruckhaft dem Blick der Kinder und der Opfer folgt.

Entschieden der Rhythmus des Anfangs: »Bezahlt in Öl und Essig«. Wer denkt bei solcher Öl-Währung oder angesichts der Finsternis einer »Polarnacht« nicht an den Golfkrieg von 1991? Vom »Blut« ist inständig die Rede, zuerst in der eindrucksvoll changierenden Neuprägung »Blutschwätze« (vielleicht die pfälzische Dialektform von »Blutschwärze«), korrespondierend mit dem »Groß Gewäsch« der Politiker und der »Schmerzwäsch«, sodann im poetisch dichten Bild des Herabtropfens: »und aus dem Ruder läuft das Blut« (wobei auch die Redewendung des »aus dem Ruder laufenden« Lebensbootes mitklingt).

»Den Himmel lang« donnern Bomber-Geschwader. Was sie »bei uns hier unten«, die wir »im Bahnhofsklo« Zuflucht gesucht haben, den Kindern zumal, anrichten, »geht in die Schmerzwäsch«, fällt der großen Gleichmacherei und Vergänglichkeit anheim wie der am Hirnschlag gestorbene Opa. »Ach Windeln so brüchig zerrissen ihr Bäuchleins«: Verhalten klagend bleibt das lyrische Ich als Zeuge des Geschehenen, der »Blutschwätze« zurück, ein lebenslanger Streuner, »nicht wohnhaft«.

HARALD GERLACH

Wiedergänger

Wo ich mich auskenne, war ich noch nie.
Werd ich nie sein. Wer ist ich?
Langatmige Kurznachrichten. Die ausbleiben
und wieder gehn: in die Binsen.

Der Freiheit eine Sackgasse. Es sollten
Auskünfte einkommen: die Wellenlänge
vor Borneo. Einsicht in Unnötiges.
Perdu!
Dem Kahlen kein Haar gekrümmt,
dem Nackten die Taschen vollgehaun.

Irgendwo unterwegs zwischen Leibniz
und Schopenhauer. In einem
Mittelgebirgstunnel. Seit Jahren kein
Ausgang. Gelegentlich ein Schatten, der
an Hölderlin erinnert. Grün ein Seidenband.
Diotima? Die verjährte Illustrierte
mit Katastrophen aus Griechenland.

Die Hornhaut wächst. Zugange nach
einem Bimsstein, einem Kartoffelaufguß
in dieser aller Unterwelten.

Ein Wiedergänger ist ursprünglich eine Gestalt aus dem Totenreich, die aus der Unterwelt zu den Lebenden zurückkehrt. Der Wiedergänger des Gedichts verharrt in Anonymität: Was die Feststellung der eigenen Identität betrifft, erklärt sich das Subjekt für unzuständig. So verschwindet das unbekannte Ich nach dem zweiten Vers auf Nimmerwiedersehen – und mit ihm jede nachvollziehbare Bilder- oder Metaphernlogik.

Wie der späte Günter Eich, der in seinen anarchischen Prosagedichten, den »Maulwürfen«, mit sarkastischem Sprachwitz eine von Wahrheit und Vernunft entleerte Welt zur Kenntlichkeit entstellte, verweigert der Erfurter Dichter Harald Gerlach (1940-2001) jede griffige Botschaft, jede signifikante Aussage. Statt sinnträchtige Formeln zu verbreiten, zieht sich Gerlach zurück auf einen grimmigen Lakonismus – auf schrille Paradoxien, Kontrafakturen und deformierte Redewendungen an der Grenze zum Kalauer. Mit philosophischen Heilsbotschaften und anderen praktikablen, im Bedarf austauschbaren Inhalten hat der Autor nichts im Sinn. Es geht darum, »mit List / die Fragen aufzuspüren / hinter dem breiten Rücken der Antworten«, wie Günter Eich sagt. Dies setzt voraus, dass im Gedicht zunächst alle kommunikative Behaglichkeit aufgekündigt wird.

Bei allen Rätseln, die der Text dann aufgibt, setzt er doch Bedeutungssignale. Was »in die Binsen geht«, so wage ich Gerlachs Verse zu übersetzen, ist nichts Geringeres als der Glaube an Aufklärung und Emanzipation. Nicht nur der Subjekt-Status des Ich, sondern auch der Anspruch auf Wahrheit und Erkenntnis stehen zur Disposition. Die Freiheit führt postwendend in die »Sackgasse«, die Aufklärung schrumpft zur »Einsicht in Unnötiges«. Ironisch unterläuft der Text die Denkbilder mythologischer und philosophischer Tradition: Leibniz, Schopenhauer und Hölderlin bleiben bloße Namen, an die sich kein Sinn mehr heftet. Gerlachs Wiedergänger tappt orientierungs- und richtungslos im Dunkeln, ohne Hoffnung, je den rettenden »Ausgang« zur Erkenntnis zu erreichen. Die einzige Sentenz, die nicht ironisch destruiert wird, scheint von demonstrativer Banalität – die Rede vom Wachstum der Hornhaut und den Methoden zu ihrer Bekämpfung. Harald Gerlach schickt seinen Wiedergänger und uns, die um ein vorschnelles Sinnbedürfnis betrogenen Leser, durch ein absurdes Terrain der Negationen und Paradoxien. Es sind lakonische Verse eines desillusionierten Skeptikers, der, wie es in einem anderen Gedicht Gerlachs heißt, seinen Ort nur noch »im Spielraum des Verlorenen« findet.

WULF KIRSTEN

stimmenschotter

trostesbang
die abschwünge
wider
alle unumstößlichen verheißungen,
schachfiguren, aus der lebensmitte
gerückt, ins totenreich der natur.
der stimmenschotter
im versiegenden flußbett
mit ulmenzweigen gepeitscht
wie damals.
die umgeschuldeten mißerfolge
in den gebetsmühlen aufrecht
zersungen, zermalmt.
die rückläufigen erfolge
als bettelsuppe ausgelöffelt.
für die mitglieder der menge
das backmehl huldreich gestreckt
schon wieder ein hungerjahr lang.
im handgepäck
die kleinen wortrechte,
ausgesiedelte lebensgeschichten,
gewissenhaft totgeschwiegen.
was willst du noch hier?
die stühle der königreiche
sollen sich umkehren
oder auch nicht.
wer aber, herr pfarrer,

wer soll uns begraben,
die wir hierbleiben?
fragen die alten
in den dörfern reihum.
im kirchenschiff
tanzt
der vom licht getroffene staub.
auf einer staubsäule
fahrn
in das himmelreich!

Der Dinge Gedächtnis

Als ich Anfang der achtziger Jahre zum ersten Mal zu einem Familienbesuch nach Weimar kam, wollte ich auch Wulf Kirsten kennenlernen, doch sein Name stand nicht im Telefonbuch. So suchte ich ihn im Aufbau-Verlag, wo er seit 1966 als Lektor tätig war. Das mehrstöckige triste Gebäude mit knarrendem, neonbestrahltem Treppenhaus schien menschenleer; erst im hintersten Zimmer des obersten Stockwerks trat mir ein eher kleiner, stämmiger Mann mit Schnauzbart und flinken Augen entgegen. Wulf Kirsten schien sich über den Besuch zu freuen, doch sein erster Satz lautete: »Eigentlich dürften Sie gar nicht hier sein.«

Zu Hause hatte sich dieser Wörter-, Bücher- und Faktensammler ein faszinierendes Privatarchiv aufgebaut und wusste auch sonst über alles Bescheid. Ein Schriftsteller, ein Wissenschaftler mochte noch so verschollen sein, Wulf Kirsten kannte ihn und zählte seine Verdienste auf. Alles was er sagte und schrieb, zeugte von der steten Energie eines Autodidakten, der sich Schritt für Schritt einen Platz in der Welt des Geistes erobert hatte, ohne dabei je die kleinbäuerliche Herkunft zu vergessen, die schwere, spröde »erde bei Meißen«.

Kirstens Thema ist die Natur, genauer: die sächsische Heimatlandschaft, eine enge Dorfwelt, gesehen als Lebens- und Arbeitsraum, »zermahlen vom rad der geschichte« und vom technischen Fortschritt bedroht. »am schutthang lagern / wortmassen und mauerfraß. / im weidenholz versteint / aller dinge totes gedächtnis.« Kirstens widerborstige Naturgedichte sind rauh in Wortwahl, Komposition und Rhythmus, voller Hintersinn, rigoros verkürzt und verdichtet: expressiv geballte Sprache, sich unerbittlich steigernd bis zum Schluss.

Über seine meißnische Provinz hinaus begibt sich der dichtende Chronist auf Forschungsreise in benachbarte Gegenden, soweit sie dem DDR-Bürger zugänglich sind. Ein bevorzugtes Ziel ist seit den 70er Jahren Rumänien. Dort findet Kirsten eine im Vergleich zur DDR grotesk gesteigerte Unterdrückung vor, wirkliche Not, finsterste Misswirtschaft, aber auch landwirtschaftliche Schönheit. Heimlich knüpft er Kontakte zu den deutschsprachigen Dichtern Siebenbürgens und des Banat, die »auf einer untergehenden Sprachinsel ausharren«, vor allem zu Franz Hodjak und Joachim Wittstock. Und da in der DDR eine begrenzte Kritik an den rumänischen Zuständen erlaubt ist, kann er im Spiegel von Ceauçescus Gewaltregime auch Hinweise auf die Situation im eigenen Land unterbringen.

Das vorgestellte Reisegedicht hat Wulf Kirsten nach einem Rumänienbesuch 1986 geschrieben, zu einem Zeitpunkt, als ein Großteil der dort lebenden Deutschen an Auswandern dachte. Sie sind »schachfiguren, aus der lebensmitte / gerückt«, »der stimmenschotter / im versiegenden flußbett«, auf Befehl des großen Conducators wie einst die Sklaven Roms »mit ulmenzweigen gepeitscht«. »trostesbang« sind die Zustände in diesem »totenreich«; die gebetsmühlenhaft verkündeten Aufschwünge haben sich längst als verbrecherische Lügen erwiesen. Auf Anordnung des kleinen Führers wurde »das backmehl huldreich gestreckt«. Die Menge hungert weiter und löffelt ergeben die »bettelsuppe« aus.

Doch die Jüngeren und die Dichter zumal haben schon ihre »lebensgeschichten« in die Reisetaschen gepackt, sie sind auf dem Sprung in den Westen und nichts wird sie davon abhalten, selbst wenn der Herr Zebaoth »die stühle der königreiche« umkehren sollte und Ceauçescus Clan stürzt. Aber was wird mit den älteren Dorfbewohnern geschehen, die zurückbleiben?

»wer soll uns begraben?« Ihre Situation erscheint inzwischen, obwohl die Despotie gewichen ist, ausweglos. Sie sind tatsächlich die Letzten im »totenreich der natur«, umgeben von »staub«, der sie himmelwärts trägt (»oder auch nicht«).

SASCHA ANDERSON

Rechnungen

im anfang war die stunde auf dem stuhl, dem leeren,
rotberührten beins. der rest war sitzen, darauf
hoffen, glaube an und fraß, in mich hinein. was ich auch berührte
schlief ein. als der stuhl zerbrach, und sie mich fragten,
ob ich den finger auf den knoten legen könnte, als sie
mich zum zeugen in eigner sache aufriefen, alle dinge
schliefen. löwenthal, du weißt, was ich mein'.
KONZENTRIERE DICH AUF DIE FARBEN. DAS IST IHR WUNDER
PUNKT. NICHT, WAS IHRE ZEICHNUNGEN SAGEN, IHRE FARBEN
VERRATEN DEN GRUND.

Ein Nebensatz zu einer Büchnerpreisrede hat genügt, um den Dichter Sascha Anderson moralisch und literarisch zu diskreditieren: »... der unbegabte Schwätzer Sascha Arschloch, ein Stasispitzel, der immer noch cool den Musensohn spielt und hofft, dass seine Akten nie auftauchen.« Unter der Wucht der Stasi-Vorwürfe, die sich im Fall von Sascha Anderson auf deprimierende Weise bewahrheiteten, ist die Legitimation einer ganzen Dichtergeneration zerbrochen. In der FAZ verkündete Frank Schirrmacher eine Kollektivschuldthese, indem er die »Prenzlauer Berg-Connection«, als deren Mentor Anderson lange Jahre gefeiert worden war, der heimlichen Komplizenschaft mit dem SED-Staat bezichtigte: »Auch die subversive Literatur (der DDR) war eine Literatur der Staatssicherheit – genau wie die einhundert Kilometer Akten in Berlin.« Was im Grunde eine apolitische Verweigerungshaltung war, das Basteln an einer autonomen Zirkulationssphäre für experimentelle Literatur, wird den Prenzlauer Berg-Dichtern nun als Verrat an der politischen Opposition ausgelegt. Der »letzte Glaube an eine genuine, intakte DDR-Kunst«, so insinuiert Schirrmacher, »ist zerstört«.

Nach all den höhnischen Entlarvungstraktaten noch ein Anderson-Gedicht zu lesen, ist fast schon ein Frevel. »Rechnungen« ist insofern kein typisches Anderson-Gedicht, als der biographische Erlebnishintergrund des Textes nicht gänzlich verwischt und das lyrische Subjekt nicht in einem Raum fremder Stimmen aufgelöst ist. Aber von welchem Erlebnis spricht dieses lyrische Ich, das in diesem Fall unschwer als Double des Autors zu identifizieren ist? Und welche Rolle spielt der anonym bleibende Personenkreis, mit dem das Ich konfrontiert wird? Das Gedicht-Ich ist offenbar rechenschaftspflichtig gegenüber dem anonymen »sie«. Wird hier eine Verhörsituation evoziert, in der das Ich als »zeuge in eigner sache« aussagen muss, verbannt auf einen Stuhl, bestürmt von den Fragen seiner anonymen Bewacher?

Auch andere Lesarten der rätselvollen Verse sind möglich: Ausgehend von den Schlusszeilen, die ja als ästhetische Reflexion kenntlich gemacht werden, kann das Gedicht als Einübung in ästhetische Erfahrung gelesen werden, wobei der Stuhl als meditativer Ort fungiert. Anderson-Verächter werden in der Verrätselung und Chiffrierung der Gedicht-Elemente nur das Eingeständnis literarischer Inkompetenz erkennen wollen. Problematisch bleibt in der Tat der klandestine Gestus, mit dem sich das Ich vom Anspruch auf Kommunizierbarkeit seiner poetischen Zeichen befreien will. Durch die Anrufung des toten Freundes Nicolaus Löwenthal – er starb 1979 – erlöst sich Andersons Gedicht-Ich aus der Konfrontation mit dem »sie«. Ein ästhetisches Einverständnis wird signalisiert (»löwenthal, du weißt, was ich mein'«), der tote Freund wird zum Partner eines imaginären Dialogs über Farbe, Zeichnung, Kunst. Zusammen mit seinem poetischen Double taucht der Autor ab in eine hermetische Kunstsphäre, wo nur wenige Eingeweihte Zutritt erhalten.

DIETER M. GRÄF

Ludwixhafen

... wer jung ist der spritzt sich
(nen Stich machen) den Rhein in die Vene wer ...

Die Stechuhr hat den Stecher gemacht
doch die Anilinerhur kriegt keinen
Kochlöffel in ihr rührt der Schornstein
in sie fließt das Wassermesser IMMER RIN
O RIN IN DE ROI NOI bis der Aniliner
(wird abgekürzt) aus dem Fluß kommt
und der aus dem Reagenzglas und 2
Reagenzgläser zueinander (Anstoß!) so
daß ein ICH ins Album (Vögelchen!)
kommt und geht im Maudacher Bruch
(einen machen, aber auch: Knochenfunde)
um und dann DE BACH NUNNER (»is der
abber grüüün ...«) kippt 1 Cocktail
(»der is abber ...«) RIN IN

... wer alt ist der trinkt ihn.

Glotzt nicht so romantisch!

Die jungen Wilden, in den Kunstgalerien längst wieder aussortiert, fanden im Literaturbetrieb der neunziger Jahre mehr Aufmerksamkeit denn je, voran die Wortverdreher vom Prenzlauer Berg wie Bert Papenfuß-Gorek und Stefan Döring. Auch die bei Suhrkamp gelandeten Deformationsartisten Thomas Kling und Marcel Beyer nahmen in den Feuilletons viel Raum ein. Man widmete sich ihnen umso hektischer, je mehr man befürchtete, sie schon morgen dem Zeitgeschmack oder der Aktenlage opfern zu müssen.

Daneben schien für einen Provinzler wie Dieter M. Gräf kein Plätzchen mehr frei zu sein, obwohl oder vielleicht gerade weil er sein sprachliches Zerstückelungswerk in einem politischen Kontext betrieb. Gräf berief sich damals nämlich auf eine Tradition der Verweigerung, die – mit dem jungen Brecht beginnend – in der Beat-Generation wieder auflebte: eine emphatische Absage an das als »Pavianmaschine« global denunzierte »System«. In einem Brief berichtet Gräf, wie er als Kind mit seinem Vater einen pfälzischen Winzer besuchte; allein der *Tonfall*, in dem dieser Biedermann die Namen »Mahler« und »Meins« aussprach, habe sie dem Knaben sympathisch gemacht.

Solche Eindrücke prägen Gräfs Texte, verletzen die gewohnte Ordnung der Syntax und der Semantik. Sie beflügelt der Ehrgeiz, »innovativ« zu sein, zugleich »witzig und unterhaltsam«, vor allem »zeitgemäß«, was bedeutet, sie sollen thematisch, mehr noch in ihren Lauten, Wörtern und Rhythmen, also in ihren *Strukturen*, der aktuellen, medial getrimmten Wahrnehmung jederzeit standhalten. Den Nüssebewisperern ruft er ein »Glotzt nicht so romantisch!« zu.

Um der latent terroristischen Medienwelt ihre eigene Melodie vorzuspielen, hat Gräf »nüchterne Textmaschinen« entwickelt (gegenläufig auch »Sprachwölfe« genannt), deren Bestandteile sich – kleinteilig gebrochen – in chaotischem Durcheinander zu befinden scheinen; oft böse Satiren, die sich strampelnd gegen jede Übereinkunft wehren und selbst vor anarchistischen Legenden (»Sacco für Vanzetti«) nicht haltmachen. Mit der herkömmlichen Politischen Lyrik etwa Erich Frieds haben diese moralfrei sich gebenden Gebilde ebensowenig gemein wie mit der Alltagslyrik der siebziger Jahre. Dagegen könnten Gottfried Benns radikale Formpostulate und die populären Lautgedichte Ernst Jandls als Vorbilder reklamiert werden.

Unser Gedicht mit seinem die Heimatstadt Dieter M. Gräfs wie Helmut Kohls kalauernd ins Zotige verzerrenden Titel rückt die Alltagswelt satirisch zurecht. Es unterstellt (keinesfalls abwegig), dass der Genuss des Rheinwassers bei »Ludwixhafen«, gefixt oder getrunken, aufgrund der Emission des Chemieriesen BASF für jung wie alt tödlich sein kann. Die Giftbrühe gärt. Aus der Verbindung zwischen dem »Schornstein« des »Stechers« und der gewaltigen »Anilinerhur« entsteht der »Aniliner«, der »aus dem Fluß kommt« und im »Reagenzglas« ein modernes Pseudo-»Ich« produziert, einen Homunculus, der ein wenig im Maudacher Bruch umherirrt und dann »de Bach nunner« treibt. Mit Wortspielen, Redensarten, Assonanzen, Binnenreimen, Slang und pfälzischen Dialekteinsprengseln (»in de Roi noi«, »de Bach nunner«) versucht Gräf klarzumachen, dass die romantische Rheinlandschaft nur noch im »schönen insel taschenbuch« überlebt.

RAINER SCHEDLINSKI

ICH LIEF DURCH NAMENLOSE TREPPENHÄUSER
nur um durch fremde fenster, auf fremde höfe zu sehen
den traum verschluckt, vorbei
an ämtern, wänden, grünanlagen
mit werktätigen astern bestellt
hydranten von äußerster poesie
ich saß in cafes mit lippen, in die welt gefaltet
wie ein gebet mit stumpfen zähnen
ich erfand nerven aus draht, das radio
spielt nicht mehr für mich, im spiegel
all die scherben deiner kleider

Kann man einen Dichter noch Dichter nennen, wenn er mit dem Geheimdienst eines Polizeistaats paktiert hat? Können Texte von Autoren, die zu Stasi-Informanten wurden, noch Gegenstand ästhetischer Literaturbetrachtung sein? Oder hat sich angesichts der »Kollaboration einer scheinbaren ästhetischen Avantgarde mit der Macht« (Lutz Rathenow) die Frage nach der ästhetischen Dignität ihrer Texte von selbst erledigt? In einem offenen Brief an Rainer Schedlinski vertritt der Schriftsteller Kurt Drawert die These, das Doppelleben zwischen literarischer Subversion und machtgeschützter Konspiration habe auch die Literatur irreparabel beschädigt: »Jetzt kann nur noch Skepsis die Texte begleiten, deren bestes Ende die Ignoranz wäre.«

Ich meine, es wäre fatal, wenn mit der moralischen Verurteilung des Stasi-Informanten Schedlinski auch eine absolute Disqualifizierung seiner Dichtung einherginge. Schedlinskis elaborierte Essays, in denen er unter Berufung auf Michel Foucault und Roland Barthes eine sprachkritische Poetik entwickelt, behalten noch immer ihre Gültigkeit – auch wenn der Autor seine eigenen Grundüberzeugungen auf so traurige Weise verraten hat. Alle Literatur ist Maskenspiel, Verstellung, Fiktion: Kein Autor kann für seine Aufrichtigkeit oder Ehrlichkeit einen literarischen Bonitäts-Zuschlag erwarten. Umgekehrt gilt, dass auch die Literatur eines moralisch noch so fragwürdigen Autors nicht automatisch ihr Existenzrecht verliert. In Schedlinskis Gedichten bleibt der Ausbruchsversuch aus dem »totalitären diskurs der gesellschaft« und dem »herrschenden sinngefüge«, den er in seinen Essays anvisiert, in

Ansätzen stecken. Seine Gedichte sind meist brüchig, ohne gedankliche oder metaphorische Kohärenz, zudem oft mit Abstraktionen überfrachtet. Auffällig ist die Dominanz von Motiven der Spaltung, des Zerrissenseins, der diffundierenden Identität.

Der vorliegende Text hat dagegen alle abstrakten Verkrampfungen abgestreift; fast in der Art des poetischen Alltagsrealismus spricht ein lyrisches Ich von seiner alltäglichen Entfremdungserfahrung. Ziellos durchstreift das isolierte Ich die anonyme, von »werktätigen astern« dekorierte Welt des realsozialistischen Alltags. Das Gedicht zeigt ein atomisiertes Subjekt, das sich, keinem sozialen Zusammenhang mehr verpflichtet, als zerstreuter Beobachter durch eine fast menschenleere Wirklichkeit bewegt. Fast unnahbar, geht dieses einsame Ich mit »nerven aus draht« gegenüber seiner Umgebung auf totale Distanz.

Erst die Schlusszeile liefert einen überraschenden Hinweis auf ein Du. Der Blick in den Spiegel liefert nicht nur ein mosaikhaft zersplittertes Bild von Kleidungsstücken: Fragmentiert, zersplittert ist auch die Identität des Beobachters. »Ich ist ein anderer«: Rimbauds berühmtes Diktum, das von Schedlinski sehr häufig zitiert und paraphrasiert wird, gewinnt in diesem Zusammenhang einen unerwartet wörtlichen Sinn. Es ist in Schedlinskis Gedichten zu lesen als die verzweifelte Reflexion eines Dichters, der die lebenspraktische Zerreißprobe der Doppelexistenz zwischen Poesie und Stasi immer weniger bewältigen konnte.

WOLFGANG HILBIG

abwesenheit

wie lang noch wird unsere abwesenheit geduldet
keiner bemerkt wie schwarz wir angefüllt sind
wie wir in uns selbst verkrochen sind
in unsere schwärze

nein wir werden nicht vermißt
wir haben starke zerbrochne hände steife nacken –
das ist der stolz der zerstörten und toten dinge
schaun auf uns zu tod gelangweilte dinge – es ist
eine zerstörung wie sie nie gewesen ist

und wir werden nicht vermißt unsere worte sind
gefrorene fetzen und fallen in den geringen schnee
wo bäume stehn prangend weiß im reif – ja und
reif zum zerbrechen

alles das letzte ist uns zerstört unsere hände
zuletzt zerbrochen unsere worte zerbrochen: komm doch
geh weg bleib hier – eine restlos zerbrochne sprache
einander vermengt und völlig egal in allem
und der wir nachlaufen und unserer abwesenheit

nachlaufen so wie uns am abend
verjagte hunde nachlaufen mit kranken
unbegreiflichen augen.

Sehnsucht nach Anwesenheit

Auf dem Umschlag seiner ersten Buchveröffentlichung, dem Gedichtband »abwesenheit« (1979), der in der DDR nicht erscheinen durfte, ist der junge Wolfgang Hilbig (1941-2007) abgelichtet: ein breites Gesicht mit Boxernase, der Blick nach innen gekehrt, von leicht gelockten langen Haaren umweht. Ein wenig erinnert er an Billy the Kid in Sam Peckinpahs poetischem Spätwestern, dargestellt von dem Rock-Sänger Kris Kristofferson. Grad so ein Rebell und Outlaw muss Hilbig in seinem Land gewesen sein, ein Skandalon: Der Proletarier, wie zum Bilderbuchdichter des Arbeiter- und Bauernstaates berufen, nahm – statt sozialistisch-realistischer Schönfärberei zu frönen – überall Unrat wahr, Aussatz, Abgründe und Schrecken. So wurde er bald zum »Fremdkörper« und zum »Un-Literaten« befördert, der – wie er selbst bekennt – »ständig unter Wirklichkeits- und Bewusstseinsentzug« litt. 1985 wich er in die Bundesrepublik aus.

Doch Hilbig kam von seiner sächsischen Heimat nicht los. Wie im Fieber imaginiert er die Landschaft um Meuselwitz, die von schlammigen Wegen, stillgelegten Kohlebergwerken und maroden Industrieanlagen durchfurcht ist. Seine Gedichte, Erzählungen und Romane sind Zeugnisse der Verweigerung wie der Ich-Suche; sie zeichnen sich aus durch die Dinglichkeit der in Bewegung versetzten Einsamkeitsbilder, die der Autodidakt, nach intensiver Beschäftigung mit der ihm zugänglichen modernen Weltliteratur, in sich selbst ausgegraben hat.

Das vorliegende (Titel-)Gedicht entstand 1969, ein Jahr nach der Niederschlagung des Prager Frühlings. Es setzt mit fast biblischem Pathos ein: »wie lang noch wird unsere abwesenheit geduldet« – von Staat, Kirche, Patron oder von einer höheren moralischen Instanz? – unsere Hoffnungslosigkeit, an der wir, »in uns selbst verkrochen«, leiden und die uns anfüllt mit »schwärze«? Die Antwort folgt prompt: Wir werden überhaupt nicht »vermißt«, niemand sucht uns. Dies »wir«, das hier ausschließlich spricht, scheint ein Kollektiv der Opfer zu sein, derer, die ihr Selbstbewusstsein, ihre Selbstachtung längst verloren haben und wie gefangene Tiere mit »unbegreiflichen augen« umherirren. Sie haben »zerbrochne hände« und »steife nacken« vom Arbeiten in den Bergwerken, vielleicht auch von der Folter, und »tote dinge« umgeben sie – »es ist / eine zerstörung wie sie nie gewesen ist«. So klingt bereits das Ende der zweiten Strophe wie ein (vorzeitiges) Resümee.

Und doch gibt es eine Steigerung. Denn nicht nur »unsere hände« und die winterlich bereiften »bäume« zerbrechen, auch unsere Sprache ist »restlos zerbrochen« und völlig beliebig geworden. Auf sie ist, wie auf uns, kein Verlass mehr, sie verfehlt die Dinge, die sie bezeichnen soll: Sprachlosigkeit als Form der Abwesenheit.

Hilbigs frühes Gedicht hat Bildkraft, Rhythmus, einen Atem, der durch alle fünf Strophen und über einige Wiederholungen hinweg bis zur letzten Silbe trägt. Es stellt eine kühne, im Ton unerbittliche Abrechnung mit der allgegenwärtigen Zerstörung von Landschaft und Menschen in der noch machtvollen DDR dar und ist zugleich, als Klage und Anklage, auch im goldenen Westen verständlich. Es beschwört mit expressivem Pathos die universelle Krankheit der Zeit. Es malt die Welt pechschwarz in ihrer Entfremdung, als totale »abwesenheit« von Licht, Leben, Frühling, sinnvoller Ordnung, Freiheit, Selbstvertrauen, und bezieht auch den Dichter ins Kollektiv der sprachlos Abwesenden mit ein. Doch zugleich verkörpert es selber, als Sprachkunstwerk, das »ganz Andere« (Celan) der Poesie und widerspricht insofern der lückenlos ausgemalten Vorhölle auch wieder, beflügelt von der Sehnsucht nach Anwesenheit, zumindest im Gedicht.

LUDWIG GREVE

Mein Vater

Spät komme ich zu dir.
Wenn Staub mich riefe – aber ich höre nur
    im Spiel der feuchten, meiner Lippen,
        diese gehorsame Stimme rufen.

Wo niemand wartet, Vater, im Schweigen, wo
in Salz und Asche kenne ich deinen Mund,
    der nach den Kindern ruft und ächzend
        bittet um Gnade die Menschensöhne.

Die ehmals gute Jacke verriet den Herrn,
Du ohne Mantel, war auch kein Tier dabei
    noch Gott: wie sorgsam führtest du in
        zwiefacher Kälte dein Kind zur Grube.

Dein Aug, die Stirne, Tafel vom Sinai,
der Nase starker Bogen – ich sehe nichts
    und halte Nase, Stirn und deine
        Bitternis doch in den hohlen Händen.

Ja, diese Hand, die unschlüssig Wort auf Wort
hier fügt, sie ahmte lange die Bögen nach
    von deinem Namen, übte heimlich
        Strenge und Mut des gerechten Mannes,

dem ich nie sagen konnte: ich bin dein Sohn.
Man hieß uns Fremde. Unsere Sprache war
  ein Blick, ein Händetausch, und später
    Auflehnung, bleiche Gewalt des Zornes.

Genügt die Trauer? Atem, Begeisterung,
die Liebesnächte danke ich deinem Grab
  und auch die Kinder: unerschöpflich
    höre sie lachen ... Ich komme, Vater.

Ein lyrisches Totengespräch in alkäischer Odenstrophe: Klingt der hohe Ton nicht hoffnungslos antiquiert, wie eine pathetische Reminiszenz an eine seit Hölderlin längst zersungene Form? Es ist gar nicht so lange her, da hat man sich von allen klassischen Versmaßen wie von Unrat befreien wollen, da gehörte die Verhöhnung aller traditionellen Regularien zu den Pflichtübungen jedes »zeitgenössischen« Lyrikers. Ludwig Greve war sich seiner unzeitgemäßen poetischen Anstrengung bewusst, als er sich 1979, in einer Rede vor Freiburger Studenten, zur Ode bekannte als der einzig verlässlichen Form, um Gültiges und Bleibendes zu sagen im Gedicht. Erst die strenge Form der Ode habe es ihm ermöglicht, das Gedicht an seinen 1944 ermordeten Vater zu schreiben, die ihn bedrängenden quälenden Gefühle und Erinnerungen zur Sprache zu bringen: »Es zeigt sich, dass mir so eine Sprache, sagen wir, der Sterblichkeit gelang, die vielleicht vor beiden bestehen kann, den Opfern wie den Lebenden.«

Das Gedicht vergegenwärtigt das Schicksal der jüdischen Familie Greve, ihre Vertreibung in eine Fremde, die Tod bedeutete. Aus Greves Freiburger Rede kennen wir die biographischen Hintergründe des Gedichts. Bereits 1938 war Greves Vater zum ersten Mal in einem Konzentrationslager interniert worden. Später, nach Emigration und Kriegsausbruch, führte der Fluchtweg der Greves über Frankreich nach Italien, wo man zunächst in einem piemontesischen Bergdorf Unterschlupf fand. An einem kalten Januartag des Jahres 1944 vollzieht sich dort das traumatisierende Ereignis, das die Kindheit des jungen Ludwig Greve jäh beendete. Zusammen mit seiner

Tochter, Ludwigs fünfzehnjähriger Schwester Evelyn, machte sich Greves Vater auf den Weg in die nächstgelegene Provinzhauptstadt, um dort Hilfe zu holen, da er selbst und seine Frau bei einem Bombenangriff schwer verwundet worden waren. Der Versuch einer Hilfsaktion wurde zur Todesfalle.

Ludwig Greve hat es als Schuld empfunden, den Vater überlebt zu haben. Dieses unaufhebbare Schuldgefühl hat sich auch dem ersten Vers des Gedichts eingeprägt, der schon rein metrisch eine exponierte Stellung einnimmt, da er von der vorgeschriebenen Silbenzahl in der alkäischen Ode abweicht. »Spät komme ich zu dir«: Das ist ein dem Schweigen abgerungener Satz, der Auftakt zu einer posthumen Liebeserklärung an den Vater, die sich ihrer Berechtigung nicht ganz gewiss ist. Das lyrische Ich versucht sich noch einmal Gesicht, Stimme und Schrift des toten Vaters in Erinnerung zu rufen. Nur der Augenblick des poetischen Sprechens, so sagt es die vierte Strophe, erlaubt die fast mystische Verschmelzung zwischen Vater und Sohn. »– ich sehe nichts / und halte Nase, Stirn und deine / Bitternis doch in den hohlen Händen.« Mit einer Geste nachgetragener Liebe, die zugleich Vorausahnung des eigenen Todes ist, endet die poetische Trauerarbeit des Gedichts: »Ich komme, Vater.« Am 12. Juli 1991 ist Ludwig Greve vor Amrum in der Nordsee ertrunken.

JÜRGEN THEOBALDY

Ein Orakel in der Nähe

Im Zimmer hier rührt sie
die feinen Flügel der Luft auf,
sie summt vom Gelb des Sommers,
vom Sommer der Waben und des Honiggelbs,
vom wahrhaft friedlichen Hausbau.

Unerreichbar nah der Duft,
die Blüten, der Weg zur Erleuchtung,
die uns alle Wege erleichtern würde.
Die Wälder und Tempel sind draußen;
Dazwischen dies halbe Jahrtausend aus Glas.

In Bernstein gefasst

Um Jürgen Theobaldy ist es still geworden. In den aufgeregten siebziger Jahren galt er als Exponent einer jungen, auf kruder Alltagserfahrung basierenden Lyrik und zog stellvertretend für eine ganze Poeten-Generation Lob und Tadel auf sich. Seine Anfänge, in dem Gedichtband »Blaue Flecken« (1974) zusammengetragen, markieren den antiautoritären Bruch mit einem überkommenen Verständnis der Lyrik wie von Politik; streitbar-freche, unreine Verse im Ton der Beatniks, beflügelt von der Lust an der Veränderung.

Als die Kraft der Revolte nachließ und die Staats-Schauspieler wieder die Oberhand gewannen, begann der Arbeiterjunge aus Mannheim mit klassischen Gedichtformen, mit Oden und Distichen zu experimentieren, was ihm ironische Kommentare und sogar den Vorwurf des Renegatentums eintrug. Der Band »Die Sommertour« (1983) zeigt Theobaldy silbenzählend als gelehrigen Schüler der metrischen Tradition.

Dass solche Schule durchaus sinnvoll sein kann, demonstriert das vorgestellte Gedicht, das einen Zyklus von Tiergedichten, ein »Bestiarium« eröffnet. Theobaldy verfügt nun so gelassen über seine lyrischen Mittel, dass er kaum mehr auf den Gedanken kommt, überlieferte Formen nachzubauen. Gleichwohl hat dieses Gedicht etwas antikisch Heiteres, klassisch Ruhiges. Es umfasst zwei fünfzeilige Strophen, reimlos. Die Bilder sind hell, der Rhythmus sanft fließend, an Daktylisches *erinnernd* – nicht mehr.

So geht es hier denn auch um einen Augenblick der Erinnerung, einen einfachen, »unerreichbar nahen« Glücksmoment. Zwar ist der Sommer vorüber, doch das Summen einer einzelnen Biene, das Flirren ihrer Flügel ist im Zimmerwinkel oder an der Fensterscheibe zurückgeblieben: ein Abglanz des Sommerglücks, des »Honiggelbs«, des Blütendufts. In solchen poetischen Augenblicken des Gedenkens wähnen wir uns der »Erleuchtung« nahe, auch wenn wir fernab der »Wälder und Tempel« leben, der mythischen Erleuchtungsplätze und Orakelstätten, von denen wir – seit dem Beginn der Moderne hinter »Glas« – abgetrennt sind. Freilich wäre es ebenso vorstellbar, dass die Biene, von der letzten Zeile ausgehend, gar nicht lebendig summend im herbstlichen Zimmer anwesend ist, sondern – ein »halbes Jahrhundert« lang im honiggelben Bernstein aufbewahrt – auf dem Schreibtisch liegt.

Dies kleine Poem hat, anders als viele Tiergedichte vor ihm, keine moralisch-didaktische oder emblematische Bedeutung. Dafür eignet ihm etwas von der präzisen Ungenauigkeit des Symbols. Dass Theobaldys Text »Ein Orakel in der Nähe« auf Jannis Ritsos' Gedicht »Das neue Orakel« antwortet, in dem von einem gewissen »Saon« die Rede ist, »der geleitet von göttlicher Erleuchtung / einem Bienenschwarm folgte und das geheime Gesetz / des Unlösbaren, Unerklärlichen« begriff, muss man zum Verständnis nicht unbedingt wissen. Aber an Goethe könnte man schon denken, der auf seiner Italienischen Reise das »Honiggelb« der antiken Tempel Siziliens erfuhr, von Bienen umsummt, etwa in Selinut. Zwei Verse im »Faust« erinnern das Erlebte: »Der Säulenschaft, auch die Triglyphe klingt. / Ich glaube gar, der ganze Tempel singt.«

WERNER SÖLLNER

Siebenbürgischer Heuweg

Hinter den Bergen am Waldrand
neben dem schwarzen, unruhigen Vieh
im gelben Hornissengewölk, hier
war ich, eingewickelt
in die dunklen Tücher des Mittags
unterm Wildapfelbaum.

In der unpoetischen Landschaft
sangen Stein und Metall
ein schartiges Lied, mit dem Eisen
gingen die Männer
durchs kniehohe Gras.

Ein verspäteter Kuckuck rief
mit der fremden Stimme des Glücks
eine unendliche Zahl, schrill
schrie der Maulwurf die Antwort, bevor
sie ihn köpften.

Seine Blutspur entlang
unterwegs, was mich betrifft, an der Hand
des alten Zigeuners, aus der Wunde im Gras
in eine andere Wunde aus Gras.

»Es wird sich herausstellen«, so prophezeite einst Bertolt Brecht, »dass wir ohne den Begriff der Schönheit nicht auskommen.« Werner Söllners Gedicht »Siebenbürgischer Heuweg« vermag diese Prognose Brechts auf das Wunderbarste zu bestätigen. Denn hier kehrt er noch einmal wieder, der Klangzauber der alten sprachmagischen Dichterworte, der nach den Gedichten von Peter Huchel, Paul Celan und Johannes Bobrowski endgültig verhallt schien. Emphatische Naturbilder wie das vom »gelben Hornissengewölk« und feierliche Genitivmetaphern wie »die dunklen Tücher des Mittags«, die man sich in gegenwärtiger Lyrik kaum mehr gestattet, werden von Söllner ohne erkennbare Distanz reformuliert. Sie verweisen auf eine Erhabenheit der Natur und eine romantische Gestimmtheit des lyrischen Subjekts, die heute anachronistisch anmuten. Ist diese poetische Schönheit also nur geborgt, schwelgt der Dichter Werner Söllner im längst obsoleten Tonfall der Idylle?

Über die poetische Legitimität einer Gedichtsprache lässt sich nicht per normativem Dekret entscheiden. Sprechweisen und Stilhaltungen können altern, zur epigonalen Manier werden, aber sie können auch neu belebt, in einer emphatischen Weise aktualisiert werden. Eine vermeintlich altmodische Sprachgeste kann poetisch widerstandsfähiger sein als der fragmentierte Gedichtschrei von heute.

In Werner Söllners Gedicht kehrt das lyrische Ich noch einmal zurück in das Arkadien der Kindheit; die Landschaft erscheint dabei im Licht märchenhafter Verzauberung. Bei der idyllischen Anrufung der verlorenen Heimat bleibt es jedoch nicht. Gleich die erste Zeile der zweiten Strophe zerstört den poetischen Traum von der Kindheitsgeborgenheit: Natur erscheint nicht mehr als unberührter Fluchtraum und als Refugium des Glücks, sondern als »unpoetische Landschaft«, in der Misstöne und Dissonanzen laut werden. »Stein«, »Metall« und »Eisen« repräsentieren hier die Werkzeuge des Menschen, mit denen er in die Natur gestaltend eingreift, sie gewaltsam verändert. Der romantischen Einfühlung in die Natur, wie sie in der ersten Strophe vollzogen wird, steht nun die schmerzhafte Erfahrung des realen Geschichtsprozesses gegenüber. Das Glücksversprechen, das im Ruf eines Vogels (»ein verspäteter Kuckuck«) mitschwingt, wird dementiert durch die Erfahrung von Gewalt. Der geköpfte Maulwurf erscheint als Sinnbild all jener katastrophischen Geschichtsverläufe, denen die siebenbürgische Region ausgesetzt war.

Am Ende folgt das lyrische Ich der »Blutspur«, die sich durch die verheerte Landschaft zieht. In Peter Huchels Gedicht »Caputher Heuweg«, auf das sich Söllner kritisch bezieht, ist der poetische Raum noch offen für Wünsche und Sehnsüchte. Der »alte Zigeuner« verkörpert dort »das Schicksal«, dem man sich anvertrauen kann. Bei Werner Söllner führt der »Siebenbürgische Heuweg« an der Seite des alten Zigeuners ins geschichtliche Unheil – so deuten es die kryptischen Schlusszeilen jedenfalls an – »aus der Wunde im Gras / in eine andere Wunde aus Gras«.

HANS ARNFRID ASTEL

Grabschrift

Du hängst
am Polarstern,
mein Sohn,
du bist
mein Vater
geworden.

Vor den Vätern sterben die Söhne

In Peter Handkes Journal »Phantasien der Wiederholung« (1983) steht unvermittelt der Satz: »Ich hasse Franz Kafka, den Ewigen Sohn.« Man mag diese Geste deuten als spontane Abwehr eines Größeren, den man lange verehrt hat und dessen Schreibgewicht auf einem lastet. Doch verrät das barsche Verdikt auch Selbsthass, die Einsicht eines späten Nachfahren, gerade so ein »ewiger Sohn« zu sein. Von Kafka ist bekannt, dass er sich lebenslang auf den Vater bezogen sah, der ihn in seiner Besonderheit nicht (an-)erkannte, und dass er für sich selber die Vaterrolle nicht annehmen konnte. Ähnlich fühlen sich viele Künstler – vom Vater gequält, verlassen oder einfach nur übersehen – zu dauerndem Jünglingstum verurteilt. Held Parzival ist ein inbrünstiger (Mutter-)Sohn, auch Hamlet, der Zauderer, dem es nicht gelingt, erwachsen zu werden; der Vatergeist beherrscht ihn allgegenwärtig, gerade weil er seinen Racheauftrag nicht auszuführen vermag.

In Arnfrid Astels »Grabschrift« kommt einer dieser ewigen Jünglinge zu Wort. Er redet den eigenen (toten?) Sohn an, der »am Polarstern« hängt und (dadurch?) zum »Vater« des Sprechenden geworden zu sein scheint, ihn also in eine doppelte Sohnesrolle gedrängt hat. Wie ist das zu begreifen? Dies kleine, kryptisch anmutende Gedicht bedarf, um verstanden zu werden, sowohl des Kontexts anderer, ab 1985 entstandener Epigramme Astels, als auch einiger astronomischer und biographischer Kenntnisse.

Im März 1985 erhängte sich Astels ältester Sohn Hans im Dachgeschoss eines der ersten besetzten Kreuzberger Häuser, während in den unteren Stockwerken ein Fest gefeiert wurde:

»Du hängst / am Dach / überm Kopf. // Wir hängen / alle / an dir.« Schon Astels Vater, ein in die Schandtaten der Nationalsozialisten verwickelter Medizinprofessor, vor dem der Knabe nur Furcht empfand, hatte sich 1945 selbst getötet. Doch erst der Schmerz über den Verlust des Sohnes und die Erkenntnis, dass der Tod ihn, den Dichter, übersprungen hatte, machte es ihm möglich, über den Nazi-Vater zu schreiben. »Die Sonne« heißt es einmal, und gemeint ist das aus dem Sonnensymbol gewonnene Hakenkreuz: »Die Sonne / hat meinen Vater / um die Ecke gebracht. / Jetzt muß ich ihm heimleuchten / Tag und Nacht.« Mit der Folge freilich, dass Astel im Vater nicht nur den »braunen Verbrecher« wahrnimmt, sondern auch den »Grünen«, einen Naturliebhaber und -kenner, dem er selber zum Erschrecken gleicht.

Der hätte zum Beispiel gewusst, dass der »Polarstern« – hellster Stern im Kleinen Bären und gleichsam dessen Schwanzspitze – am Nordhimmel in der Verlängerung der Erdachse festzuhaften scheint, während die anderen Sternbilder um ihn kreisen – ein Fixpunkt im wimmelnden Firmament, wie dazu ausersehen, dass ein unter so vielen Gleichgesinnten einsamer Hausbesetzer sich an ihm erhängt. Der Sohn ist dem Vater zum »Vater geworden« (hinter dem ja noch immer ein Abglanz von Gottvater durchscheint), indem er ihn erneut getauft und auf schmerzvolle Weise produktiv gemacht hat. Arnfrid Astel trägt seither den Vornamen des toten Sohnes, Hans. »Es gibt dich / gar nicht mehr. / Aber ich / rede mit dir / wie mit Gott.«

DURS GRÜNBEIN

Falten und Fallen

Leute mit besseren Nerven als jedes Tier, flüchtiger, unbewußter
Waren sie's endlich gewohnt, den Tag zu zerlegen. Die Pizza
Aus Stunden aßen sie häppchenweise, meist kühl, und nebenbei
Hörten sie plappernd CDs oder fönten das Meerschwein,
Schrieben noch Briefe und gingen am Bildschirm auf Virusjagd.
Zwischen Stapeln Papier auf dem Schreibtisch, Verträgen, Kopien
Baute der Origami-Kranich sein Nest, eine raschelnde Falle.
Jeder Tag brachte, am Abend berechnet, ein anderes Diagramm
Fraktaler Gelassenheit, später in traumlosem Kurzschlaf gelöscht.
Sah man genauer hin, mit der aus Filmen bekannten Engelsgeduld,
Waren es Farben, verteilt wie die Hoch- und Tiefdruckzonen
Über Europas Kartentisch. Sie glichen dem Fell des Geparden
Im Säugetier-Lexikon, den Blättern fixierten Graphitstaubs
Mit Fingerabdrücken in der Kartei für Gewalttäter. Deutlich
War diese Spur von Vergessen in allen Hirnen, Falten, Gesichtern
Flüsternd bis auf den Lippen das dünne Apfelhäutchen zerriß.

Durs Grünbeins Gedichte bewegen sich auf einem Terrain, das zuletzt Gottfried Benn erfolgreich sondiert hat: Mit einer drängenden Neugier, gelegentlich mit einer allzu abgeklärten Souveränität tasten sich diese Texte vor in ein Niemandsland zwischen Medizin und Poesie. Grünbein scheut sich nicht, kühn in jenen Wissenssystemen herumzuvagabundieren, die von zeitgenössischer Dichtung in aller Regel ängstlich gemieden werden: Er zeigt sich fasziniert von der komplexen Welt der Neurologie und Biochemie, von jenen Wissenschaften also, die »ungeheure Einblicke in das Ureigene des menschlichen Körpers« ermöglichen. Auf Benns illusionslosen Einblicken in die Gehirne und Körper des spätzeitlichen Individuums beruht denn auch Grünbeins »Schädelbasislektion«, die er in seinem gleichnamigen Gedichtband erteilt. Als Arzt und »Medizyniker« hatte Benn ins Innere des Menschen geblickt, dort aber keine Seele mehr vorgefunden, sondern nur nackte anatomische Tatsachen. Zwar hat der »arme Hirnhund«, der bei Benn noch »schwer mit Gott behangen« war, bei Grünbein seine transzendentale Fracht abgeworfen. Aber es sind mittlerweile andere immaterielle Kräfte, die das Ich bedrohen: es sind die modernen elektronischen Medien, die das Reale simulieren und es von seinem medialen Abbild ununterscheidbar machen.

Vielleicht sind auch die »Leute«, die das Gedicht »Falten und Fallen« apostrophiert, nur noch Mutanten in einer technisch kolonisierten Lebenswelt, erschöpft sich ihr Alltag doch im Bedienen technischer Apparate, in der rezeptiven Speicherung und Archivierung von Informationen. Vielleicht sind diese »Leute mit besseren Nerven als jedes Tier« aber auch moderne »Medizyniker«, die mit ihren Versuchstieren und Computerbildschirmen unentwegt Jagd nach Defekten der menschlichen Physis machen.

Mit dem »Origami-Kranich« bricht kein exotisches Tier in diesen technischen Mikrokosmos ein, sondern ein Zeichen des Todes. Mit diesem Kranich nämlich, einem bunten, kunstvoll gefalteten Gebilde aus Papier, gedenkt die japanische Friedensbewegung der Atombombenopfer in Hiroshima. Mitten in die schöne neue Welt von High Technology hat Grünbein einen diskreten Hinweis auf die Zerstörungspotentiale der Technik platziert – oder führt eine solche Lesart schon ins Reich der Spekulation? Da es Grünbein liebt, Stichworte aus Physik, Chaostheorie oder eben Hirnforschung nur kurz anzuschlagen, ohne sie im Gedicht-Kontext überzeugend zu legitimieren, taucht man nicht selten ein ins Dunkel der Abstraktion.

Der Mensch, so suggerieren Grünbeins Verse, hat seinen Status als autonomes Subjekt längst verloren; er ist, durchlöchert von den Präzisionsinstrumenten und Messverfahren der sogenannten exakten Wissenschaften, geschrumpft zur mathematischen Variable, reduziert auf Formeln und Grafiken. »Fallen und Falten«, so schreibt Grünbein in einem poetologischen Brief, »dies könnte die Kurzformel für das Gehirn sein, für seine landschaftlichen Ausblicke und seine schrecklich intrinsische Innenarchitektur.« Die verschiedenen Muster, die der anonyme Beobachter im zweiten Teil des Gedichts miteinander vergleicht, verweisen möglicherweise auf (Computer-) Bilder des Gehirns. In diesen faltigen Landschaften ist offenbar eine konstitutionelle Eigenschaft des »flüchtigen«, »unbewussten« Subjekts der Jetztzeit zu erkennen: sein Zwang zum Vergessen.

WERNER LAUBSCHER

Stolopololpern

Der sononntägägliche
Versullewuhuch
mit Stöcköckelpömömpsen
übüber aneinen
Schototterwegeg
zu wanandeln
endendet alallzu otoft
mit aneinem
langangen
Stolopololpern
matahеist ababer mit aneinem
eschemerherzhataften
Falall
auf die Knieschabeiben
welche anfangangen
zu bulutuluten.
In alaller Regegel
begininnt die Damame dann
escheluhuchzenend zu
oweiahaneinen.

Wortflecht und Lautbeiß

Vom Unglück, in der Pfalz geboren zu werden, und von der Unmöglichkeit, dort als freier Künstler zu (über-)leben, hat schon Hugo Ball, der aus Pirmasens stammende Pionier der Dada-Bewegung, gesprochen. Während er sich frühzeitig nach München absetzte und 1915 in die Schweiz emigrierte, hat ein geistiger Nachfahre, der 1927 geborene Dichter, Maler und Komponist Werner Laubscher, lebenslang in der Pfalz ausgeharrt, um den Preis weitgehender Isolation. Überregional ist er nahezu unbekannt geblieben.

In den späten achtziger Jahren lernte ich diesen Wortartisten gleichsam bei Fuchs und Hase, in einem Tagungsheim im Pfälzer Wald kennen. Tagsüber hatten Freizeitautoren ihre literarischen Versuche vorgetragen, zu deren Spontankritik ich angehalten war. Zu später Stunde indes hörte ich eher zufällig im Essraum am Nebentisch eine Poetenstimme, welcher der hohe Ton hymnischen Sprechens noch zu gelingen schien. Werner Laubscher las Freunden aus seiner gerade entstehenden »Gasteiner Symphonie« vor, einem Gedichtzyklus, der sich emphatisch auf Franz Schubert und die Ausstrahlung seines Werks bezieht.

Aus demselben sprachschöpferischen Geist, wenngleich mehr clownhaft heiter als hermetisch verdunkelt, sind Laubschers Lautgedichte, Rhythmopoeme und »Ludinotate« entstanden: Der Sprachbesessene jongliert mit verschiedenen Wortbedeutungen, Lauten, Silben, auch mit Fremdsprachen, kindlichen Geheimsprachen, Dialekten, ja er erfindet – unter Hinzuziehung diverser Lexika – bislang unbekannte Sprachen. Manche seiner späteren »Phantasmolinguale« haben, nach streng musikalischen Gesetzen gebaut, den Bezug zu einem abzubildenden Gegenstand aufgegeben. Sie erweisen sich als sinnfreies Spiel mit Klang und Rhythmus (dem freilich spätestens seit dem Ende der Wiener Gruppe in den fünfziger Jahren nichts Innovatives und Experimentelles mehr anhaftet).

Das vorgestellte Gedicht ist leicht verständlich und hat, da es zudem vergnüglich ist, alle Voraussetzungen, in einer besseren Welt zum Kinder- und Volkslied promoviert zu werden. Der (mittlerweile längst pensionierte) Lehrer schrieb es 1987 bei einem Klassenausflug nach Mainz. Dort schickte er die Kinder allein los, setzte sich in das Café am Dom und schüttelte sich die Wörter im Kopf zurecht. Vielleicht stakste gerade eine Dame auf Stöckelschuhen puppenhaft vorüber, verhakte sich zwischen den Pflastersteinen und fiel theatralisch auf die Knie. Der schmerzhaften Beobachtung (oder Imagination) ihres langen Stolperns entspricht sprachrhythmisch das silbenverdoppelnde Stottern: »Stolopololpern«. Doch geht Laubscher mit dem Mittel der Reduplikation keineswegs schematisch, vielmehr spontan und lustbetont um, ja er gerät am Ende wie selbstverständlich in die Lautmalerei, wenn die Dame »escheluhuchzenend zu oweiahaneinen« beginnt. Mit solchen Kunst-Stücken könnte sich Laubscher, ein ebenso skurriler wie glanzvoller Rezitator, durchaus neben berühmten Generationsgenossen wie Jandl und Pastior, Artmann und Harig behaupten, auch neben Gerhard Rühm, der wie er von der Musik herkommt, bekäme er nur die Gelegenheit.

ERNST HERBECK

Heimweh.

Ich habe nicht nur Heimweh,
sondern sogar mehr. Das Heimweh
ist eine Qual außerstande.
Man kann die Auswärtigkeit
nicht aushalten. Ich
möchte gerne heim.

Die Qual der Auswärtigkeit

Es wäre falsch und verlogen, den schizophrenen Dichter Ernst Herbeck als traditionsbewussten Poeten einzuführen, der souverän über seine ästhetischen Mittel verfügte. Herbecks geniale Begabung erwuchs nicht aus irgendeinem literarischen Kontext, sondern aus einem seelischen Leiden. Seit seinem zwanzigsten Lebensjahr litt der körperlich durch eine deformierte Oberlippe behinderte Herbeck an quälenden Depressionen und paranoid-halluzinatorischen Zuständen, 1940 wurde er als Zwanzigjähriger zum ersten Mal in eine psychiatrische Klinik eingewiesen. Den Patienten, der angab, dass er mit einem Mädchen durch Morsezeichen in okkulter Verbindung stehe, traktierte man jahrelang erfolglos mit Insulin- und Elektroschocks; 1950 folgte die Entmündigung.

Die entscheidende Wende in der Krankengeschichte Herbecks zeichnete sich ab, als er in der niederösterreichischen Heil- und Pflegeanstalt Gugging mit dem frisch promovierten Arzt Leo Navratil (1921-2006) zusammentraf. Um mit dem in seine psychotische Innerlichkeit verstrickten Patienten Kontakt aufzunehmen, ermunterte ihn Navratil, zu einem jeweils vorgegebenen Thema ein Gedicht zu schreiben. Diese spontane Idee erwies sich als lebensrettendes Therapeutikum. Das Schreiben von Gedichten erlaubte Herbeck für einige Augenblicke die Flucht aus seiner psychischen Hölle, in die ihn die Schizophrenie immer wieder zurückstieß. Schon die allerersten Gedichte Herbecks enthalten bei aller Schlichtheit jene magisch-poetischen Momente, die sie weit emporheben über den Status eines bloß psychopathologischen Dokuments. Das naive Aufzählen und Ausprobieren von Wörtern führt oft zu geheimnisvollen Klangbildern und kühnen Metaphern, die den Gedichten ihren eigentümlichen Zauber verleihen. Zweifellos sind in etlichen Texten Herbecks die Symptome schizophrenen Sprachzerfalls unübersehbar: Gedichte von einer oft verwirrenden Absurdität, in denen die Phantasie kaum zur Entfaltung kommt. Immer wieder entstehen aber auch anrührende Verse von einer poetischen Leuchtkraft, wie sie sich in zeitgenössischer Lyrik selten finden lassen.

Das Gedicht »Heimkehr« ist ein solches bewegendes Kunstwerk in dem für Herbeck typischen Idiom. Es spricht von der Sehnsucht des kranken Dichters, heimzukehren in ein heiles unbeschädigtes Ich, erlöst von den Spaltungen und fremden Stimmen, die sein Selbst zerreißen. Gleichzeitig artikuliert das Gedicht existenzielle Erfahrungen, die über die Biographie des Autors hinausweisen. Die namenlose Qual der »Auswärtigkeit«, der Fremdheit in der Welt und der Selbstentfremdung, hat sich ja als konstituierende Erfahrung in die avancierte Dichtung des 20. Jahrhunderts eingeschrieben. Nachdem 1977 das Buch »Alexanders poetische Texte« erschienen war – der kranke Poet schrieb bis dahin unter dem selbst gewählten Pseudonym Alexander Herbrich – kam es zu einem regelrechten Herbeck-Boom, der mit Heinar Kipphardts multimedialer Verwertung des schizophrenen Dichterschicksals einen problematischen Höhepunkt erreichte. 1978 wurde Herbeck sogar offiziell zum Mitglied der Grazer Autorenversammlung gewählt. In seinen letzten Lebensjahren fiel es ihm zunehmend schwerer, gemeinsam mit Navratil das alte Schreibritual wieder aufzunehmen. Resigniert schrieb er einmal: »ich kann heute leider nicht / weil mir eher das herz zerbricht / sag zum schreiben lieber nein / sonst ist alles allgemein.« In der Landesnervenanstalt Gugging, in der er mehr als vierzig Jahre seines Lebens verbrachte, ist Ernst Herbeck am 11. September 1991 nach einem Schlaganfall gestorben.

FRIEDRICH CHRISTIAN DELIUS

Abschied von Willy

Brandt: es ist aus. Wir machen nicht mehr mit.
Viel Wut im Bauch. Die Besserwisser grinsen.
Der letzte Zipfel Hoffnung ging verschütt.

Für uns ist längst krepiert, was Sieben Schwaben
Wie euch noch gut scheint, euch zu kopulieren.
Den Spieß herum, es gilt zu formulieren:
Wer Notstand macht, der will den Notstand haben.

Wer jetzt nicht zweifelt, zweifelt niemals mehr.
Was jetzt versaut ist, wird es lange bleiben.
Von Feigheit, Dummheit läßt sich nichts mehr schreiben,
Kein Witz kommt auf; Verzweiflung nur und Spott, die treiben

Uns zurück, wohin ich gar nicht will,
Verflixt nochmal, ich stecke im Idyll.

Den Spieß herum

Als im Herbst 1992 Willy Brandt starb, brach im politischen Teil der Zeitungen und lauter noch in den Feuilletons ein affirmatives Wehgeschrei aus, als hätte eine ganze Intellektuellen-Generation den Vater verloren. Kaum jemand wagte es noch, einige der schlimmeren Entscheidungen zu erwähnen, die Brandt auf seinem Weg vom Widerstand zur Macht mitgetragen hat: Große Koalition, Notstandsgesetze, Berufsverbote. Peter Stein, der 1968 seine Inszenierung des »Viet Nam Diskurses« von Peter Weiss an den Münchner Kammerspielen in eine provozierende Geldsammlung für den Vietcong münden ließ, verriet nun dem Feuilleton der FAZ, Brandt sei stets »für Glaubwürdigkeit in der Politik« gestanden. Nun habe er »uns verlassen, alleingelassen«, und wahrscheinlich sei »mit ihm auch ein wesentlicher Teil von uns selbst gestorben.«

Solchem Gesäusel muss widersprochen werden. Noch im Bundestagswahlkampf 1965 hatte ich mich, zusammen mit vielen Studenten, für Brandt engagiert und Günter Grass' »Loblied auf Willy« mitgesungen. Als er aber Ende 1966 mit dem Ex-Nazi Kiesinger die Große Koalition einging, waren wir geschiedene Leute; mein Vertrauen in die Sozialdemokratie war dauerhaft gestört. Und nicht nur meines. Denn just damals erschien im Feuilleton der ZEIT ein Gedicht, das weithin als Protest-Signal verstanden wurde und in der Unerbittlichkeit der Absage an die herrschenden »Sieben Schwaben« die Ereignisse von 1968 präludierte.

F. C. Delius' »Abschied von Willy« zählt zu meinen politischen Lieblingsgedichten, während der Autor selbst seinem wahrscheinlich wirkungsvollsten Poem nie recht getraut zu haben scheint. Erst spät, 1993, hat er es in seinen Auswahlband »Selbstporträt mit Luftbrücke« aufgenommen. Gleich die ersten Verse tragen einen jugendlich rebellischen Ton in die noch weithin hermetisch geprägt Lyrik der sechziger Jahre. Ein kollektives »Wir« spricht da plötzlich anstelle des »zersprengten Ich«, und auch der Gegner, eine bislang fraglos akzeptierte Integrationsfigur, wird frontal (und nicht mehr mit dem vertraulich klingenden Vornamen) angerufen: »Brandt: es ist aus. Wir machen nicht mehr mit.« Von »Viel Wut im Bauch« ist die Rede, und mit der Wendung »Den Spieß herum« wird schon die Bereitschaft zu Aktionen angedeutet.

So unbekümmert selbstbewusst der Klang der Revolte die beiden ersten Strophen durchzieht, so entschieden Anklage und Abkehr von den Notstandsplanern sich artikulieren – am Ende des Gedichts (und der Zeiterfahrung) wartet die große Ratlosigkeit: »Was jetzt versaut ist, wird es lange bleiben. / Von Feigheit, Dummheit läßt sich nichts mehr schreiben, / Kein Witz kommt auf.« Zwei Jahre später wusste die außerparlamentarische Opposition, der Delius sich zurechnete, optimistische Antworten zuhauf herzusagen, doch vorerst bleibt nichts als die Heine'sche Ironie, auf die ein vom Wir-Rausch ernüchtertes Ich zurückgreift: »Verzweiflung nur und Spott, die treiben / Uns zurück, wohin ich gar nicht will, / Verflixt nochmal, ich stecke im Idyll.«

Bleibt noch zu erwähnen, dass diese lyrische Absage an Brandt und die SPD nicht nur gleichbedeutend ist mit der Abkehr von den (geistigen) Vätern und der Aufkündigung des gesellschaftlichen Kompromisses. Das Gedicht signalisiert zugleich den Versuch eines Bruchs mit der literarischen Tradition, in dem Fall mit Rilkes großer Poesie, dessen Gedicht »Herbsttag« von Delius parodiert, das heißt Zeile für Zeile, mitunter gewaltsam, umgedreht wird. Auch das nachdrückliche Metrum, der strenge Reim sind Rilke eigen: »Wer jetzt kein Haus hat, baut sich keines mehr. / Wer jetzt allein ist, wird es lange bleiben.« Freilich, von ihrem herbstlich einsamen Ende her betrachtet, sind die beiden Gedichte gar nicht so weit voneinander entfernt, wie es mir früher erschien.

JÜRGEN BECKER

Möglichkeiten für Bilder

Dunkler Baum vor einem hellen Haus.
Wunschkörper.
Die traurigen Augen beim Schließen der Türe.
Holz und Milch; eine Lampe.
Der Wind, der die Hand ausstreckt (im Zitat).
Bälle, aus dem Mund tropfend.
Frieden im Tal.
Geduld der Minen.
Nun wächst die Wiese durchs Haus.
Springend, über den Strich in der Luft.
Die Küsten des Exils (seit 1957).
Winteräste im Sommer.
Sieg des Wartens.
Fallende Birnen. Liegende Birnen.
Fahrrad am Horizont.
Soldaten und ein Fahrrad.
Nacht des 7. November.
Das Elend der Befreiten.
Glas, zwischen Figuren.
Menschengruppen vor dem Horizont.
Nebel; die Versteinerung des Nebels.

Jürgen Becker ist ein Augenmensch. Er selbst vergleicht seine poetische Arbeit mit der Technik des Landschaftsmalers: »Sehr oft ist das, was ich schreibe, eine Erfahrung meiner Augen und das Ergebnis meiner Abhängigkeit von optischen Reizen und Motiven.« (Jürgen Becker, 1971) Auch die »Möglichkeiten für Bilder«, die sein Gedicht aufzählt, gründen sich zunächst auf unmittelbar sinnliche Eindrücke. »Möglichkeiten für Bilder« erörtern, kann ja heißen: Nach Art des Malers nach potentiellen Motiven suchen.

Tatsächlich notiert das Gedicht eine zufällig scheinende Abfolge von Bildeinfällen und Themenstellungen, vom realistischen Genrebild und Stillleben über abstrakte und allegorische Konstellationen bis hin zu surrealen Szenen. Die erste Zeile, in der eine flüchtige Wahrnehmung registriert wird, scheint dabei weniger konkrete Gegenstände als vielmehr den Hell-Dunkel-Kontrast zu erfassen. Solchen konkret visuellen Erfahrungen werden allmählich imaginativ-halluzinative Momente beigemischt, Bilder also, die auf inneren Visionen, Traumgesichten, kurz: auf gesteigerter Einbildungskraft beruhen. Zu den detailrealistischen und inneren Bildern kommen schließlich auch Konstellationen und Figuren hinzu, die sich der unmittelbaren Abbildbarkeit entziehen.

Entgegen dem ersten Anschein ist das Gedicht keineswegs strukturlos. So unvermittelt die einzelnen Bilder nebeneinandergesetzt scheinen, so bilden sie doch einen Bewusstseinsprozess ab, der sich im Schreibenden vollzieht. So pointillistisch und detailverliebt die Bilder-Prüfung zunächst einsetzt, so führt sie ihn, den Schreibenden, doch immer in einen größeren geschichtlichen Zusammenhang. Auf Idylle und Genrebild folgt meist ein Zeichen, das auf Krieg deutet. Von der kleinen Miniatur, die sich auf Requisiten häuslichen Friedens bezieht (»Holz und Milch; eine Lampe«), springt der Text sehr rasch zum Hinweis auf politisch Bedrohliches. »Frieden im Tal. / Geduld der Minen.« – diese beiden Zeilen benennen den Augenblick vor der Katastrophe, die Ruhe vor dem Sturm.

Im Zentrum des Textes steht jenes Bild, das Beckers Werk leitmotivisch durchzieht, vom Gedichtband »Schnee« (1971) bis hin zu den Landschaftsgedichten des Bandes »Dorfrand mit Tankstelle« (2007): »Die Küsten des Exils (seit 1957)« – das meint Beckers lebenslange obsessive Beschäftigung mit der deutschen Vergangenheit und der Erfahrung des Landlos-Werdens. Auch die Fortsetzung der Bilder-Suche führt vom isolierten Natur- zum historischen Erinnerungsbild. Der fotografisch-neutrale Blick auf das »Fahrrad am Horizont« ruft Erinnerungen an die Zeit des Krieges wach (»Soldaten und ein Fahrrad«) und an ein biographisch (?) markantes Datum: »Nacht des 7. November.« Es gibt also keine isolierten, in sich ruhenden, gleichsam unschuldigen Bilder, denn an ihnen allen haften die Spuren der Geschichte. Am Ende wird die Bilder-Suche gewaltsam angehalten: Im Nebel, der »versteinert«, wird jedes konkrete Bild ausgelöscht, verschwimmen alle festen Konturen im Gestaltlosen.

GREGOR LASCHEN

Der Märchenbäume horizontale Sehnsucht

Aber vom fast schon vergessenen Rand der Welt her
kommen die Schatten der großen Wörter zurück
uns abzumessen, kurz vor dem Eingang
in die wieder aufgeräumten Leichenkammern.

Die Schatten der großen Wörter

Wer gelegentlich aus Langeweile die Skala der Radiosender entlangfährt oder die Fernsehprogramme durchspielt, wird den Moment des erstaunten Innehaltens und Hinhorchens kennen, der eintritt, wenn plötzlich in all dem Müll aus Tönen, Wörtern und Bildern, der öffentlichen Gehirnwäsche, ein poetischer Satz erklingt, der – auf welche Weise auch immer – dazwischengeraten ist, Verse von Hölderlin oder Trakl, Celan oder Ernst Meister, die in einem fortwirken.

Gregor Laschens Vierzeiler ist von dieser verstörenden, aufweckenden Art. Er beginnt abrupt, sozusagen mitten im Text. Er hat eine Vorgeschichte: die bisherige Geschichte der Menschheit. So erinnert der Titel – »Der Märchenbäume horizontale Sehnsucht« – an jene magische Frühzeit, als die Dichter-Heroen noch vom Blut des Drachens tranken und die Sprache der Vögel verstanden. Man könnte auch an die von romantischer »Sehnsucht« in krisenhafter Situation ein wenig gewaltsam wiederbelebte Poesie der Märchen und Sagen denken, an Friedrich Schlegels »künstliche Mythologie«. Doch unaufhaltsam entfaltete sich in der Folge die moderne, zweckrational organisierte Gesellschaft, so grau und geschichtsblind mit ihren »aufgeräumten Leichenkammern«, zu denen die Poesie nie Zutritt gewann.

Aber nun scheint sie zurückzukehren »vom fast schon vergessenen Rand der Welt her«, und zwar in Gestalt der »großen Wörter«, mit der Absicht, »uns abzumessen«. Das gebieterische »aber«, mit dem das Poem beginnt, setzt eine Verdunkelung der Geschichte und eine Zerstörtheit der Sprache voraus, die zumindest für den Augenblick des Gedichts aufgehoben sind.

Der Dichter erhebt feierlich die Stimme, die Winde legen sich, und die widerständigen »Hauptwörter« greifen, vom »Rand«, dem heute einzig legitimen und produktiven Ort herkommend, Raum. Vor ihnen sind wir, ist unsere konsumistisch verrottete Umgangssprache klein. Bereits die »Schatten« der Wörter der authentischen Poesie können uns vernichten; sie können uns aber auch aufwecken. So stellt Laschen der offiziellen Geschichte eine radikal andere, unterirdische entgegen, mit größeren, fremdartigen Bildern und Sätzen, die nicht die der Mächtigen sind. In Zeiten, wo die zweckfreie Schönheit fragwürdig erscheint, bleibt nur die Utopie des »gestotterten« Gedichts: »Splitternde Sprache, Sprechen, das sich nach / vorn legt in den eigenen Schatten.«

Wenige Gegenwartslyriker sind Hölderlin so nahe verwandt wie der über den Kreis der Kenner hinaus wenig bekannte Gregor Laschen, der auch als Vermittler zu anderen europäischen Literaturen, vor allem zur niederländischen, Verdienste hat. An den späten Hölderlin erinnert der reflektierende, zugleich hermetische Gestus seiner zwischen Bild und Abstraktion balancierenden Gedichte, der verzweifelte Versuch einer Geschichtsdeutung, um dessen Aporie Laschen weiß: »Laß uns färben den Schnee mit roten Mützen ...« In Hölderlins Worten: »Schmerzlos sind wir und haben fast / Die Sprache in der Fremde verloren.« Die Revolution ist (wieder einmal) gescheitert, die Gefährten sind tot oder sie haben sich angepasst, doch irgendwann werden die »Götter« der Jugend mit ihren magischen Wörtern wiederkehren: »Dorther kommt und zurück deutet der kommende Gott.«

VOLKER BRAUN

Marlboro is Red. Red is Marlboro

Nun schlafen, ruhen ... Und liegst lächelnd wach.
Das ist mein Leib nur, der noch unterwegs ist
Auf irgendwelchen Straßen, ah wohin.
Das Unbekannte wolltest du umfangen.
Jetzt kenn ich alles das. Es ist die Wüste.
Die Wüste, sagst du. Oder sag ich Wohlstand.
Genieße, atme, iß. Öffne die Hände.
Nie wieder leb ich zu auf eine Wende.

Die Erde wird rot

»So oder so, die Erde wird rot«, sang einst Wolf Biermann, als er noch mit seiner geliebten Oma Meume den Kommunismus siegen lassen wollte. Diese Prophezeiung ist in Erfüllung gegangen, wenn auch in einer anderen Weise, als sich der historische Materialismus und der junge Biermann dies erträumten. Die Erde erstrahlt tatsächlich in kräftigem Rot, denn auf allen Kontinenten begegnen wir der Zentral-Ikone der Männlichkeit, einem Triumph der Warenästhetik: dem Marlboro-Mann. Als Symbol des internationalen sozialistischen Aufbruchs hat die Farbe Rot ausgedient; was bleibt, ist ein proletarischer Internationalismus ganz eigener Art: die klassenlose Gesellschaft der Marlboro-Raucher.

Volker Brauns Gedicht zitiert im Titel diese Maxime der kapitalistischen Weltgesellschaft: »Red is Marlboro«. Anders als im mittlerweile berühmten Gedicht »Das Eigentum« (1990) ist kein widerstandsbereites Subjekt mehr da, das sich trotzig gegen die kapitalistische Nivellierung des vormals sozialistischen Terrains zur Wehr setzt. Ein melancholisches Ich spricht vom orientierungslosen Unterwegssein »auf irgendwelchen Straßen«, vom Treibenlassen in purer Faktizität. Die utopische Zuversicht aus den Tagen der Wende, als Volker Braun euphorisch »Volkseigentum plus Demokratie« im zweiten deutschen Staat beschwor, scheint endgültig verflogen. Sie weicht einer lakonischen Bestandsaufnahme des Lebens im real existierenden Kapitalismus. Kein Traum einer vernünftigen Gesellschaftsordnung findet hier mehr Platz, soziale Aktivität vollzieht sich als besinnungsloser Konsum: Der Wohlstand ist eine Wüste.

Aber wer spricht hier eigentlich? Was ist das für ein Ich, das es sich versagt, über das Bestehende hinaus zu denken und sich stattdessen der reinen Gegenwart verschreibt? Ein Double des Autors? Wer eine bruchlose Identität zwischen Autor- und Gedicht-Ich unterstellt, der kann zum voreiligen Schluss gelangen, der Autor habe sich im Bestehenden eingerichtet. Erteilt nicht das Gedicht-Ich eine klare Absage an alle Utopien und Umwälzungshoffnungen? Es wäre falsch, das Gedicht als eindeutiges Dokument einer politischen Kapitulation, als Eingeständnis von Müdigkeit und Resignation zu lesen. Zwar wird nirgendwo explizit Widerspruch gegen den kapitalistischen Lauf der Dinge angemeldet, aber hinter der assoziativen Verklammerung von »Wüste« und »Wohlstand« lauert eine polemische Pointe. Ist dieses seltsam tonlose lyrische Ich nicht eher ein Kollektivsubjekt, in das sich der Geist der Zeit eingeschrieben hat? Das vom antisozialistischen Common Sense eingeklagte Utopie-Verbot und die Affirmation des Bestehenden: Volker Braun, der »schrecklich aufrichtige marxistische Student auf Lebenszeit« (Uwe Kolbe), wird sich diesen Forderungen des intellektuellen Mainstreams wohl kaum beugen.

SASCHA MICHEL

Pizzeria

He, kotz den Wattebausch aus.
Laß den Saft stehn, du Träne,
in dem Jahrhunderte die Köpfe
schmorten: der Ofen ist aus.
Komm komm herein: vergiß
den Opa aus Kaliningrad,
den Märchenonkel aus Trier.
Vergiß den Tübinger Turm,
das Pferd in Turin: wir lassen
uns nicht mehr verrückt machen.
Und wer wird denn noch so blöd
sein, in die Seine zu springen,
wenns einem die Sprache
verschlägt. Schluß damit:
Sisyphos war nicht glücklich.
Die verkrampften Zeiten sind
vorbei. Du, ja du bist gemeint:
Pierrot du mit Magister und
Hundeblume am Hut. Komm komm
Komm herein: setz dich an
unseren Tisch. Spiel und iß
mit uns. Deine Pizza kannst du
dir selbst belegen: ganz nach
Belieben.

Don't worry, be happy

Im Anhang zur 9. Ausgabe von Luchterhands Lyrikjahrbuch polemisiert der 1965 geborene Marcel Beyer gegen die Alltagslyrik der siebziger Jahre, die er seltsamerweise für die Unwissenheit unter jüngeren Schreibenden verantwortlich macht. Auch spreche gegen die Siebziger, dass sie »weder einen Kling noch einen Waterhouse hervorgebracht« haben (aber doch, wage ich einzuwerfen, einen Brinkmann, einen Born ...).

Beim Blättern in diesem Jahrbuch fiel mir ein Gedicht des 1970 geborenen Sascha Michel auf. Wäre es repräsentativ für die Schreibweise der Allerjüngsten, könnte man auf den ersten Blick von einer Rückkehr zu der gerade noch verpönten alltagsnahen Lyrik sprechen. Das Gedicht kommt umgangssprachlich, in einem jugendlich-unbekümmerten Rhythmus daher, es meidet das gekonnte Zerstückelungswerk von Kling, Beyer & Co., um am Ende eine Frührentner-Haltung einzunehmen.

Die Eingangszeile ist überraschend frech: Wer »kotzte« je etwas so Leichtes wie einen »Wattebausch« aus? Ansonsten spielt der Autor mit gängigen Wendungen: sich auskotzen, im eigenen Saft schmoren, »der Ofen ist aus«. Eine Art Bildungs-Quiz schließt sich an, den auch ein kaum zum Lesen erzogener Jungautor auflösen könnte. Von oben nach unten werden Kant, Marx, Hölderlin, Nietzsche, Celan und Camus gesucht – die großen Geister, die nicht erst jetzt, sondern spätestens zur Zeit von Sascha Michels Geburt von ihren Sockeln gepurzelt sind, vielleicht mit Ausnahme von Marx und Hölderlin.

Die folgende Quintessenz ist schal, sie lautet besserwisserisch: Wer wird »noch so blöd sein«, wie die Genannten es waren, und seine Sache – die (Un-)Genauigkeit der Wörter, die Analyse der Verhältnisse, die Problematik der jüdischen Existenz – tödlich ernstnehmen. War dieser Celan, der sich ersäufte, weil's ihm »die Sprache verschlug«, nicht ein komischer Knabe? »Wir« wollen lieber auf unsere Weise »glücklich« sein. Unverkrampft, als Vaganten und Commedia dell'Arte-Figuren kostümiert, setzen wir uns an den bereits gedeckten Kneipentisch, die »Pizza« ist auch schon fertig, doch wir haben immerhin noch die Freiheit, sie »selbst zu belegen«, und zwar »ganz nach Belieben«.

Ist das alles, was übriggeblieben ist von den tatsächlich oft hybriden, aber auch glanzvollen Anstrengungen der ästhetischen Tradition? Ein paar hübsch rhythmisierte, ganz und gar affirmative Redewendungen, billige Häme, Flucht ins Vorfabrizierte, ein Hedonismus ohne Kraft und mit magerem Witz ausstaffiert. Dichtung scheint für diesen Jüngling eine Tätigkeit zu sein, die man nebenher erledigt zwischen Fernsehen und Flipperspiel, schmerzlos, schlagerförmig und aus dritter Hand.

Während in den frühen siebziger Jahren die Verwendung von Umgangssprache und trivialen Motiven im Gedicht noch als Tabubruch galt, löst die Pizza-Metapher heute allenfalls Schmunzeln aus. Und wenn damals die Rolle der Kunst von den Künstlern selbst heruntergespielt wurde, so geschah dies aus einem heute fremd anmutenden Rechtfertigungszwang gegenüber einer alles beherrschenden Politik und war zugleich der Versuch, Grenzverletzungen ins Gedicht zu retten, also Subjektivität und Poesie wieder möglich zu machen. Das »Wir« im Alltagsgedicht war – mag sein – ein Kollektiv der Verlierer, aber kein Stammtisch junger Konsumpioniere, die ein lockeres langweiliges Leben erwartet.

GÜNTER HERBURGER

Wo die Seelen sind

Unablässig rinnen sie
durch Städte und über Land,
sehen sich satt
an Strommasten und Vögeln
und nehmen,
um glücklich zu bleiben,
von zuhause ein Kopfkissen
oder das Paßbild eines Enkels mit.

Wer unterwegs stirbt,
wird getrocknet und zurückgeschickt;
wer das Meer erreicht,
wirft sich in die Fluten
und schwimmt hinaus.
Nur wenige erreichen Malta
oder den Strand der großen Sirte.

Zuweilen jedoch
gibt es eine Überraschung: Einige verkleinern sich,
werden zu Blindschleichen, Asseln,
die zwischen Eisenbahnschienen
trotz Hitze oder,
wenn ein Zug über sie fährt,
durch Orkane
ihren Weg finden.

Wohin sie gehen,
wissen wir nicht.
Vielleicht leuchten sie
nach einem Jahrtausend
wie Sternschnuppen auf
oder sie haben sich
erschöpft eingerollt
und noch mehr verringert,
bis sie zu Puder wurden,
den Wind,
der von der Sonne kommt,
aufhebt und mit sich nimmt.

Seit Günter Herburger 1967 im »Kursbuch« sein ironisches Pamphlet »Dogmatisches über Gedichte« veröffentlichte, gilt er als Meister des spontanen Formulierungstrainings, der Gedichte mit so viel disparaten Stoffmengen und bizarren Einfällen belädt, dass beim Lesen ein leichtes Schwindelgefühl nicht ausbleibt. Dabei hat die verwirrende Materialfülle durchaus Methode, wünscht sich der Autor doch »Gedichte wie vollgestopfte Schubladen, die klemmen«. In den siebziger Jahren trat die lyrische Produktion Herburgers etwas in den Hintergrund; es begann der achtzehn Jahre und zweitausend Druckseiten lange Weg zur Roman-Trilogie »Thuja«, die im Oktober 1991 abgeschlossen wurde.

Kaum jemand hat registriert, dass der konditionsstarke Langstreckenschreiber Herburger weiterhin bizarr-phantastische, grelle und provozierende Gedichte von nahezu überwältigendem Einfallsreichtum geschrieben hat. In den Gedichten, die uns aus Herburgers »Märchenbüro« – so nennt der Dichter seine Werkstatt – erreichen, gerät die Welt aus den Fugen. Der Lyriker präsentiert sich als neugieriger Epiker, fest entschlossen, seine Figuren auf abenteuerliche Um- und Abwege zu schicken und am Ende den geheimnisvollen Pfad zu finden, der aus dem »Wahnsystem Realität« (Nicolas Born) herausführt.

Das Gedicht »Wo die Seelen sind« nimmt zentrale Motive aus »Thuja« wieder auf. Auf ihren ziellosen Fußreisen werden die Helden in »Thuja« von einem unsichtbaren Heer von Beschützern begleitet: Die Seelen der Toten aus der gesamten Menschheitsgeschichte wachen über das irdische Treiben und greifen auch direkt in die Handlung ein. Auch in vielen Gedichten Herburgers mischen sich die Toten und ihre Seelen ein, als Stimmen, oder als rastlos Wandelnde, die in verschiedenen Inkarnationen wiederkehren. So wandern auch im vorliegenden Gedicht die Seelen als höchst umtriebige Wesen durch Länder und Städte, durchweg Überlebenskünstler, die sich durch Rückschläge oder aussichtslose Situationen nicht entmutigen lassen. Herburgers Seelen kennen keinen festen Standort; sie sind ständig unterwegs, auf der Suche nach einem Ziel, das sie nicht kennen, angetrieben von einem unbändigen Glücksverlangen und einer Sehnsucht, die unstillbar bleibt. Woher die Ruhelosigkeit der Seelen rührt, wird im Gedicht nicht explizit mitgeteilt. Der märchenhaft-kindliche Blick des Lyrikers auf die unendliche Reise der Seelen hat auch etwas Versöhnliches, Begütigendes.

In anderen Gedichten jedoch (und auch in »Thuja«) wird deutlich gemacht, dass es sich bei diesen Seelen um Kronzeugen einer katastrophischen Geschichte handelt – sie repräsentieren gewissermaßen das Heer der millionenfach Ermordeten, die Opfer der deutschen Nazi-Barbarei. Sie sorgen – so formuliert es der Titel eines anderen Herburger-Gedichts – für jene schreckliche »Knochenmusik«, deren Nachhall die Lebenden verzweifelt zu verdrängen suchen.

HERMANN LENZ

Den Lehrlingen

Du hörst Lehrlingen zu, die sich befreien
In Geschrei und Gepolter,
Während du Stille willst und spürst,
Was die andern bewegt:

Rauskommen aus dem Dreh
Des sich-bücken-und-ducken-Müssens.

Ob sie merken,
Daß du einer der ihren bist,
Freilich mit weißem Haar?

Der Abseitssteher

Vor vielen Jahren hing im Schaufenster eines Heidelberger Keramikers, der auch Gedichte schrieb, ein Zettel, auf dem zu lesen war: »Schweigsamer Lehrling gesucht.« Der beharrliche Erzähler Hermann Lenz (1913-1998) ist lebenslang so ein schweigsamer Lehrling gewesen, ein Schüler Mörikes, Stifters, Prousts und aller verwandten Geister, weggeduckt ins Schweigen vor den Anmaßungen der Zeit: »Froh bist du, wenn du unbehelligt / Irgendwo gehst oder liegst, / Am Waldrand zum Beispiel.« Ein neueres Foto zeigt ihn, auf einer Waldwiese liegend, im Alter noch wie ein Handwerksbursch auf der Wanderschaft gekleidet, über ein Buch gebeugt. Lesen, Schauen, Schreiben sind ihm das Wichtigste auf der Welt.

Mit den »Lehrlingen«, denen das vorgestellte Gedicht gewidmet ist, spricht Hermann Lenz zunächst jene jungen Arbeiter an, deren Vorhut 1968 im Gefolge der Studenten- und Schülerrevolte anfing, gegen Meister und Oberschwestern aufzubegehren; man wollte nicht länger »schweigsam« die Werkstatt ausfegen oder Bierholen als Teil der Ausbildung betrachten. Doch darüber hinaus sind die Jüngeren insgesamt gemeint, all die um 1970 rebellierenden Intellektuellen und Künstler, deren »Geschrei und Gepolter«, deren (auch modisches) Gefuchtel gegen die Tradition einem konservativen Betrachter der Dinge wie Lenz bei aller Sympathie für Selbst-Befreiungsversuche gar nicht uneingeschränkt zusagen konnte. Hatte ihn nicht eine bereits gewerkschaftlich gezähmte Linke, im schwäbischen Lokalzusammenhang, um seinen Sekretärsposten beim Schriftstellerverband gebracht? Lenz wurde damals von den »Kollegen« (ein Wort, das er verabscheute) als »irgendwie fehl am Platz« abserviert.

Im Alter freilich und unterm Eindruck wachsender Anerkennung glätten sich die Widersprüche »gewissermaßen« (ein Lieblingswort des Dichters). Dazwischen liegt die Begegnung mit Peter Handke, dessen essayistische Bemühungen den Sechzigjährigen Ende 1973 fast über Nacht bekannt gemacht haben. Und wenn Handke auch kein 68er im engeren Sinn sein mag (»Die hab ich immer gehasst, die 68er Typen. Ich gehör nicht zu diesen Arschlöchern.«), ist doch sein formal provozierendes Auftreten ohne den Kontext der Jugendrevolte undenkbar. Handke ist der literarische Rebell schlechthin.

Sich mit solchen »Lehrlingen« zu solidarisieren, fiel Hermann Lenz nicht schwer, zumal er gleichzeitig die lächelnde Distanz des Alters (»mit weißem Haar«) und der Lebenshaltung (»Während du Stille willst«) betonte. Er blieb stets der Zuhörende, der »Abseitssteher«, ein stoischer Verteidiger einer versunkenen Welt der Formen, Gefühle und Rituale, des »lautlosen Bezirks«, wo die Zeit stillsteht und augenblicksweise nichts geschieht, der Poet, der das lebenstüchtige »Gepolter« der Gegenwartsmenschen nicht ganz ernst nehmen kann und deshalb – entgegen der vorletzten Gedichtzeile – eben keiner »der ihren« ist.

MICHAEL KRÜGER

Brief

Gestern abend ging ich – bitte
frag nicht: warum? – in die Kirche
im Dorf, hockte mich bibbernd
zwischen die alten Leute
in eine der engen Bänke
und bewegte die Lippen, als hätte ich
mitzureden. Es war ganz leicht.
Schon nach dem ersten Gebet – wir
beteten auch für dich – wuchs mir
die Maske des Guten übers Gesicht.
Vorne pickte der alte Pfarrer,
ohne eine Lösung zu fordern,
wie ein schwarzer Vogel lustlos
im Evangelium, schien aber nichts
zu finden, uns zu verführen.
Kein Leitfaden, kein Trost.
Nach einer Stunde war alles vorbei.
Draußen lag ein unerwartet helles Licht
über dem See, und ein Wind kam auf,
der mich die Unterseite der Blätter
sehen ließ.

Nichts scheint dem aufgeklärten Intellektuellen von heute obsoleter, antiquierter als die Institution Kirche. Das Leiden an der Amtskirche und die Sehnsucht nach freier Spiritualität und unreglementierter Religiosität, wie es die Drewermanns und Küngs auflagenstark verkünden, sind für die Dichter eigentlich kein Thema mehr. Schon Heinrich Böll wurde belächelt, als er bis in seine Spätwerke seinen Schmerz über die dogmatischen Erstarrungen des Katholizismus offenbarte. Für die Generation der Schriftsteller, die durch die Revolte von 1968 geprägt wurde, ist die Erfahrung der »transzendentalen Obdachlosigkeit« (G. Lukács) selbstverständlich geworden. Das ontologische Misstrauensvotum gegen Religion und Monotheismus war 1968 definitiv gesprochen worden; statt an den Christengott hielt man sich lieber an die säkularisierte Heilsgeschichte des Marxismus. Als sich auch das utopische Versprechen des Marxismus nicht erfüllte, blieb den Intellektuellen, sofern sie sich nicht in politischen oder neo-religiösen Sekten verbunkerten, nur die Rückzugsbewegung aus allen Ideologien. In skeptischer Dauerreflexion ging man unter dem Etikett »Postmoderne« an die »Dekonstruktion« der großen »Meta-Erzählungen«.

Auch der Briefschreiber in Michael Krügers Gedicht gehört der Generation der politisch und metaphysisch Desillusionierten an; nichts ist ihm ferner entrückt als die alte Dorfkirche, wo sich nur noch ein paar Greise zu einer trostlosen Messe versammeln. Und so ist auch sein Rechtfertigungsbedürfnis groß, wenn er sich in »eine der engen Bänke« zwängt, um dort Gebete mitzumurmeln, die er schon längst wieder vergessen hat. Fast scheint es, als entschuldige sich das lyrische Ich dafür, in einen Raum eingetreten zu sein, den man doch als reaktionären, ja lächerlichen Ort zu verachten gelernt hat. Der Vollzug des kirchlichen Ritus wird fast zwanghaft ironisch kommentiert. Die polemische Metapher von der »Maske des Guten« und der Hinweis auf den »lustlos« hantierenden Priester sind antiklerikale Pflichtübungen.

Die letzten vier Zeilen des Gedichts jedoch dementieren die ironischen Gesten, mit denen sich das schreibende Ich das Sakrale vom Leib hält. Zwar ist seine transzendentale Obdachlosigkeit nicht aufgehoben worden, zwar bleibt die Entfremdung zwischen Ich und Kirche bestehen. Aber der da die Kirche verlässt, ist ein anderer geworden. Sein Blick hat sich geöffnet, die ironische Distanz, mit der er alles Wahrgenommene reflexiv eintrübte, hat sich plötzlich aufgelöst. Es gelingt ihm die unverstellte Erfahrung der Natur, die vor seinen Augen in fast auratischem Glanz aufstrahlt. Diese ästhetische Erfahrung steht, ohne dass es der »Brief« explizit verrät, in engem Zusammenhang mit dem Besuch der Dorfkirche. Erst die dort erfolgte Introversion, die innere Einkehr hat die Natur-Wahrnehmung ermöglicht. Es geht hier nicht um die verschämte Heimkehr eines verlorenen Sohnes in den Schoß der Kirche. Aber der »Brief« zeigt, dass man auch als abgeklärt-agnostizistischer Intellektueller noch von metaphysischen Erfahrungen, und sei es in einer alten Dorfkirche, überrascht werden kann.

ALFRED KOLLERITSCH

Ihre Wunden

Über das Land verstreut
die Handblätter,
nie zuende gelesen
sind ihre Spuren
die Rätsel,
das Unbedeutende,
das Verwirrte.

Was die Hände gehalten haben,
den Bogen, die andere Hand,
über sie hinaus
reichten
Leidenschaft und Verklingen,
und aus jeder Hand
las der Tod
das Zerdrücken der Welt.

In den Knochenklammern
geborgen: die Liebe
ganz darin und berührt
(wie die Frühlingsblume im Mund),

feucht war die Grenze,
der Strom, die Wärme:
»Unsere Hände«,
»Unser Abschied«.

Die Hände der Toten

Alfred Kolleritschs Gedichte gleichen Rätselsprüchen. Man versteht zwar die Wörter, hier und da auch eine Strophe, aber der Zusammenhang bleibt oft irritierend dunkel; der Kern, um den Wortbrocken und elliptische Sätze kreisen, verbirgt sich. Ein radikaler Zweifel an der Erkennbarkeit der Dinge, an der Sagbarkeit der Welt, an der Vermittelbarkeit von Sprache und Realität prägt diese fremdartigen Gebilde. Das Erlebte – würde der Grazer Dichter vielleicht einwerfen – lässt sich eben nicht »mundgerecht« retten und im schlichten Gedicht konservieren; und es wäre naiv anzunehmen, man könnte den geglückten Augenblick in der poetischen Erinnerung wiederholen, wo doch auf Erden alles gnadenlos zerfällt und auch die Bilder sich selbst sogleich annagen und vernichten.

Ich habe eines der leichter verständlichen Gedichte Kolleritschs ausgewählt, das sich freilich wie alle anderen zwischen alten Hauptwörtern wie »Leidenschaft«, »Tod« und »Grenze« bewegt. Die Eingangsstrophe berichtet von den über das Land verstreuten »Handblättern«, von deren »Spuren«, »Rätseln«, Wunden, die sich »nie zuende« lesen, also bestenfalls vorläufig entziffern lassen. (In einem früheren Gedicht Kolleritschs heißt es »Die Wunde ist das Tor, / dich zu finden, / das Sinnesorgan, / das nicht getäuscht wird.«) Mit »Handblättern« könnten menschliche Hände, genauer: ihre faltigen Innenseiten gemeint sein, aber auch fünflappige (Ahorn-)Blätter in Handform, oder mit der Hand beschriebene Blätter Papier, oder – noch spezieller – handgeschriebene Gedichte, Epigramme.

Der Textverlauf macht es wahrscheinlich, dass zuerst und besonders die überall verstreuten Hände der Toten angesprochen sind. Von der Kunst wie der Liebe, der diese Hände einst gedient haben, scheint nichts übriggeblieben, die »Leidenschaft« ist verklungen. Aus den Lebenslinien einer jeden Hand lassen sich Unheil und Verfall buchstabieren.

Doch ein Rest »Liebe« scheint »in den Knochenklammern / geborgen«, fortdauernd an der feuchten »Grenze« zwischen Tod und Leben, wo Gärung herrscht und Wärmeströme die einsamen Toten verbinden, während wir Lebenden gedankenlos über sie hinwegtrampeln, als wären sie gar nicht vorhanden, und doch mit ihnen unlösbar verknüpft sind.

Kolleritschs Gedicht passt zum Herbst mit seinen beschrifteten »Handblättern«; ein Abschieds- und Todespoem, auch und gerade dort, wo der Autor von Liebe redet. Die Todesobsession, das österreichisch-barocke Vanitas-Motiv ist allgegenwärtig und die uns bleibende Zeit zu knapp, um mit dem Entziffern der Rätselschrift fertig zu sein, bevor der Vorhang fällt.

HELMUT SALZINGER

Manchmal, im Garten

wenn ich mit den Wörtern
wirbele wie mit Wolken
als würd ich mich wälzen
im Gras, der Garten

verstehst du, ist mein Platz
der Kraft, wo ich
in der Erde grabe mit
meinen beiden Händen

in der trockenen Erde
wühle (derselbe Boden
wenn er naß ist wie
schiere Säure

für Haut und Nägel)
als wäre ich selber
von Erde, gepflanzt, gewachsen
oder geboren

Poesie der Erde

Der Dichter als Gärtner, der seine schöpferischen Energien bezieht aus dem Stoffwechsel mit der Natur? Mit solchen Natur-Beschwörungen macht man sich beim abgeklärten Metropolen-Intellektuellen von heute äußerst unbeliebt. Mit seinem Plädoyer für eine »Poesie vom Lande«, die einen »Zugang zur Erde« und zu den Quellen des »Biologischen« finden soll, hatte sich Helmut Salzinger schon lange die Sympathien seiner kulturrevolutionären Weggefährten von anno 1968 verscherzt. Was jedoch auf der »Head Farm Odisheim«, dem in der feuchten Region zwischen Weser und Elbmündung gelegenen Landsitz Salzingers, an Projekten ausgebrütet wurde, hatte mit beschaulicher Öko-Idyllik nichts zu tun. Das Leben und Arbeiten auf der »Head Farm Odisheim« entsprang vielmehr der Einsicht Salzingers, dass von kulturrevolutionärer Bewusstseinsveränderung nicht nur zur reden, sondern sie auch ins Werk zu setzen sei.

Als einer der ersten Aktivisten der Studentenrevolte zog Salzinger bereits 1969 lebenspraktische Konsequenzen. Er ließ sich enthusiasmieren von Rockmusik und Rebellion, schrieb seine Rezensionen zu kulturrevolutionären Manifesten um, was den sofortigen Ausschluss aus der ehrenwerten Gesellschaft des FAZ- und ZEIT-Feuilletons zur Folge hatte. Aus dem Literaturkritiker Dr. Salzinger wurde der Musikkritiker »Jonas Überohr« bei der Zeitschrift »Sounds«. Noch einmal meldete sich der Kritiker Salzinger zurück, als er 1973 bei Fischer »Swinging Benjamin« vorlegte. »Zweifellos ist Walter Benjamin ein Hascher gewesen.« Und: »Stoff macht für den Existenzkampf tauglich.« Solche Sätze waren es, die die akademische Benjamin-Gemeinde und die puritanische Linke aufheulen ließen. Als ihn die etablierten Blätter nicht mehr drucken wollten, machte Salzinger auf dem subliterarischen Sektor weiter. Zusammen mit dem Hamburger Michael Kellner Verlag gab er drei Jahre lang die hervorragende Monatszeitschrift »Falk« heraus, als »Loose Blätter für alles Mögliche«. Hier präsentierte Salzinger vorwiegend geistesverwandte Lyriker aus Deutschland und den USA, wie zum Beispiel die Beat-Poeten Gary Snyder und Michael McClure, deren »planetarisch-mystischen Biologismus« und »Säugetierpatriotismus« er für seine eigene »Poesie vom Lande« fruchtbar machte. Salzingers verlegerische Großtat war 1988 die umfangreiche Dokumentation über den jung gestorbenen Dichter Rainer Maria Gerhardt (1927-1954), einen radikalen Außenseiter der Nachkriegsliteratur, dessen längst fällige Wiederentdeckung bis heute aussteht.

Salzingers eigene Gedichte versuchen ein pantheistisches Naturgefühl mit mystischen Epiphanien zu verbinden. Der Dichter erscheint als ursprünglicher Schamane, der mit Gebet, Beschwörung, Klage die Natur-Gewalten aufruft, zum »Mund der Erde« wird. Mag sein, dass diese natur-poetischen Vermischungsphantasien auf Großstadt-Intellektuelle archaisch wirken. Aber der Dichter, so paraphrasiert Salzinger seinen Kollegen Michael McClure, hat keine andere Wahl: »Die neue Gesellschaft wird biologisch sein – oder sie wird untergehen.« Am 2. Dezember 1993 ist Helmut Salzinger im Alter von 57 Jahren gestorben.

RÓŽA DOMAŠCYNA

Zaungucker

Wir fassen uns und können es nicht fassen:
Hier sind wir wer, wir sind allein. Gelassen
ist nur der schnee, taut unterm fuß hinweg –
embleme, zeichen einer macht im dreck.

Sind wir denn kinder? Sind wir ausgesetzt
am Markt, mit rotem heller strafversetzt?
Nichts spricht uns frei, wir haben laut geschwiegen,
sind hungrig, greifen alles, was wir kriegen,

und stopfen zuckerwatte in uns rein,
die liegen bleibt und drückt und wird zu stein.
Ich grab die hand mir in die tasche, grab mich ein
und schließ den mund, um stumm herauszuschrein.

Dein Ich ist fremd, hat kein Gesicht

In der Oberlausitz, am östlichen Rand der verschwundenen DDR, an der Grenze zu Polen und zur Tschechischen Republik, liegt die alte Stadt Bautzen mit ihren berüchtigten Knästen. Dort leben seit Jahrhunderten, umgeben von Deutschen, die Sorben, ein slawisches Volk, sprachlich dem Osten verbunden, kulturell eher nach Westen orientiert, eine kleine Bauerngemeinschaft mit eigenen Institutionen und einer besonderen Literatur.

Wie die meisten sorbischen Dichter schreibt Róža Domašcyna sowohl in deutscher als auch in sorbischer Sprache. In einem Dorf geboren, hat sie zunächst Ökonomie des Bergbaus studiert und anschließend drei Jahre lang das Literaturinstitut »Johannes R. Becher« in Leipzig besucht. So unterschiedliche sächsische Lyriker wie Volker Braun und Wulf Kirsten dürften sie inspiriert haben. Und wie sie als Bergbau-Ingenieur die überlieferte Frauenrolle in Frage gestellt hat, bezweifelt sie nun als freie Autorin den gewohnten lyrischen Formenkanon.

Das meint nicht, dass Róža Domašcynas Gedichte die Tradition verleugnen. Unüberhörbar die Spuren magischer Spruchdichtung im dörflichen Naturkreislauf, sorbischer Sagenton, Märchenmotive. Doch in die abgeschiedene Provinz der Lehmhütten bricht auf einmal etwas bedrohlich Gegenwärtiges herein, das sich – ähnlich wie bei den gleichaltrigen rumäniendeutschen Lyrikern – einer ebenso nüchtern-verknappenden wie hintergründig-poetischen Sprache versichert.

»angenabelt sah ich mich / mit den augen / von fremden«. Wiederholt formuliert Róža Domašcyna die Geborgenheit im

Winkel der Familie und zugleich den Wunsch, ihr zu entfliehen, das Bedürfnis nach Nähe und ein unbegreifliches Ausgegrenztsein, das den fremden Blick der Poetin überhaupt erst möglich macht.

Auch das vorgestellte »Zaungucker«-Gedicht lebt von diesem Widerspruch. Da ist einmal das »Wir« der vielen, die es im Angesicht einer gesellschaftlichen Umwälzung »nicht fassen« können, plötzlich »allein« zu sein, und wie Kinder reagieren. Stets haben sie zu den Übergriffen der Macht »laut geschwiegen«, nun grabschen sie ungeduldig nach allem, was auf dem Markt zu haben ist, und »stopfen zuckerwatte« in sich rein, ein zähes Ostprodukt vermutlich, das im Magen »drückt« und »zu Stein« wird.

Vom Kollektiv der (neu-)gierigen Opportunisten grenzt sich das lyrische Ich mit den Schlusszeilen des Gedichts schroff ab: »Ich grab die hand mir in die tasche, grab mich ein / und schließ den mund, um stumm herauszuschrein.« Nicht einverstanden mit den marktgeprägten Zeitläufen und dem Gebaren derer, die bislang »laut geschwiegen« haben, bleibt der fremden Beobachterin nur übrig, verbittert beiseite zu treten und »stumm herauszuschrein«.

Wer aber guckt hier im Moment des politischen Umbruchs wem über den Zaun? Sind es die Ostdeutschen, die hungrig gen Westen blicken, weil sie sich die glitzernden Waren (noch) nicht leisten können, oder sind es die innerhalb der DDR isolierten Sorben? Man könnte auch an Polen, Tschechen, Rumänen denken, die am Reichtum teilhaben wollen und über die Grenze ins wiederverbundene Deutschland schauen.

Róža Domašcynas Poem hat Kraft und bitteren Rhythmus und kann neben den besten »Grenzfallgedichten« bestehen. Und doch ist ein übermächtiges Vorbild – Volker Brauns heftig umstrittener Zwölfzeiler »Das Eigentum« von 1990 – unübersehbar, ein Gedicht, das auf der gleichen gesellschaftlichen Antinomie beruht und mit ähnlichen sprachlichen und metrischen Mitteln (Rilkes, des Expressionismus) arbeitet: »Da bin ich noch: mein Land geht in den Westen ...«

MANFRED PETER HEIN

Flammenriß

Wie das Licht
wechselt sprich
Und geh in

Schwarz gehüllt
mit jeder
Verheißung

Zypressen
Engel Flammen
Riß

Dein Wort
Widerhall
im Geklüft

Wie Nacht fällt
Das Licht
ins Gras stürzt

In Schwarz gehüllt

Wer sich freiwillig an die literarische Peripherie begibt, den bestraft der deutsche Literaturbetrieb geheimhin mit Ignoranz. Manfred Peter Hein, 1931 im ostpreußischen Darkehmen als Sohn eines Nazi-Aktivisten geboren, zog es bereits 1958 nach Finnland, wo er Abstand suchte vom eigenen »biographischen Dilemma«. Nach zwei Auftritten bei der legendären Gruppe 47 wurde es bald still um den von Johannes Bobrowski geförderten »deutschen Dichter aus Finnland«. Auch nach der Verleihung des Peter-Huchel-Preises im Jahr 1984 ist Hein ein Fremdling im Literaturgeschäft geblieben. In Zeiten, da die bestimmende Rezeptionsform von Literatur der absolute Überdruss ist, erlaubt sich dieser Lyriker den anachronistisch anmutenden Glauben an die auratische, ja magische Kraft des dichterischen Wortes. Seine Gedichte arbeiten mit Techniken der extremen Engführung, Verknappung und Reduktion, sie führen die einzelnen Verse an den Rand des Verstummens. Im Lauf der Jahre hat Hein seine Poetik der »Gegenzeichnung« und »Schattenrede« radikalisiert. Die Wörter-Basis seiner jüngsten Gedichte ist noch schmaler geworden, der Versbau mitunter so weit skelettiert, dass nur noch enigmatisch gefügte Schlüsseltopoi zurückbleiben.

Auch das Gedicht »Flammenriß« zeigt einen Autor am Werk, der sich ostentativ hinter poetischen »Sprachgittern« (Paul Celan) zu verbergen scheint. »Flammenriß« ist Bestandteil eines kleinen Zyklus von Reisegedichten, worin die Hinweise auf konkrete geographische Lokalitäten sehr sparsam gesetzt sind. Auch in »Flammenriß« finden wir nur wenige poetische Zeichen, die auf Erfahrung von Landschaft hindeuten: der Wechsel des Lichts und die »Zypressen«. Aus der Begegnung mit Landschaft ist aber ein poetischer Augenblick erwachsen, der sich in Heins Gedicht zum visionären Erlebnis kristallisiert: zur ästhetischen Erfahrung einer katastrophischen Geschichte. »Und geh / in Schwarz gehüllt / mit jeder / Verheißung«: Diese Verse lassen sich als poetische Beschwörung jener negativen Utopie lesen, die zur Signatur von Heins Lyrik geworden ist.

Das lyrische Subjekt seiner Gedichte versteht sich, wie der Autor in einem poetologischen Statement ausgeführt hat, als »Registrator von Brandmalen«, richtet den Blick auf »Verwerfungen der Geschichte«. Und so kündet auch der »Engel« des Gedichts, wie in vielen anderen Texten Heins, von geschichtlichem Unheil, von einem »Riß« durch die Welt oder von »kommenden Kriegen«, wie ein anderer Zyklus des Bandes »Über die dunkle Fläche« überschrieben ist. Wenn dann in der vierten Strophe vom Resonanzraum des dichterischen Wortes die Rede ist, wählt Hein ein Bild der Einsamkeit und Ohnmacht, das der Motivik Paul Celans entlehnt ist: »Dein Wort / Widerhall / im Geklüft«.

Die poesiemüden Zyniker, die mit dem Tod Paul Celans die Epoche des hermetischen Gedichts für abgeschlossen halten, werden auf solche Verse die alten Vorwürfe in Richtung Hein parat halten, seine Gedichte seien zu »gequält und zu willentlich verschlüsselt«. Dass sich die poetische Sprache des Manfred Peter Hein nicht auf instrumentalisierbare Eindeutigkeit festlegen, nicht unter Sinn-Kontrolle bringen lässt, das macht, so glaube ich, nicht ihre Schwäche, sondern ihre Stärke aus.

HELGA M. NOVAK

WO DAUERND GEBRECHLICHE URNEN
wachsen da ist mein Feld
wo sie herauf und nieder wandern
die Tontöpfe voller Asche
immerfort bin ich auf dem Weg
zu meinem Scherbenacker
meinem Scheideplatz im Sand
in den Händen wieder eine stumpfe
Amphore versiegelt mit Lehm
keiner sieht mich deine Asche
versenken den überschaubaren Rest
eingraben in die poröse Finsternis
mit Rötel bestreu ich den Ort
Beigaben aus Teeglas und Messer
die alltäglichen Löffel aus Bein
der Bernstein schwimmend in Spiritus
dazu von meinem Gesicht die Maske
ja alle diese zu-Grabe-getragenen
täuschen ein trauriges Opfer vor
eingeäschert beerdigt festgetreten
bloß unsere alte Mutter Erde kann
nichts wegschmeißen hebt jedweden
Krempel auf und kramt ihn heraus
hervor Asche in gesprungenen Vasen

Ich bin die Menschenartige

Es ist gar nicht so lange her, dass unsere Vorfahren – »Menschenartige« und »Steinwerfende« – die Steppe dahergestapft sind »ohne Kinn und Stirne«. Helga M. Novak, die als »Findling«, von Pflegeeltern adoptiert, in der Mark Brandenburg aufgewachsen ist, einige Jahre in Islands Fabriken gearbeitet hat, 1966 aus der DDR ausgebürgert wurde, sich zeitweise in der Frankfurter Sponti-Szene aufgehoben fühlte und heute vereinsamt in Polen lebt, gräbt sich hinunter in Sand und Moor, hinweg aus der Gegenwart. In Gedichtzyklen spürt sie ihrer (und unserer) Vorgeschichte nach, deren Hinterlassenschaft sie unter Eis- und Geröllschichten wittert: Knochen und Feuersteine, Scherben und Bernsteinschmuck. Doch auch in uns selbst sind die Ahnen lebendig, in der Art wie wir gestikulieren und schreien, uns ducken im »halbaufrechten Gang«, und im Traum umkreisen wir unsere frühesten Jagdpfade.

Mag sein, dass mich Helga Novaks Gedichte beeindrucken, weil ich selber fasziniert bin von all dem, was unter der Erde, in Höhlen und Schächten verborgen ist, auch von dem, was an dunklen Bildern in den Körpern aufbewahrt fortlebt und woran die Dichter seit alters erinnern. Es sind kräftige, oft schroffe Verse, hart aneinander gefügt, mitunter wehrlos offen und nicht immer ganz durchgearbeitet – geschrieben von einer unruhigen, rebellischen Frau, die es sich und den anderen nie leichtgemacht hat.

Ich habe Helga Novak, die – anders als Sarah Kirsch oder Ulla Hahn – auch literarisch immer eine Außenseiterin geblieben ist, 1994 in einem alten Befestigungsturm in Buxtehude getroffen, wo wir zusammen an einem Kettengedicht in der japanischen Tradition bastelten, während sie dazu Kette rauchte. Sie trug stets einen breitkrempigen Hut, unter dem ihre strengen Gesichtszüge schön und maskenhaft starr erschienen. An den Wänden glänzten in Vitrinen anthropologische Fundstücke aus der Elbregion, Totenschädel mit »Kiefernsamen zwischen den Zähnen« und Leichenbrand in »gesprungenen Vasen«. In dieser idealen Umgebung hat sich mir die poetische Intensität ihrer Texte unmittelbar erschlossen.

Auch das vorliegende Gedicht scheint von einem Besuch in einem frühgeschichtlichen Museum auszugehen, das in Polen liegen dürfte, dem Land, in dem sich die Dichterin niedergelassen hat, weil es sie so heftig an die märkische Herkunftslandschaft erinnerte, die sie bis zur Wende nicht mehr betreten konnte. In Gedanken geht sie den Weg zurück »zu meinem Scherbenacker / meinem Scheideplatz im Sand«, wo »dauernd gebrechliche Urnen / wachsen«, um die Asche (eines Freundes?) zu versenken, »dazu von meinem Gesicht die Maske«, unter der die wahren Züge abgenagt und gebleicht hervortreten.

Aber gibt es überhaupt so etwas wie ein wahres Ich? Lügen die Reste der »traurigen Opfer« nicht ebenso wie die der Täter? Ist auf der Welt keinem zu trauen? Resignation prägt unüberhörbar all diese Verse, in denen Vorzeit und Endzeit zusammenfallen, verbunden in der Sehnsucht nach der Kindheitslandschaft, auch wenn Helga Novaks Kindheit (nachzulesen in ihrem bedeutenden Erinnerungsbuch »Die Eisheiligen«, 1979) extrem unglücklich verlief: »Wo ich geboren bin werde ich ausatmen im Sand / tiefer sinken in die alles konservierenden Lagen«.

CHRISTOPH MECKEL

An der Straße

Wo willst du hin, rief der Bettler
auf dem Stein an der Straße, ins Welthaus willst du –
das ist leergefressen, eingestürzt
sind die sieben Himmel
du kannst Schutt verladen, und er zeigte
hinaus in den Limbo.

Wann war das. Es war in der Zeit
vor dem Großen Geheul
es muß vor dem Zähneklappen gewesen sein
vor der Großen Jagd, es war vor den Jagden –
Tag aus Blüte und Wind, der Anblick
des Vorhandnen war herrlich, kein Gott erhob Einspruch
kein Lebewesen führte Beschwerde;
die Zeit war gemacht, und Land von Wasser geschieden;
der Hase lief hakenschlagend vor der Sonne
und der Bettler zeigte hinaus in den Limbo.

Aber ich ließ mir nicht nehmen
die Windrosen, Straßen, Steine, die Tode und Sonnen
Staub und Hunger, meine Wassersuppe
ich ließ mir nehmen nichts, und er
blickte mir nach und lachte noch.

In der Vorhölle

Eine Szene wie aus einem biblischen Gleichnis oder einer Legende: Ein Bettler konfrontiert einen vorüberziehenden Wanderer mit einer Weissagung. Der »Engel der Geschichte«, so scheint es, hat sich als Bettler verkleidet und warnt den Fremden vor der Katastrophe, die ihn beim Eintritt ins »Welthaus« erwartet. Offenbar befinden wir uns unmittelbar an der Schwelle zur Unterwelt: Der »Limbus«, von Meckel hier poetisch zum »Limbo« verrätselt, ist nach einer alten katholischen Vorstellung die Vorhölle, eine Art Niemandsland zwischen Fegefeuer und Hölle. Aber trotz der bestürzenden Nachricht, die er dem Fremden verkündet, trotz der Verheerungen und Trümmerlandschaften, die sich vor ihm auftürmen, ist die Stimmung des Bettlers eigentümlich heiter. Aus dem Paradies, aus dem symbiotischen Zusammenwirken von Mensch und Natur, ist er vertrieben worden – ein Sturm hat ihn, wie Walter Benjamins Engel der Geschichte, »unaufhaltsam in die Zukunft« getrieben, wo er den Nachgeborenen die unablässig wachsenden Trümmerhaufen zeigt, die vor ihm in die eingestürzten »sieben Himmel« wachsen. Aber auch unter den Bedingungen der fortschreitenden Katastrophe ist offenbar ein Leben, ein Überleben möglich: Die Entbehrungen, die »Tode«, »Staub und Hunger« und »Wassersuppe« sind stoisch zu ertragen, vorausgesetzt, das unglückliche Bewusstsein hat noch nicht alle Hoffnungszeichen liquidiert.

Aber Meckels Bettler verfügt noch über Hoffnungssymbole, mehr noch: Glücksversprechen, etwa in der imaginären Gestalt der »Windrose«. Und das ist ja auch ein zentrales Kennzeichen von Christoph Meckels surreal-märchenhaften »Weltkomödien« und poetischen »Luftgeschäften«: Die utopischen Energien seiner Figuren erschöpfen sich nicht, verlieren sich nicht in der Schwärze der Apokalypse. Den düsteren Motiven und katastrophischen Chiffren seines reichen und vielgestaltigen Werks stehen immer wieder Bilder des Lichts und der sinnlichen Illumination gegenüber.

Das Abschlussgedicht des Bandes »Wen es angeht« (1979) enthält die programmatische Sentenz: »Wie willst du leben ohne die Hoffnung an deinem Denken zu beteiligen ...« Auch aus der finsteren Allegorie des vorliegenden Gedichts will sich die Hoffnung nicht vertreiben lassen. Der Dichter Christoph Meckel, der seit fünfzig Jahren Gedichte von rhythmischer Präzision und »tausendundeindeutiger« (Meckel) Bildlichkeit schreibt, kommt im Gehechel der aktuellen Literaturdebatten nicht vor. Schon das ist ein Grund, seine Gedichte neu zu entdecken.

HANS THILL

Die Lokomotive

Große Staatsmänner trinken Altöl zum Frühstück,
brechen ihr Brot über der erstaunten Stadt,
wer möchte nicht als Prachtstraße enden?

Ich halte es mit den Maschinen,
ihr Gelächter erfüllt den Wald
und keiner weiß, wozu sie gut sind.

Durch unsere Schädel jubeln Völker Tag und Nacht.
Fahnen bellen, im Mausoleum liegt ein toter Hund.
Zwei Rücken hat der Mond, alte Leier hoher Bogen.

Gelächter, Sirenen

Als ich Hans Thill in den wilden Siebzigern kennenlernte, war er ein hochgewachsener Jüngling mit randloser Brille, schulterlangem blonden Haar und elegant geschwungenem Schnauzbart – das Wunschbild eines Anarchisten. Und gerade so habe ich ihn im Schlusskapitel meines Landromans »Schoppe« (1989) porträtiert. Da zieht ein versprengter Künstlerhaufen am 150. Jahrestag des Hambacher Festes mit Fahnen und Picknick-Körben den Burgberg hinauf, um die führenden Politiker der Bundesrepublik und ihre Staatsgäste, die in die historische Rolle der Hambacher geschlüpft sind, bei ihrem verlogenen Tun zu stören und unflätig zu beschimpfen. Während des Anmarschs, vor einem Supermarkt, hält der blonde Jüngling mit dem Anarchisten-Fähnchen inne und rezitiert das hier vorgestellte Gedicht.

Natürlich hat Hans Thill, als er die Verse schrieb, nicht den Hambacher Staatsakt vom Mai 1982 im Sinn gehabt, obwohl einzelne Motive dies nahezulegen scheinen. Ja, man glaubt einen Augenblick die »großen Staatsmänner« in ihren schwarzen Limousinen auf der neu erbauten »Prachtstraße« zum Schloss fahren zu sehen, um angesichts jubelnder »Völker« über der »erstaunten Stadt« ihr »Brot« zu brechen (oder den Stab). Und das den Wald erfüllende »Gelächter« der »Maschinen« ließe sich leicht als Rattern eines Polizeihubschraubers deuten.

Doch Hans Thills Poetik lässt solche Art der Motivverknüpfung und der Bedeutungszuweisung nicht zu. Vielmehr stehen die einzelnen Formulierungen zugespitzt für sich, mutwillig zusammengeschüttelt aus den verschiedensten Bereichen; Fundstücke, Redewendungen, ausgeklügelte Bilder, die in surrealistischer Tradition die Dissonanz anpeilen und nicht die Versöhnung, die Verwirrung des Lesers statt seiner Aufklärung: eine Scherben-Welt.

Gleichwohl hat das Gedicht Wesentliches mit dem Protestzug und der Politikerbeschimpfung meiner Romanfiguren gemein, nämlich den anarchistischen, lustvoll provozierenden Gestus, eine gesunde Abneigung gegen den Staat und seine fragwürdigen Repräsentanten. »Große Staatsmänner trinken Altöl zum Frühstück«; ob sie daran krepieren oder ob dies ihr gewöhnlicher Zaubertrank ist, bleibt offen. Ein verwirrendes Bild, auf tragi-komische Weise ebenso lächerlich wie der sprichwörtliche »tote Hund«, der statt des einbalsamierten Tyrannen im »Mausoleum« liegt, während die »Fahnen« für ihn »bellen«.

»Heilig die Sportler, die Stalinisten, die Parkwächter, / denn sie werden siegen, wie auf Erden«, beginnt ein »Manifest« Hans Thills. An die Stelle des Herrscherlobs, das immer neu zu formulieren weit über das Mittelalter hinaus eine Aufgabe des Dichters war, ist im 18. Jahrhundert die Kritik an den Mächtigen und bald darauf die abgrundtiefe Verachtung – und sei es in Form ihrer höhnischen Heiligsprechung – getreten. Thill hat sich pointierte Wendungen ausgedacht für den Größenwahn der Beton-Politiker und den perversen Wunsch der Autofreunde, »als Prachtstraße« zu enden.

Freilich ist eine Schreibweise, die sich selber unter Outrier-Zwang stellt, also Zynismen, überraschende Einfälle und schrille Dissonanzen am laufenden Band liefern muss, nicht ohne Risiko, zumal dann, wenn sie sich immer weiter von einem (autobiografischen) Erfahrungskern entfernt oder gar Sinn und Existenz eines poetischen Kraftzentrums mit Theoremen wie »Ich-Verlust« und »Welt-Entzug« leugnet. Im vorliegenden Gedicht, das den mutwilligen Titel »Die Lokomotive« trägt, ist die Kombination der Splitter gelungen. Die einzelnen Bilder sind, wie André Breton es 1924 gefordert hat, von »Willkür« gezeichnet, sie weisen einen besonderen Grad an »Widersprüchlichkeit« auf und stimmen doch alle in einen frechen, herrschaftsfreien Rhythmus ein, aus dem nur die letzte Zeile wie ein Rätselspruch herausfällt: »Zwei Rücken hat der Mond, alte Leier hoher Bogen.«

MARIAN NAKITSCH

Dunkelheit

Die Sonne verließ den Himmel,
und das Antlitz der Welt verschwand im
gewöhnlichen Dunkel,
das uns getrennt hält.

Gott ist fern, schwierig. Wir Söhne Kains
machen es uns einfach
mit Blei,
und plötzlich, während der Feuerpause, entbehren
wir des Ziels.

Marian Nakitsch ist Antikommunist, Serbenhasser, deutscher Patriot – und trotz dieser Fundamentalismen ein beachtenswerter Dichter. Dass er von Reiner Kunze entdeckt und gefördert wurde, hat seinem Ruf im literarischen Betrieb eher geschadet. Seine Deutschland-Sehnsucht denunziert man als Ausweis reaktionärer Gesinnung, ohne danach zu fragen, woraus sich dieser irritierend heftige Patriotismus speist. Wer Marian Nakitsch einmal im persönlichen Gespräch kennengelernt und sein überschäumendes Mitteilungsbedürfnis erlebt hat, der ahnt, dass dieser Mensch im Land seiner Geburt zum Schweigen verurteilt war.

So hat Marian Nakitsch sein bisheriges Leben dem Versuch gewidmet, sein deutsches Identitätsbewusstsein gegen die jugoslawischen Realitäten zu verteidigen. Am 7. Februar 1952 in der kroatischen Stadt Novska geboren, blieb er im eigenen Land stets ein Fremdling. Das Kroatische ist seine Muttersprache; aber das Deutsche ist die Sprache jenes älteren (deutsch-österreichischen) Kulturkreises, dem sich Marian Nakitsch zugehörig fühlt. Auch nach der Etablierung realsozialistischer Verhältnisse im Jugoslawien Titos hielt er daher an seiner deutschen Wunsch-Identität fest. Seine Heimatstadt Zagreb belegt er demonstrativ mit dem alten deutschen Namen »Agram«, der auch auf unseren Atlanten noch zu finden ist. Seit seine Eltern 1969 als Gastarbeiter nach Deutschland gingen, lebte Nakitsch in Agram / Zagreb in völliger Sprachisolation. Ende der siebziger Jahre begann er erste Übersetzungen anzufertigen und in deutscher Sprache Gedichte zu schreiben. Die in der DDR verfemten »Wunderbaren Jahre« von Reiner Kunze übersetzte er ins Kroatische und fand dafür sogar einen Verlag, ohne dass ein wachsamer Zensor interveniert hätte.

Nakitschs eigene Gedichte fanden bald die Aufmerksamkeit des von ihm verehrten Reiner Kunze: »Sein Deutsch«, schreibt Kunze in seinem Porträt, »ist Eigenlese von den Weinbergen Rilkes, Huchels, Artmanns, Handkes.« Nun kann man geteilter Meinung sein über die Zuverlässigkeit und Wünschbarkeit patriotischer Empfindungen; unbezweifelbar sind jedoch, glaube ich, der existenzielle Ernst und die meditative Konzentration von Marian Nakitschs Gedichten. Es sind Naturgedichte von intensiver Bildkraft, Gedichte über die versunkenen Landschaften der Kindheit, zuweilen auch sentimental eingefärbte Anrufungen eines erträumten Deutschland (»Preußen, meine Trauer«) – und nicht zuletzt Texte wie das vorliegende Gedicht, durch die sich die Blutspur des Jugoslawien-Konfliktes zieht.

»Dunkelheit« hat die Welt heimgesucht; der Horizont nicht nur der privaten Lebenswelt hat sich heillos verdüstert. Die Abwesenheit Gottes, so suggerieren die religiösen Topoi des Textes, zieht diese Lebenswelt in ein schicksalhaftes Verhängnis. Die »Söhne Kains« sind mit der Arbeit des Tötens beschäftigt, irgendwann haben sie aufgehört, nach dem Sinn ihres mörderischen Tuns zu fragen. Schuldfragen werden in diesem Gedicht nicht mehr gestellt; auch wird von konkreten Örtlichkeiten abstrahiert. Was in Kenntnis der dichterischen Biographie als düsteres Requiem auf den jugoslawischen Bruderkrieg interpretierbar wird, lässt sich auch als verallgemeinerungsfähige poetische Parabel auf den permanenten Kriegszustand unserer Gegenwart lesen. Der Krieg wird auch hier, wie es im berühmten Gedicht Ingeborg Bachmanns heißt, »nicht mehr erklärt, sondern fortgesetzt. Das Unerhörte / ist alltäglich geworden.«

FRIEDERIKE MAYRÖCKER

für C. W., im beseligenden November

Sandsäcke, nachts, ein seliger
Feuerknecht, plötzlich
das weisze Tischtuch BEHAART, schwarz
behaartes Tischtuch / weiszes
Knäuel auf dem geölten Bretterboden der alten
Gastwirtschaft : die übereinander
gestülpten in einander verbeulten Handschuhe,
darunter
die Mütze schwarz von irgend Teerfliesen
....
ist irgendwie weisz-
pelziges Okular, ringsum, als
Quelle zu springen(d), möchte wieder
lebendig sein, lange noch, aber die Zähne
rücken zusammen

Das schwarz behaarte Tischtuch

Unter den deutschsprachigen Dichterinnen erscheint Friederike Mayröcker als die phantasiereichste, sprachlich kühnste und methodisch freieste. Ob Poem oder Erzählung, »Text« oder Hörspiel – der poetische Zugriff ist jedes Mal intuitiv, emotional, ohne die experimentellen Errungenschaften der Surrealisten, Dadaisten und besonders der Wiener Gruppe einen Augenblick zu verleugnen.

Auf die Spur ihrer Poetik setzt die Dichterin den Leser in einer knappen Selbstdarstellung aus dem Jahr 1967, worin es heißt: »Ich fürchte, wir sind die Leute, die am Morgen nach einer Unzahl von Träumen versuchen, diesen verrätselten komplizierten Traumkörper nachzuziehen.« Das meint, die Poeten bemühen sich, Partikel und Andeutungen, Denkfetzen und herumschwirrende Einfälle um das eigentliche, vibrierende und faszinierende Erlebnis, das für einen Moment gegenwärtig geworden ist, spannungsreich anzuordnen. Zumal die dunklen Bilder der Kindheit gewinnen in ihrer Ambivalenz von Traum und Trauma, Sicherheit und Bedrohung in diesem Zusammenhang Bedeutung.

Friederike Mayröcker sammelt das Material zu bestimmten Themenkreisen in verschiedene Körbchen: Aus Briefen, Zeitungen und älteren Texten Exzerpiertes, im Alltag Aufgeschnapptes, auch scheinbar Unbrauchbares, das aber Anregungen liefert, (Sprach-)Einfälle, die Assoziationen auslösen können, seltene Wörter, Versprecher ... lauter Vorräte, die auf einen neuen Anstoß nur warten, eine überraschende Kehre, die ihnen die Richtung weist.

Die spontane, dem zufälligen Wort vertrauende Arbeitsweise ist leicht dem Vorwurf ausgesetzt, sie schiebe lediglich Bruchstücke umeinander, ohne dass eine Verbindung zwischen den einzelnen Elementen erkennbar werde. Das vorgestellte, Christa Wolf (C.W.) zum 65. Geburtstag gewidmete Gedicht entzieht sich solcher Gefahr souverän. Es bemüht sich, einen (Sprach-)Traum nachzuzeichnen, geträumt »im beseligenden November«, wie der Titel verrät, mit starken, sinnlich leuchtenden, einander assoziativ ergänzenden und verstärkenden Bildern. Auch der Rhythmus fasst zusammen, »erklärt«, soweit Erklärungen auf transrealen Pfaden überhaupt möglich und hilfreich sind.

So könnten die »Sandsäcke« auf bedrohlich vordringende Wasser hindeuten, das der »selige Feuerknecht«, vielleicht ein Elementargeist und umgekehrter Schimmelreiter, mit magischer Geste zurückhält. Das weiße, »schwarz behaarte Tischtuch« auf dem »geölten Bretterboden«, die »in einander verbeulten Handschuhe«, die »Mütze«, schwarz von Teerflecken, sind Dinge, die an eine, märchenhaft gruselige Kindheit erinnern. Sie stehen ganz intensiv mitten im Raum, man kann sie sehen, riechen, anfassen und als eigene wiedererkennen.

Nichts wäre einleuchtender, als wenn sich das Gedicht im einmal eingeschlagenen Rhythmus Bild um Bild weiterbewegen würde; doch es folgt ein durch vier Punkte angedeuteter Bruch, ein Sprung, abreißendes Leben oder nur eine Montagestelle, leicht verwischt durch das Wort »weisz-pelzig«, aber syntaktisch wie bildlich Schroffheit markierend (bis hin zum abschließenden Totenschädel mit den zusammenrückenden Zähnen). Und auf kommt die Ahnung, ja die Gewissheit, dass eine dissonanzfreie poetische Schönheit nicht mehr haltbar ist und der Künstler gar am Ende sein Werk zerstören muss, um es zu retten. Friederike Mayröcker macht, so Marcel Beyer, mit experimentellen Methoden Texte, die alles andere als experimentell sind.

MARCEL BEYER

Verklirrter Herbst

Der Funker: »Ver-.« Gewaltig endet so der Tag.
»Aufklären.« Sie hängen in den Leitungsmasten.
»Bild an Bildchen. Melden.« Die Drähte brummen
sonderbar. »Hier Herbst.« Hier Einbruch. »Hier
Verklirrtes.« Die Toten, statisch aufgeladen.

Der Funker: »Melden.« Da sagt der Landser: Es
ist gut. »48 Stunden in diesem Loch.« Beinfreiheit,
Blickangst. Und jemand flüstert: Sie sind heiser?
»Falls wir jemals wieder raus.« Das Bahnsteigklima
bringt mich um. »Noch.« Die Viehwaggons
auf Nebengleisen. Wurstflecken.

Der Funker: »Aber selbstverständlich, du willst es
eiskalt, Junge?« Ein Zug fährt an, den er besteigt.
»Da wird dein Hals aber kaputt sein, morgen früh.«
Scheitel, gebürstet. Nah dem Verteiler, sieht er,
sprühen Funken. »Junge, du willst es eiskalt?« Ganz
spezielle Rasuren. Scharmützel. »Leich an Leiche
reiht sich.« Ausrasiert. »Flackern.« »Hinterköpfe.«

Herbst des Todes

Es dauert nicht lange und wir sitzen fest, hoffnungslos verstrickt in ein Textgewebe, das keinem Ordnungsmuster zu folgen scheint. Als Leser werden wir zunächst eingeflochten in ein undurchdringliches Nachrichtennetz, in ein Organigramm von rätselhaften Daten, Befehlen und Dialogen. Kein lyrisches Ich als Ordnungszentrale ist mehr da, das uns aus unserer Verwirrung erlöst.

Es ist der eigentlich deplatziert wirkende, pathetische Ton in der ersten Verszeile (»Gewaltig endet so der Tag«), der uns schließlich auf eine literaturgeschichtliche Spur führt. Marcel Beyers unruhiger, in scheinbar unzusammenhängende Sprachpartikel aufgesprengter Text erweist sich als eine schrille Kontrafraktur zu Georg Trakls berühmtem Gedicht »Verklärter Herbst«. Wo Trakl mit harmonischen Reimen und leuchtenden Farben eine »goldene« Herbstlandschaft malt, da konfrontiert uns Beyer mit einer akustischen Landschaft aus bedrohlichen Geräuschen und Stimmen. Trakls »Landmann« mutiert bei Beyer zum »Landser«, dessen Lageberichte von der Front auf die alltägliche Realität des massenhaften Tötens und der allgemeinen Brutalisierung verweisen. Als Trakl seinen »Verklärten Herbst« schrieb, war noch nicht absehbar, dass er alsbald selbst mit der »schwarzen Verwesung« der Kriegsmaschine konfrontiert sein werden würde. In »Grodek« dann, Trakls erschütterndstem Gedicht, sind die poetischen Hoffnungszeichen der Natur verschwunden, und werden durch Bilder des Verfalls ersetzt.

Der poetische Nachgeborene Marcel Beyer hat ein Gedicht geschrieben, das von der Unmöglichkeit weiß, sich emphatisch in die kollektiven Leiderfahrungen von Kriegsteilnehmern hineinzuversetzen. Beyer prahlt nicht mit geborgtem Leid, sondern sammelt aus der objektiven Distanz des Protokollanten die Stimmen, Daten und Befehle, die im Äther umherschwirren. Das Gedicht ist kein Ort mehr – wie noch bei Trakl – wo sich idyllisch »Bild an Bildchen« reiht, sondern wo scheinbar unkontrolliert disparate Zeichen des Todes aufeinanderprallen. Der »Verklirrte Herbst« setzt fragmentierte Bilder des Soldatenalltags und des anonymen Todes frei, die sich in keine traditionelle Gedichtform mehr einfügen lassen. Akustisch »verklirrt«, von Disharmonie und schriller Dissonanz zersetzt, ist so nicht nur die Traklsche Herbst-Atmosphäre »verklirrt«, in Scherben zersprungen ist auch das Ordnungsgefüge des Gedichts. Der Austausch von codierten Nachrichten über Funk, die Konfrontation mit den technischen Apparaten, die dazwischengeschobenen Bilder von Toten und Todesfahrten – all dies wird in kleinen Cut-Ups so lapidar montiert und organisiert, um dem Leser unaufhörlich kleine Schocks zu versetzen. Vielleicht sind solche Exerzitien einer »Literatur der Zersplitterung« (F. Mayröcker) die einzig legitime poetische Verfahrensweise, mit der man sich als literarischer Nachgeborener dem Terror des permanenten Kriegszustands noch nähern kann.

PETER HANDKE

An die Henker

Man nennt euch »Bande«, »Mörder«, »Verbrecher«.
Mörder und Verbrecher muß ich manchmal verstehen,
weil ich mich selber verstehen will.
Ich könnte z.B. ein Totschläger sein, d.h. ein Verbrecher.
Ihr aber tretet auf als »Kommando«, »Brigade«, »Armee«,
macht »Gefangene«
steckt sie ins »Volksgefängnis«
und »exekutiert« sie.
Ihr seid keine Mörder, keine Verbrecher – meine Brüder –,
sondern Soldaten, Richter und Henker.
Wer versteht einen Henker?
Ausgeburten der Geschichte
die mich mir unverständlich macht:
Ich verstehe euch nicht
und verachte euch
wie eure Vorfahren

So berühmt Peter Handke als Prosaist, Theaterautor und Filmemacher ist, so heftig er als literarischer Repräsentant einer ganzen Generation bewundert wie angegriffen wird – seine Lyrik findet vergleichsweise wenig Beachtung. Zwar erlangte er 1969 mit dem zeittypisch raffinierten Titel »Die Innenwelt der Außenwelt der Innenwelt« den Beifall einer an serieller Textproduktion interessierten Intelligenz, doch ist danach fast dreißig Jahre lang – bis auf das lange »Gedicht an die Dauer« (1986) – kein selbständiger Lyrikband von ihm mehr erschienen. Indessen hat Handke weiter Gedichte geschrieben, sie gelegentlich in Zeitungen und Zeitschriften veröffentlicht und in Prosabänden nach romantischem Vorbild Eichendorffs oder Brentanos als strukturierendes und konzentrierendes Element eingefügt.

So findet man in dem Essayband »Als das Wünschen noch geholfen hat« (1974) drei große autobiographische Gedichte, in der ähnlich aufgebauten Sammlung »Das Ende des Flanierens« (1980) elf meist kürzere ›Gelegenheitsgedichte‹, darunter auch das hier vorgestellte. Während jedoch alle anderen Poeme sensiblen Beobachtungen und Empfindungen Dauer verleihen und insofern der von Handke immer wieder beschworenen »begriffsauflösenden Kraft« des poetischen Denkens verpflichtet sind, scheint der »An die Henker« überschriebene Text den ästhetischen Schon- und Trutzraum verlassen zu haben und Klartext zu sprechen, Stellung zu beziehen im politischen Grabenkampf.

Das Gedicht dürfte Ende 1977 entstanden sein, bald nach dem Tod der Stammheimer Gefangenen, der Ermordung Bubacks, Pontos und Schleyers, in einer aufs äußerste erregten Situation. Während ein Teil der Linken noch mit der RAF sympathisierte, Rechte nach dem Galgen schrieen und die literarische Welt verstört den Atem anhielt, trat Handke unerwartet aus dem Elfenbeinturm, den er ironisch für sich reklamiert hatte, hervor. Mit einer von ihm so nie gehörten Begrifflichkeit spricht er die RAF-Kader direkt als »Henker« an, die moralisch tief unter »Mördern und Verbrechern« stünden. Der Dichter, der in Gefühlstätern durchaus seine »Brüder« zu erkennen vermag, äußert für die im geschichtlichen Auftrag kalt exekutierenden »Henker« und ihre Kommando-Sprache nur Verachtung – eine Verachtung, die, wie der fehlende Schlusspunkt andeutet, ohne Ende ist.

Dabei nimmt Handke den ›Krieg mit dem Staat‹, den die RAF als selbsternannte Avantgarde auszufechten behauptet, bitter ernst. Das Ich des Gedichts wendet sich nicht nur unmissverständlich gegen alle Terroristen, es grenzt sich ebenso schroff gegen die staatliche Macht ab, indem es »Soldaten, Richter und Henker« in einem Atem nennt. Sie alle handeln im Auftrag verabscheuter Herrschaftssysteme, sind bis in die Sprache hinein identische »Ausgeburten« einer mörderischen »Geschichte«.

Diesen Abstand gegenüber legal wie illegal organisierter Gewalt hat Handke stets eingehalten, indes sich viele der einstigen Linksradikalen nun, wo die RAF verschwunden zu sein scheint, an den Staat schmiegen, ja ihn noch zur Gewaltanwendung – etwa in Bosnien – aufzustacheln. Mit dem Aufsatz »Abschied des Träumers vom Neunten Land« hat sich Peter Handke im Sommer 1991 frühzeitig und fast als einziger gegen die öffentliche Meinung gestellt, indem er auf der Einheit Jugoslawiens beharrte und dem Nationalismus der

Teilstaaten, dem »Moloch Geschichte« geschuldet, eine ebenso idealistische wie durch Erfahrung begründete Absage gab. Für einen Augenblick waren poetisches und politisches Denken verbunden.

ULRIKE DRAESNER

pflanzstätte

zitternder körper, verpflanzungsgebiet – im
zitternden körper, meinem, schlägt dieses herz,
fremdgänger, als ich am grab stehe (auslöser),
zitternd über dem toten, über den erdpflanzen
(angegangen), ein losgelöstes augenflattern,
so heftig flimmern diese herzwände
erkennen den ort wieder (ein segen die
moderne medizin), unten das bodyasyl,
armenhaus, erkennen sie wieder, davon
hat keiner gesprochen, von diesen verkettungen
diesem herzreden, nadelspitzer elektrosturm,
in meiner brust (pflanzstätte) angegangen
ein toter, die grablege reicht was
hinüber ein klammern reicht aus dem grab
ein restleben (rhythmuserinnerung), nichts meßbares,
diese plötzliche geschwindigkeitsneigung, meine,
mir einflüsternder dämon, dolmetsch
eines anderen lebens, haltlos, kammernzuckend,
als ich weine an diesem grab
da werde ich (herzmade) zum langsam
zernagten, von innen,
wirt eines toten.

Das Herz – ein Parasit

Im ersten Lese-Reflex möchte man dieses Gedicht als einen typischen Fall von poetischer Trauerarbeit abhaken, sieht es doch so aus, als werde hier ein etwas ausgedehntes poetisches Epitaph einem imaginären Grabstein eingeritzt. Gewiss, das Gedicht spricht von Verlusten und Entgrenzungen. Bis in die seelischen Grundfesten hinein scheint das Ich, das hier ein Grab aufsucht, erschüttert. Der hilflos bebende und »zitternde« Körper droht zum wehrlosen Spielball der Affekte zu werden, überwältigt von der Macht der Gefühle und den Torturen des Seelenschmerzes. Sind nicht die Tränen, die in diesem Gedicht reichlich vergossen werden, das sicherste Indiz für poetische Sentimentalität?

Wer etwas genauer hinsieht, entdeckt die Hinweise auf eine Erschütterung, deren Urgrund nicht Trauer oder Rührung ist, sondern die Gewissheit der Identitäts-Auflösung. Das »Herz«, die oft überstrapazierte und metaphorisch missbrauchte Zentralvokabel der Lyrik, ist hier kein Projektionsmedium mehr für Gemütszustände aller Art, sondern es ist hier als anatomisches Faktum von Interesse, als Körperorgan. Es ist kein unantastbarer Haltepunkt der Innerlichkeit mehr, der die Einheit des Subjekts garantieren würde. Das Herz ist zum »fremdgänger« geworden, das in seinen Rhythmen und Empfindlichkeiten einer Außenlenkung unterliegt. Das ganze »zittern«, »augenflattern«, »flimmern« und all die anderen biochemischen Turbulenzen (»nadelspitzer elektrosturm«) resultieren nicht aus den Beschädigungen der Seele, sondern aus dem Zerreißen der Körper-Einheit.

Schon die erste Zeile des Textes verweist auf ein medizinisches Faktum als Ursache für diese Herz- und Körper-

Turbulenzen: Der Körper erweist sich ganz unmetaphorisch als »verpflanzungsgebiet«, später dann die Brust als »pflanzstätte«. Das Herz, so wäre zu ergänzen, ist zum »fremdgänger« geworden, weil es ein Transplantat repräsentiert – das Herz des Toten, an dessen Grab sich das Ich wiederfindet. Das lyrische Subjekt Ulrike Draesners ringt nicht um schmerzbeglaubigte Authentizität, sondern protokolliert die Aufhebung der Körpergrenzen: es ist dem Ich nicht mehr möglich, den Übergriff des Todes abzuwehren. Das fremde Herz, so die schockierende Conclusio des Gedichts, »zernagt« als Parasit von innen die Identität des sprechenden Ich.

Gottfried Benns berühmtes Gedicht »Kleine Aster« stilisierte den Körper noch zur nature morte: Diesseits jedes Gefühls für einen Seelenlosen betrieb Benns Gedicht eine Art Affektabtötung gegenüber dem Toten als einem Stück abgeschnittener Natur. In Ulrike Draesners anatomischer Dichtung sind die Affekte wieder da. In ihrem Gedicht »pflanzstätte« vermag das Ich nicht mehr (wie noch bei Benn), die Leiche als abgetrenntes Objekt auf den Seziertisch zu stemmen; hier ist es das vermeintlich tote Objekt, das sich den lebenden Menschen inkorporiert. Es ist kein Markierungspunkt mehr zu erkennen, an dem das Subjekt die Zumutung des Todes zurückweisen könnte.

SABINE KÜCHLER

EINMAL hörst du sie wieder klammheimlich
sind sie zurückgekehrt um nach dir zu sehen
diesmal sind sie wie Vögel
mit ruhigem Gemüt du hast sie beschimpft
und verlassen in einem heruntergekommenen Park
wie bist du gerannt
um ihrer Freundlichkeit zu entgehen
schwer vorstellbar aber diesmal
beschwichtigst du nichts: Gras
schießt aus den Dielen Laub begräbt
deinen Tisch wenn du jetzt atmest
in deiner Brust Plunder der singt

Plunder, der singt

Beim Blättern und zerstreuten Lesen in »Zwischen den Zeilen«, der im Augenblick fraglos besten deutschsprachigen Lyrikzeitschrift, sind mir Sabine Küchlers Gedichte aufgefallen. Ich hielt inne, blätterte zurück und studierte die Verse genauer. Es ist nicht leicht zu erklären, warum einen manches effektvoll gebaute Gedicht kalt lässt, während einen dieses dunkel stammelnde in Erregung versetzt. Ist es das Thema, der Gegenstand, der den Leser an sich selbst erinnert, der Rhythmus, der Tonfall, die Bilder, die Haupt- und Signalwörter mit ihren Bedeutungshöfen, die mich anspringen und eine plötzliche Nähe herstellen, die sich bei längerem Nachdenken als vertraute Fremdheit oder entfernte Verwandtschaft erweist ...

Die sechs Gedichte Sabine Küchlers hängen intern zusammen; ein Zyklus über die Kindheit, die Erinnerung, die »sanften Toten«, die – »über unsere Photos gebeugt« – sich »unsere Geschichte erzählen«. Ein seltsames Bild: Befinden wir uns selbst unter den Toten, ohne es zu merken, oder haben die Toten uns überlebt und sind wirklicher als wir? Küchlers Verse erzählen von einem »ramponierten Idyll«, dem die Autorin, Tochter eines Bastlers, eines Funkamateurs vermutlich, entstammt. Der Vater konstruierte ihr »Apparate«, »Seelenmaschinen«, einen Kasten etwa, mit dem sie »Botschaften morsen konnte« in den ungewissen Raum, Urworte für andere Kinder oder eben für die Toten.

Das hier vorgestellte Gedicht, das seinen Reiz ebenso aus den Zäsuren innerhalb einzelner Verse wie aus dem Charme unmerklich wechselnder Rhythmen bezieht (»wie bist du gerannt«), spricht von nicht näher bezeichneten Wesen, die in guter Absicht »zurückgekehrt« sind. Die Sprechende indes hat sie »beschimpft« und wie zugelaufene Hunde ausgesetzt »in einem heruntergekommenen Park«; sie will so »ihrer Freundlichkeit« entgehen. Doch nun, da sie wieder anwesend sind, bricht die Erde auf, und »Gras / schießt aus den Dielen« des (Eltern-?)Hauses.

Bei den zurückgekehrten Wesen (»wie Vögel / mit ruhigem Gemüt«) mag es sich um Eltern, Vorfahren, Engel handeln; sie verkörpern die Erinnerungen, die wir schreibend erretten und vor deren stummen Blicken wir uns täglich rechtfertigen zu müssen glauben. Man entkommt ihnen nicht, weder dem Schmerz, den sie mit sich bringen, noch der Freude. Sie sind »Plunder der singt«, wie jener alte Schlitten mit dem Namen »Rosenknospe« aus seiner Kindheit, an den allein sich der mächtige Charles Forster Kane in der Todesstunde erinnert.

Sabine Küchlers sensible Verse meiden den schrillen, oft rüden Lärm, den einige ihrer Generationsgenossen mit Erfolg zelebrieren. Sie spricht von sich, in einem eigenen, kunstvoll gebrochenen Ton, der die Traditionsspur der »alten Lieder« – unterm »Laub« begraben – nicht leugnet.

ERNST JANDL

die scheißmaschine

großteils die scheißmaschine steckt in dir
du wunder mensch, verwundetes mirakel
du nicht ihr ingenieur, nicht ihr erfinder
doch ihr besitzer, nutznießer und pfleger

vom munde führt der lange weg nach innen
durch röhre, ranzen und durch windungen
die du nicht gerne läßt ans freie zerren
außer um krebs den weitergang zu sperren

für nas und zunge köstlich different
treten in dich, o mensch, die speisen ein
dein organismus sich mit leben füllt
und ebnet ein, was aus dem arschloch quillt

von hier an hast die scheißmaschine du
geliebt-gelobter mensch in deine hand genommen
muscheln gebaut, um stöhnend drauf zu sitzen
kanäle angelegt, darin die ratten flitzen

Es stinkt der Mensch

»Es stinkt der mensch solang er lebt, / von arschloch, mund und genital«: Das sind die Leitverse der pessimistischen Anthropologie, mit der Ernst Jandl (1925-2000), der sprachzornige Anarchist aus Wien, in seinem Gedichtband »idyllen« (1989) die Geschmacksnerven seiner Leser reizte. Die Duftspur, die der Mensch in diesen Gedichten hinterlässt, ist ein alles verpestender Gestank; seine einzig dauerhaften Produktionen sind Exkremente, die er, wie das Gedicht »die scheißmaschine« zeigt, in vorzugsweise kläglicher Haltung der Erde zurückgibt.

Als ein Meister der Nestbeschmutzung hat Jandl schon in den siebziger Jahren seine Gedichte mit »heruntergekommener Sprache« gewürzt, um allen Schön- und Festrednern des »Lyrischen« den ultimativen Schock zu versetzen. In den »idyllen« wird dann der desillusionierende und drastische Sprachgestus zu einer im besten Sinn rücksichtslosen Altersobszönität verschärft. Wenn in herkömmlichen Idyllen glückhafte Lebenszustände »einfach wahrhaft vorgetragen werden«, wie etwa Goethe behauptet, dann geschieht dies traditionell in Ausgrenzung »von allem Lästigen, Unreinen, Widerwärtigen«. Dagegen setzt Jandl seine provozierenden Gegen-Idyllen, in denen er durch lapidare Benennung einer erbärmlichen und meist verfallenden Körperlichkeit jedes sentimentale Menschenbild vernichtet.

Auch in der »scheißmaschine« macht der Mensch keine besonders gute Figur: Er ist zum Appendix des eigenen Verdauungsapparats geschrumpft, kann seine eigenen Ausscheidungen altersbedingt nicht mehr kontrollieren und wird von daher in einem metaphorischen, aber auch buchstäblichen Sinn als »wunder mensch« angerufen. Jandl entblößt den Menschen bei der stöhnenden Verrichtung der vermutlich banalsten, aber auch gattungsübergreifenden Arbeit, ein Subjekt, das auf seine Leiblichkeit zurückgeworfen und aller höheren Qualitäten beraubt worden ist. Geblieben ist eine krude Körperlichkeit, ein offenbar in Unordnung geratener Organismus, der, wie Urs Allemann in einer Laudatio auf Jandl geschrieben hat, »in höhnischer Autonomie vor sich hinzustinken beginnt«. Da hilft es nur wenig, dass der zivilisatorisch fortgeschrittene Mensch der unberechenbaren, gewissermaßen auto-poietischen »scheißmaschine« neue Apparate (in Form der Klosett-»muscheln« und -»kanäle«) hinzugefügt hat, um die Reste seiner Verdauung einer Endlagerung zuzuführen.

Jandl leistet sich die grimmige Pointe, sein existenzielles Desillusionierungsprogramm in metrisch strenge, zum Teil gereimte Verse zu kleiden. Der feierliche Hymnen-Ton kontrastiert schroff zur banalen Peinlichkeit des Defäkierens. Der pathetische Anruf der zweiten Verszeile: »du wunder mensch, verwundetes mirakel« ist ein Echo aus fernen idealistischen Zeiten, da mit Poesie noch ein Lebens-Sinn oder eine metaphysische Ordnung gestiftet werden konnte. Bei Jandl entpuppt sich jedoch der »weg nach innen« nicht als romantischer und »geheimnisvoller«, wie noch bei Novalis' Heinrich von Ofterdingen, sondern als ein banal biologischer, der mit nackter Physis beginnt und endet. Ein Gedicht wie »die scheißmaschine« ist nicht nur ein souveräner Akt der Entweihung alles stimmungsvoll »Lyrischen«, sondern liefert auch die unbarmherzigste, radikalste Menschenkunde, die wir in zeitgenössischer Lyrik finden können.

MANFRED STREUBEL

Krisis

Nun wächst der Tod in mir: mein dunkler Kern.
Und sprengt die Schalen: ach die Eitelkeiten.
Der Frost ist nah. Der letzte Vogel fern.
Und leise lös ich mich von Zeug und Zeiten.

Ich bin so schwer von Schuld und Bitternis,
daß mich die Horizonte nicht mehr halten.
Mein Gegenüber wird zum Schattenriß.
Nur wenig ist noch wirklich und gewiß.
Kurz vorm Erkalten.

Nun wird mir alles übrige zum Fest.
Die linde Luft, die meine Lunge weitet.
Die arge Schönheit, die mein Auge preßt.
Das Fell des Köters, der sich streicheln läßt.
Die Hand des Kindes, die mir grell entgleitet.

Der Witz der Wolke. Den ich fast begreif.
Der Schritt der Stunde auf der Treppenstufe
vor meiner Dunkelheit. Nun bin ich reif.
Und rufe.

Klopfzeichen eines Verschütteten

Sächsische Freunde haben mich auf Manfred Streubel hingewiesen, der im Westen Deutschlands ein gänzlich Unbekannter geblieben ist und auch im Osten kaum angemessen wahrgenommen wurde, obwohl er dort seit 1956 zehn Gedichtbände publiziert hat, dazu Stücke, Hörspiele und Kinderbücher.

Geboren 1932 in Leipzig, studierte Streubel ab 1953 an der Humboldt-Universität in Berlin Germanistik. 1956 nahm er am Kongress Junger Künstler in Karl-Marx-Stadt teil, wo er gemeinsam mit Manfred Bieler, Jens Gerlach und Heinz Kahlau gegen die Kulturpolitik der SED opponierte und Gedankenfreiheit einforderte – ein ebenso kühner wie sträflich naiver Akt im Jahr des Janka-Prozesses. 1963 zog er mit seinem Sohn nach Dresden und überwinterte dort notdürftig als freier Schriftsteller. Im Juli 1992 erhängte er sich auf einem Dachboden in der Nähe von Dresden.

Beim Lesen der Gedenkartikel seiner Freunde (Rudolf Scholz, Rüdiger Ziemann, Ingo Zimmermann, Heinz Czechowski, Wulf Kirsten, Joochen Laabs) verdichtet sich der Eindruck universellen Scheiterns, als Ehemann und Vater, literarisch wie politisch. Streubel erscheint als reizbarer Einzelgänger und Außenseiter im Leben wie im Literaturbetrieb der DDR, und mit den neuen ökonomischen Zumutungen nach der Öffnung der Mauer kam er schon gar nicht zurecht. Er war ein Geschlagener, doch auch ein Hassender: »Du guter Hass – stolz trag ich Deine Bürde.« Sein moralischer Rigorismus, der ihn häufig in Schwierigkeiten brachte, hatte selbstzerstörerische Züge.

Abgrund und Widerstand sind in Streubels Werk stets gegenwärtig. Seine Gedichte wirken wie Klopfzeichen eines Verschütteten. Freilich blieb er der lyrischen Tradition verhaftet, dem gereimten, meist fünffüßig jambisch gefassten Gedicht, der romantischen Form des Sonetts, dem – so August Wilhelm Schlegel – »reinen Ebenmaß der Gegensätze«. Vorbilder waren ihm Heine und Rilke, George und Benn. Dieser persönlich Mutige und politisch Unbestechliche hat sich – so weit ich das beurteilen kann – nie aus dem Korsett gebundener Formen herausgewagt, um noch differenzierter sagen zu können, »was er leidet«.

So bleibt vieles von dem, was er geschrieben hat, biedere Reimerei, ein wenig posenhaft, holzgeschnitzt, nicht selten der Gefahr von Enge und Erstarrung erliegend. Das hier vorgestellte Gedicht zählt zu denen, die es verdient hätten, zu überleben. Da spricht ein Todeswunder, dessen Dasein eine Folge von Krisen war, die sich aber – bis zu einem gewissen Punkt – durch Flucht ins Gedicht bestehen ließen. Doch nun hat der Druck zugenommen, und selbst die eher konventionelle Bildlichkeit gewinnt an Schärfe. Der Tod ist innerrücks angewachsen und droht die »Schalen« zu sprengen. Das Ich ist »so schwer von Schuld und Bitternis«, dass es die Welt nur noch schattenhaft wahrnimmt.

Nur wer die tiefste Depression, den schwärzesten Pessimismus durchwatet hat, wird das andere Ufer einer bejahenden Gegenwelt erreichen: »die linde Luft« wie »das Fell des Köters, der sich streicheln läßt.« Doch wird die Schönheit als »arg« erfahren, sie »preßt« das Auge. Und »die Hand des Kindes« entgleitet dem Vater »grell« – eine expressionistische Vokabel, die Streubels Haupttrauma vom verlorenen Sohn klirrend nachbildet.

Die letzte Zeile des Gedichts ist prononciert unvollständig, einfüßig jambisch. »Und rufe« lautet sie schroff. Was mag der zum Tod Reife noch zu rufen haben – Verse? Schreit der Einsame um Hilfe, Zuwendung? Tritt er nicht vielmehr pathetisch noch einmal als Mahner auf, durchaus unbescheiden die tragische Existenz des Dichters verkündend, die öffentlich immer weniger ernst genommen wird ... Oder in Luthers Pose: »Hier stehe ich.« Oder wie Jesus am Kreuz: »Es ist vollbracht.«

JOHANNES KÜHN

Glückshaut

Eine Glückshaut
fand ich nie an mir,
geboren bin ich
zu leiden,
zu schlafen unter dem Nordstern.

Bringt nur die Beispiele
aller, die mit einer Glückshaut gingen
Wege und Länder,
ich war nicht dabei,
nichts blüht in meinem Fußtritt.

Kummerfalten
zogen sich durch mein Gesicht,
und schau ich in einen gekochten Brei,
wird er sauer
und schmeckt nicht mehr.

Kummerfalten
zogen sich durch mein Gesicht,
und schau ich in einen weißen Himmel,
fliegt er abwärts
und regnet.

Leben mit Kummerfalten muß ich,
eine Glückshaut an mir
streift sich von selber ab

durch die Luft,
eh der Tag kommt,
eh die Nacht kommt,
schnell im Zwielicht
flattert sie davon.

Das unglückliche Bewusstsein

Es gehört nach Hegel zu den Eigenschaften des »unglücklichen Bewusstseins«, dass es die »Bewegung einer unendlichen Sehnsucht« ausführt, die auf ein »unerreichbares Jenseits« gerichtet ist, »welches im Ergreifen entflieht oder vielmehr schon entflohen ist«. Von Beginn seines Lebens an hat dieses unglückliche Bewusstsein Dasein und Seele des saarländischen Dichters Johannes Kühn verdunkelt. Von dieser Existenz in Schwermut und unaufhebbarer Seelenlähmung spricht nicht nur das vorliegende Gedicht, sondern das gesamte dichterische Werk Johannes Kühns.

Als Kind litt er unter dem Zwangssystem einer Missionsschule, floh von dort in die Schauspielerei und in die Verheißungen der Literatur. Als zum Unglück prädisponierter Leidensmann tritt uns der Dichter schon in seinen frühesten Texten entgegen, die der gerade Zwanzigjährige in den fünfziger Jahren einer kleinen Schar aufstrebender Avantgardisten um Ludwig Harig und Eugen Helmle vortrug. »Ich bin bei meinem Knie zu Hause«, heißt es in einem dieser frühen Gedichte, die den Weg des Außenseiters Kühn in die literarische Exterritorialität vorzeichnen. Tief verletzt zog sich Kühn damals in die Einsamkeit seiner Dorfwelt und in seine Kindheitslandschaften zurück, als größere Reaktionen auf seine ersten Publikationen ausblieben. Dreißig Jahre lang schrieb er danach seine an Hölderlin und Trakl geschulten Gedichte für die Schublade, Gedichte, die sich in sinnlicher, oft naiv scheinender Direktheit der Natur, der gefährdeten Kreatur und der verheerten Welt zuwenden. Ludwig Harig, der den Abgeschiedenen für die literarische Welt wiederentdeckt hat, beschreibt

Kühn als »utopischen Idylliker«, der in emphatischem Ernst die Geheimnisse des Lebens erforscht und Trost in der Natur sucht, wo andere sich längst in synthetischen Welten eingerichtet haben.

Nach zehnjährigem Schweigen fand Kühn 1992 zum Schreiben zurück, zu Gedichten, die, wie er selbst bekundet, »nach dem einfachen Sagen streben«. Und auch in ihnen artikuliert sich jene poetische Bewegung einer »unendlichen Sehnsucht«, mit der das melancholische Subjekt aus seiner Unglücksexistenz ausbrechen will. Der Leidensmann mit »Kummerfalten« kann aus seiner Haut nicht heraus, und auch die Vorbilder aus der Märchenwelt, »die mit einer Glückshaut gingen«, bringen keine Rettung. Schon das Gedicht »Am See«, das einer früheren Schaffensperiode Kühns entstammt, endete mit dem Wunschbild, die eigene Haut, »die im Unglück gärt«, abstreifen zu können. Aber wohin auch immer der Blick des Subjekts fällt, welche Chiffren der Natur er auch entziffert, immer verdüstert sich die Welt. Ist dennoch für einen Augenblick lang die Illusion des Glücklichseins, die Selbstbegegnung in einer »Glückshaut« greifbar nah, so zerflattert sie im nächsten Moment zu nichts. In die Glückshaut hineinwachsen kann der Dichter Kühn nur in den Augenblicken des Schreibens. Nur in diesen fragilen und vergänglichen Augenblicken nähert er sich dem ansonsten »unerreichbaren Jenseits« und entwischt auf der »Märchenfährte« dem »Leben mit Kummerfalten«. »Lyrik«, sagt Johannes Kühn, »kann von Bedrückung frei machen.« Und tatsächlich entlasten seine naiv-anmutigen, begütigenden Gedichte für wenige, aber kostbare Momente vom Druck des »unglücklichen Bewusstseins«.

das geschlecht der häuser gebar mir fremde orte, und
ich schlich an den pforten vorbei, hoffend, daß sich
deren mund nicht öffnete

ich schaute durch die fenster in wohnstätten hinter
glas, räume begannen sich zu regen unter den berüh
rungen der lippen meines augenpaars

wie oft begehrte ich nächtens die archen voller licht,
in die ich wie in eine ferne zeit sah, die nur in abbil
dungen überliefert ist

und was sich bewegte, bewegte sich ohne geräusch,
ich sah die gestalten meiner träume vom krieg, die
stumm neben mir in kellern hausten

in die kein ton drang, getränkt von den wassern trü
ben laternenlichts, wenn dunkel aus den fensterhöh
len rann

Jayne-Ann Igel ist eine Lyrikerin, deren Texte sich aus Wahrnehmungen und Visionen, Stimmen und Zeichen zusammenfügen, die ihr in Phasen der Dunkelheit (der frühen Kindheit, des Traums, der Nacht) zuteil wurden. Ihr Gedichtband mit dem verstörenden Titel »Das Geschlecht der Häuser gebar mir fremde Orte« ist voll von solchen Nachtgesichten. Das Buch erschien 1989, just während die Mauer einstürzte, und wurde bei all dem Lärm kaum beachtet. Es erzählt von einem scheinbar zurückgebliebenen Kind, das sich weigert oder besser: sich schämt zu sprechen, die Finger als eine Art Gitter vor dem Mund. Das Kind wächst auf im Kohlegebiet um Leipzig, in einer von Wiesen und Feldern umgebenen Siedlung, in Sichtweite einer Irrenanstalt und eines Gefängnisses, zu dessen uniformiertem Wachpersonal der Vater zählt.

Das Ich dieser Prosagedichte lebt ganz in sich verschlossen, es verbirgt sein langes Haar »unter Kapuzen« und bewegt sich mit der »Scheu des Tieres« an Menschen wie Sachen vorbei, durch Straßen, die alle »ins Dunkel« münden, in Trostlosigkeit und »schwarze Verwesung«. So dominiert die Trakl'sche Lust am Untergang, auch der Tonfall des großen Österreichers ist unüberhörbar: »denn weich ist die biographie der jungen toten, wächsern der leib ... «

Ein leises, traumverlorenes Sprechen, eine den Wörtern nachhorchende Sprachskepsis prägt diese Gedichte, die Jayne-Ann Igel 1989 noch unter dem Namen Bernd Igel veröffentlicht hat, kurz bevor sie (bzw. er) sich einer »geschlechtsangleichenden Operation« unterzog, deren Ergebnisse aber mit Begriffen wie »Bruch«, »Verwandlung« und »Neuanfang« kaum angemessen beschrieben sein dürften. Denn Igel hat sich ja schon immer ›weiblich‹ wahrgenommen, mithin als Jayne-Ann nur den von Bernd Igel eingeschlagenen poetischen Weg weiterverfolgt: mit weit geöffneten Augen wie mit Scheinwerfern Innenräume abtastend.

So hat sie denn auch das hier vorgestellte Titelgedicht des Bandes von 1989, zusammen mit neuen Texten zum Thema »Haus«, 1995 unverändert in der Zeitschrift »Zwischen den Zeilen« abdrucken lassen. Es ist ein Poem, das sich wie im Traum »ohne geräusch« bewegt, »stumm«, in – so Wolfgang Hilbig – »äußerster Fremde, in der Nähe zu einer Fremde, die absolut ist, in die kein Ton mehr dringt.« Doch ist die grandiose Eingangsformel »das geschlecht der häuser gebar mir fremde orte« weit mehr als nur eine Chiffre der Verlorenheit. In einem poetologischen Text von 1995 schreibt Jayne-Ann Igel: »was ist ein haus; eine wehrburg richtstatt, eine folterhöhle herberge, eine fehlgeburt aus stein, die uns menschen umschließt und die eigene haut verkümmern lässt.«

In diesem Sinn wird das Haus antithetisch erfahren, es garantiert familiäre Geborgenheit und Kälte, körperliche Nähe und steingewordene Entfremdung. Das Haus wird selbst als Wesen, als Körperhöhle, als »haut« gesehen und seine Pforte als »mund«. Vor allem ist das Haus Ort der geschlechtlichen Vereinigung der Eltern und der sexuellen Normierung des Kindes, weshalb denn auch andere Gedichte Igels vom »Fleisch des Dunkels«, vom »Licht im Schlafzimmer der Eltern« oder von der »Mundhöhle der Mutter« raunen. Freilich überwiegen in Igels Erfahrungswelt die negativen Gefühle: »jedes Wort, das ich sprach, entrückte mich mehr & mehr den Körpern der Eltern« und damit auch dem Haus, »in das ich mit meinen Trieben hineingewachsen war.« Sprechend versucht sich der »Zögling« aus symbiotischer Abhängigkeit zu befreien, schleicht indes weiter im Traum um die Pforte des Hauses, in der Furcht, es könnte sie jemand öffnen, schaut wie Trakl durchs Fenster in das erleuchtete Zimmer (»archen voller licht«) und findet sich schließlich im (Luftschutz-)Keller wieder, ein Kriegstraum, der mit den leeren »fensterhöhlen«, aus denen Dunkel rinnt, korrespondiert. Eine derart von helldunklen Phantasien erschütterte Kindheit endet niemals.

FRANZ WURM

KAM. Kam blinden Schritts
durchs Vorgehänge, durch
das dein-und-jedermanns Vor-
Gemäuer, kam, ein Schatten
im Dunkel, riss sich um, kam
auf, spurig, regnete,
kam, ein Sprung im Flug
wo sie waren, kam über
gegen das Schleppbein mit
der Uhr im Knie, die immer
nachging, kommt vor, ein äugiger
Schatten im Dunkel sich
voraus, kommt zu, kommt zu und
zu und daher, kommt
und kommen

nicht

an.

Seine Abend- und Nachtgespräche mit Paul Celan verliefen oft beinahe stumm. Nach langen Schweigepausen, so berichtet Franz Wurm in seinem Text »Erinnerung«, konnte es geschehen, dass sie sich beide mit Rilke-Versen ins Sprechen zurücktasteten. »Der Tod, ein bläulicher Absud«: Es war diese Fügung aus Rilkes Gedicht »Der Tod«, mit der sich die beiden jüdischen Dichter dem Ursprung ihrer Einsamkeit näherten. »Aber wir lasen Rilke«, schreibt Franz Wurm am 8. Mai 1968 an Celan, »und die Einsamkeiten beginnen, wenn die Haut sich schließt.« Paul Celan, der Czernowitzer Jude mit französischem Pass, und Franz Wurm, der Prager Jude mit Wohnsitz in Zürich – das waren und sind zwei wahlverwandte Geister, zwei Dichter von der Peripherie, zur Sprache gekommen auf jüdischen Kulturinseln, die von der Geschichte hinweggespült worden sind. Die Sprache dieser zwei Dichter, sie musste, wie Celan 1959 schrieb, »hindurchgehen durch ihre eigenen Antwortlosigkeiten, hindurchgehen durch furchtbares Verstummen, hindurchgehen durch die tausend Finsternisse todbringender Rede«. Die todbringende Rede, das war im Fall von Celan und Wurm das Deutsch einer blind ihrem »Führer« ergebenen Nation, in deren Namen der Massenmord organisiert worden war. Paul Celan und Franz Wurm verloren ihre Eltern und fast ihre gesamte Familie in den Vernichtungslagern der Nazis. Wo konnte sich da noch Sprache behaupten, wenn nicht am Rand eines »furchtbaren Verstummens«?

Franz Wurm, am 16. März 1926 in Prag geboren, entging den Organisatoren der Vernichtung nur knapp. Nach dem Einmarsch Hitlers in Prag setzten ihn seine Eltern in einen Zug nach England, nachdem sie durch hohe Bestechungsgelder die Ausreisegenehmigung von der Gestapo beschafft hatten. Am Prager Bahnhof sah der Dreizehnjährige seine Eltern zum letzten Mal. Nach seinem Studium in England ging Wurm 1949 nach Zürich, wo er als Übersetzer und später auch als Leiter des Kulturprogramms von Radio DRS tätig war. Etwa um 1960 lernte er Paul Celan kennen, mit dem ihn die Leidenschaft für die Lyrik der französischen Surrealisten verband. So übersetzte er 1963 gemeinsam mit Celan, Lothar Klünner, Johannes Hübner und Jean Pierre Wilhelm Gedichte von René Char.

Die Sprachempfindlichkeit Celans, sein Hineinhorchen in die Wörter, seine skeptische Dekonstruktion aller sprachlichen Geschlossenheit – all das kehrt auch in den Dichtungen Franz Wurms wieder, auch in den extremen Dunkelheiten seines jüngsten Bandes »Dreiundfünfzig Gedichte«. Hier finden wir »Selbstgesungenes«, in das wir uns nur langsam vortasten können, aus phonetischen Sprachvaleurs sich formende Fragmente, Neologismen und Silbenfügungen »außer allen Bezugs«.

Das vorliegende Gedicht enthält in seinem Schlüsselwort (»Kam«) direkte Anklänge an Paul Celans Gedicht »Engführung«. »Kam, kam / Kam ein Wort, kam, / kam durch die Nacht, / wollt leuchten, wollt leuchten.« So heißt es im fünften Abschnitt, der zentralen Partie von »Engführung«, das an dieser Stelle vom Sich-Entfalten des (poetischen) Wortes in einer Nacht schlafender Worte spricht. In Franz Wurms Text, der motivisch bestimmt wird durch die verschiedenen Flexionen und Bedeutungsvarianten des Verbs »kommen«, ist nicht auszumachen, wer oder was sich hier »blinden Schritts« bewegt. Nacht-Motive (»Schatten«, »Dunkel«) sind ebenso da wie Bilder kruder Körperlichkeit. Sowohl dem Gedichtsubjekt wie auch dem Leser, der durch die Enge des Gedichts geführt wird, wird die Ankunft verweigert: »Und kommen / nicht / an.«

JOHANN LIPPET

wintergefühl 1981

die krähen ziehen ihre runden unter dem himmel.
die schwalben sind fort, die weltreisenden,
die störche entflohn, die richtungsweisenden,
die sperlinge, auch sie ausharrende, haben sich eingestellt
auf den winter.
es werden die tage, die meinen, kürzer,
es werden die nächte, die meinen, länger.
es ist soweit.
der winter bricht los.

Die rumäniendeutschen Poeten, die in den fünfziger Jahren in banatschwäbischen und siebenbürgischen Dörfern aufgewachsen sind, dort einen eigenen kritischen Ton fanden, erste Veröffentlichungen in Bukarest und Temeswar hatten, sind fast alle noch vor Ceauçescus Tod in die Bundesrepublik emigriert. Hier wurden Herta Müller und Richard Wagner, Werner Söllner, Klaus Hensel und Franz Hodjak mit Preisen und Stipendien überhäuft und haben sich rasch an die Gewohnheiten der westdeutschen Literaturgesellschaft angepasst.

Der 1951 geborene Johann Lippet, ein Bauernsohn aus dem Banat, Lehrerstudium in Temeswar, Dramaturg am dortigen Deutschen Theater und Mitgründer der legendären »Aktionsgruppe Banat«, konnte in der ihm ungewohnten Warenwelt nie wirklich heimisch werden und wurde obendrein von den alten Kollegen mitunter beiseite geschubst. Dabei ist er ein echter Poet. Nach zwei Gedichtbüchern in Rumänien hat er 1990 das bedrohlich dichte »Protokoll« seiner beschwerlichen Ausreise, 1991 den Erzählungsband »Die Falten im Gesicht« und 1994 die Gedichtsammlung »Abschied, Laut und Wahrnehmung« veröffentlicht. Ein Teil dieser Texte entstand nachts, wenn alle schliefen, in der Gemeinschaftsküche des Aussiedlerheims.

Lippets Arbeiten erzählen volksliedhaft von Abschied und Erinnerung. Sie umkreisen beharrlich das Elterndorf und seine Geschichten, die Wege und Felder, die einzelnen Häuser, die Tiere und die Menschen darin, einsam im rumänischen Winter. So auch das vorliegende, schlichte Naturgedicht, das mit den Stilmitteln der magischen Wiederholung und des nachgestellten Attributs arbeitet. Schwalben und Störche sind vor dem Winter »entflohn«, Krähen und Sperlinge haben sich auf ihn »eingestellt«, ebenso der Dichter selbst, der gefasst die immer länger werdenden Nächte erwartet. Dann ist es soweit: »der winter bricht los«, so entschieden, dass der tröstende Gedanke, es könnte jemals wieder Frühling werden, abwegig erscheint.

Wo sich das bäuerliche Leben noch am Zyklus der Jahreszeiten orientiert, besitzt das Bild des hereinbrechenden Winters archaische Kraft; fast scheint es selber die katastrophische Naturgewalt hervorzulocken, den personifizierten Winter, frostklirrend und böse; eine starre, hoffnungslose Welt. Zugleich muss dieses »wintergefühl 1981« politisch gelesen werden, als Reaktion auf den sich um 1980 verschärfenden Staatsterror in Rumänien, der auch dem Dichter das Atmen schwer macht: »an diesem wochenendnachmittag / steigt mein nachbar die treppen des stiegenhauses hoch, / im einkaufsnetz einen schweinskopf. / der rüssel durchwühlt das land.« Gemeint ist der Schweinsrüssel des großen »Conducators«, der in unserem Gedicht im Schreckbild des Winters anwesend ist.

Das Bewusstsein, ein Fremder zu sein, hat Johann Lippet, als er 1987 Rumänien verließ, begleitet, doch die lieben Dinge, »schlehe und birnbaum, akazie und kirschbaum«, musste er zurücklassen. Dort war sein Tag ausgefüllt mit ganz banalen Hoffnungen auf Margarine oder warmes Wasser, mit Zorn auf die Funktionäre und mit Angst vor ihnen. Hier »holt mich tag für tag mein gewesenes leben ein, / und ich stehe: im stillstand.« Unfähig zur Anpassung an die neuen Verhältnisse, überwältigt ihn die Vergangenheit: »auf meiner brust auf meiner brust / der schweiß der schweiß / das ist das eis das ist das eis.«

ROLF HAUFS

Ave

Nach wem sollen wir rufen. Die Väter
Haben sich aufgelöst. Harken wir ihnen den Kragen
Vielleicht haben sie ja noch ein Wort für uns
Eins das wir hören wollen
Also, wir beten für sie
Denn manchmal waren sie milde
Aber im Schlaf. Ihr nackter Rücken.
Die Wunde.

Unerhörte Gebete

Das Leid des einsamen Beters, der in Rolf Haufs' Gedicht nach den Vätern ruft, hat ein berühmtes historisches Vorbild. »Mein Gott, mein Gott, warum hast du mich verlassen?«: Der Himmelsschrei des gekreuzigten Jesus von Nazareth, der sich in seiner Todesstunde voller Verzweiflung seinem Gottvater zuwendet, findet in diesem Gedicht bitteren Widerhall. Auch wo sich die moderne Dichtung von aller Religiosität agnostizistisch verabschiedet hat, sind in ihr die biblischen Topoi von Verlassenheit und Heilserwartung – explizit oder untergründig – präsent. Im Fall von Rolf Haufs entstehen – nicht nur im vorliegenden Gedicht – verzweifelte lyrische Gebete, die nicht mehr damit rechnen, erhört zu werden. Wann immer in diesen Gedichten religiöse Formeln auftauchen, suggerieren sie keine Heilsgewissheit oder Lebensbejahung, sondern sprechen vom Daseinsgefühl eines Melancholikers, dem die Welt auseinandergebrochen ist und den auch keine Gebete mehr von seiner Hoffnungslosigkeit heilen können. »Ave«, die Grußformel eines alten Kirchengebets (»Ave Maria«), vermag die für immer entrückten Väter, seien sie nun göttlicher oder irdischer Herkunft, nicht mehr zu erreichen. Für das Gebet gibt es keinen Adressaten mehr, denn die »Väter« sind entweder tot oder entrückte Schläfer, jedenfalls unerreichbar. So endet die Suche nach dem Vater zwangsläufig am Grab – von Haufs in ein sarkastisches Bild der Grabpflege gefasst: »Harken wir ihnen den Kragen«: Aber das Gedicht geht nicht auf im Motiv des einsamen, verlassenen Beters, der bei der Suche nach den Vätern scheitert. Durch die letzten drei Zeilen wird der Text in der Schwebe gehalten, öffnet er sich auf einen neuen Sinnhorizont hin. Denn es sind nun die Väter selbst, die hier ins Bild gerückt werden, ihre eigene Schutzlosigkeit, ihre traumatischen Verletzungen. Erschienen sie bis dahin noch als stumme, unnahbare, abweisende Gestalten, so entsteht nun ein neues Vaterbild: das des schutzbedürftigen Verwundeten, der gerade nicht »aufgelöst«, sondern in seiner schutzlosen Leiblichkeit ganz präsent ist.

Nicht nur der Betende befindet sich in einer Situation unaufhebbarer Verlassenheit, auch den Vätern sind Wunden geschlagen worden, die unheilbar zu sein scheinen. Wenn »die Wunde« wie ein markantes symbolisches Zeichen isoliert in den Schlussvers gesetzt wird, assoziiert man auch hier wieder das Bild des Gekreuzigten. Das Gedicht »Ave« ist ein kleines Kapitel aus der Geschichte des Leidens und der Melancholie, an der Rolf Haufs schon seit fast 50 Jahren schreibt. Seine schwarzen Idyllen und heillosen Gebete verweigern jeden Trost. Für die Erfüllung von Harmoniebedürfnissen ist große Lyrik aber auch nicht zuständig.

UWE KOLBE

Sommerfeld. Erstes Gedicht

Der Rotz lief vom Eisenhut.
Der Wald stand, dem Haupthaar gleich,
am flachen See.
Der Mann, der hieß Erde, war alt.
So sah schon das Kind von oben,
von seinem Baumplatz herab.
In keiner – wo Deutschlands – freien Natur
je wieder ein Baum dieses Traumes,
die Edelkastanie zum Rest.
– So machen Sie sich doch nicht lächerlich.
– Und bin ich doch willig,
und bin ich doch alt?
Im Rotz hab ich Sauerampfer geerntet
und war auch ein Häuptling in ihm.
Inmitten der allgegenwärtigen Motten
paar Kremplinge für die Mutter,
ein unbeschwertes Gericht.
Und so auch die erste Liebe.
Wir waren zwei Jungen von sechs,
das Mädchen vier Jahre alt.
Ich häng an dem Rotz
der Kranken von Sommerfeld.
Ich komme nicht los von der Einsamkeit,
die hundertfach mich umgab
im schütteren Hochwald, auf Sand.
Ich weiß nicht, was schön ist,
oder ich klebe daran.

Hans im Glück

Er schaue aus »wie Hans im Glück, da er den Goldklumpen schleppt«. So hat Franz Fühmann, der ostdeutsche Mentor, 1980 den noch sehr jungen Uwe Kolbe charakterisiert, um dessen Heiterkeit und schönes Selbstvertrauen zu beleuchten. Bekanntlich wird jener Hans im Märchen der Brüder Grimm umso fröhlicher, je mehr er – aufgrund eigener Tumbheit – von seinem Eigentum einbüßt, und ganz am Ende, als er mit leeren Händen dem Haus der Mutter zueilt, ist er der glücklichste Mensch. So viel kindliche Reinheit kann sich im wirklichen Leben nicht einmal ein Dichter leisten.

Dem überschwänglichen Lob Fühmanns folgte um 1985 die begeisterte Zustimmung der westdeutschen Literaturkritik. Sie sah in Kolbe einen prononciert jugendlichen DDR-Poeten, der auf originelle Weise mit Sprach- und Zeitmustern spielte, der frech (persiflierend, ironisch zitierend) mit lyrischen Vorbildern verfuhr und die ideologischen Prämissen des geteilten Vaterlandes nicht akzeptierte: »Deutschland, / alter Apfelbaum / niedergeschnittenen Stammes ...« Doch schon Ende der achtziger Jahre kühlte das Interesse der literarischen Trendmacher an Uwe Kolbe merklich ab. Das »lyrische Junggenie« (»O loses Maul, o Aufstand, nicht notierter Klang ...«) musste einem jüngeren »Götterliebling« aus Ostberlin, dem intellektuell virtuosen Durs Grünbein, Platz machen.

Das vorliegende Gedicht stammt aus Kolbes viertem Band »Vaterlandkanal«, dessen Texte noch vor dem Fall der Mauer entstanden sind. Der Titel verspricht eine Reihe von »Sommerfeld«-Gedichten, von denen jedoch bislang nur dieses erste veröffentlicht wurde. In Sommerfeld, einem Dorf in der Nähe

Berlins, hat Kolbe vaterlos die ersten Lebensjahre verbracht, an einem flachen See, umgeben von Wald, Eisenhut, Sauerampfer, Pilze suchend oder vom Hochsitz herabschauend – eine poetische Kindheitslandschaft von großer Einsamkeit, die noch dem Erwachsenen anklebt wie der »Rotz«, mit dem das Gedicht dreimal neu einsetzt. Es ist der Rotz der »allgegenwärtigen Motten«, der Lungenkranken also, die in der Heilanstalt Sommerfeld, in der Kolbes Mutter als Krankenschwester arbeitete, ganz ohne »Zauberberg«-Komfort untergebracht waren.

So ist diese Kindheitsgegend bei aller Schönheit von Krankheits- und Todesbildern vieldeutig durchsetzt. Sie ist zugleich ein magisch-mythischer Ort. Ein alter Mann mit dem redenden Namen »Erde« tritt als eine Art Kinderschreck auf; ironisch wird auf Goethes Ballade vom »Erlkönig« angespielt: »Und bin ich doch willig, / und bin ich doch alt?« Der »Eisenhut«, von dem anfänglich der Rotz läuft, ist nicht nur (wie auch der Fingerhut) eine giftige Pflanze; zusammen mit der im Gedicht imaginierten Landschaft scheint er vor allem auf das Grimm'sche Märchen vom »Eisenhans« hinzuweisen, das von einem wilden Mann erzählt, der in einem finsteren Wald auf dem Grund eines Teiches haust. Gefangen genommen und eingekerkert, wird der Eisenhans von einem Jungen befreit, der dadurch zunächst in elternlose Einsamkeit gerät, schließlich aber zu Glück und unermesslichem Reichtum gelangt. Gerade so möge es, nach allerlei Mühen, dem Dichter Kolbe ergehen.

ILSE AICHINGER

In welchen Namen

Der Name Alissa,
der Name Inverness,
wann und
von welchen Wüstenrändern
hergetragen,
durch welche Orden,
Mönchsorden, Schwesternorden,
längs oder quer
und wohin, wohin nicht,
wie haltbar,
wie verschwenderisch
mit Mauerringen,
unter Wintersonnen
in aufgerissene Gräben,
Wälle, Wiegen
mit Feuern, Ringellocken,
ach Namen, Namen,
wenigstens auf euch beide bin ich ungetauft
und bin nicht schuld.

Seit sie mit ihrer berühmten »Spiegelgeschichte« (1952) die Autoren der Gruppe 47 verzauberte, hat sich die Dichterin Ilse Aichinger immer weiter und radikaler von geschlossenen Geschichten, nachvollziehbaren Handlungsverläufen und poetischen Konventionen entfernt. »Niemand kann von mir verlangen, dass ich Zusammenhänge herstelle, solange sie vermeidbar sind«, heißt es lakonisch in der Erzählung »Schlechte Wörter« (1976), die einen Endpunkt in dieser Strategie der Geschichtenvermeidung bezeichnet. Das Motiv für diese Sabotageakte gegenüber dem realistischen Erzählen ist eine absolut gewordene Sprachskepsis, wie sie seit den sechziger Jahren auch das Werk von Ilse Aichingers Lebensgefährten Günter Eich kennzeichnete. »Sprache beginnt, wo verschwiegen wird«, heißt es in einem poetologischen Text von Günter Eich. Dem entspricht Ilse Aichingers Poetik der Kargheit und Lautlosigkeit. Damit die Wörter wieder »notwendig« werden, so schreibt sie in einem Text zu Joseph Conrad, müssten sie erst wieder »ihre Lautlosigkeit zurückgewinnen«. In einem Zeitalter, »in dem alles erzählt und nichts angehört wird«, müsse man sich in der genauesten Art des Beobachtens üben: im »Nur Zuhören«. Erst auf der Grundlage dieses lautlosen Zuhörens könne »die Sprache wieder Laut gewinnen und die Wörter den Reiz, der eine späte Spielart der Notwendigkeit ist«.

Auch das vorliegende Gedicht ist ein solch schweigsamer, kristalliner, verschlossener Text, in dem sich das lyrische Subjekt zunächst im Zuhören übt. Es ist die Magie der Namen, ihre geheimnisvollen Lautfolgen und Klänge, die das Ich in Bann schlagen. Es ist der phonetische Reiz des Vornamens

Alissa, seine helle, ins Offene weisende Lautfolge, und der Name der fernen, nördlichen Stadt Inverness, der Hauptstadt der schottischen Highlands, die dem Hörer und Leser äußerste Aufmerksamkeit abverlangen. Obwohl durchaus geographische und historische Wegmarken im Gedicht aufgerichtet werden, bleiben Herkunft und Bedeutung der Namen im Dunkeln. So mag die Frage nach unbestimmt bleibenden »Orden« auf die Missionierung der Stadt Inverness im frühen Mittelalter anspielen, oder der Hinweis auf »Mauerringe«, »Gräben« und »Wälle« auf die Befestigung von Inverness Castle. Das Gedicht zielt aber nicht auf Enträtselung, sondern auf suggestive Verstärkung der Namensmagie.

Der Eigenname, so hat Walter Benjamin in seinem frühen Aufsatz »Über Sprache überhaupt und über die Sprache des Menschen« (1916) ausgeführt, bezeichnet die unmittelbare Gemeinschaft des Menschen im dem Wort Gottes. Im Rekurs auf die ersten Kapitel der biblischen Genesis versucht Benjamin die »paradiesische Sprache«, in der der Name »unverletzt« lebt, gegenüber der instrumentellen Sprache des Menschen abzugrenzen, die das Wort zum bloß zufälligen Zeichen degradiert. Dem Namen, der »das innerste Wesen der Sprache« sei, werde seine immanente Magier durch den »Sündenfall« des menschlichen Wortes ausgetrieben. Alle Erkenntnis, so schreibt Benjamin, die auf diesen instrumentellen Sprachgebrauch zurückgehe, sei Schuld.

Auf diesen religionsphilosophischen Kontext verweist uns das Gedicht Ilse Aichingers. Die »ewige Reinheit des Namens« (Benjamin) wird nicht angetastet, die Namen werden nicht instrumentalisiert im Dienste der »Mitteiler, Benenner, Beifüger«, von denen Ilse Aichinger in ihrem Joseph Conrad-Text spricht. Das Gedicht gibt den Wörtern also ihre Magie zurück, die man ihnen im Zeitalter herrschsüchtigen Benennens geraubt hat. Der »Sündenfall des Sprachgeistes« wird rückgängig gemacht – von daher erhellt sich auch die lapidare Schlusszeile: »und bin nicht schuld«.

WOLFGANG DIETRICH

Um sieben

in der bittern Frühe, drunten
ganz unten am Grund der Straße,
stehn, schon gefleckt vom Licht, die Kiemenspalten
schließend
mit festen Bauchwänden, ganz scheckig vor Licht,
die Häuser.

Wie wenig sie atmen! Nur dann und wann
geht die Tür auf
und läßt einen durch, drunten

zur Arbeit; es filtern die Türen,
was herein soll, heraus.
Klug, mit lichtgepunkteten Wänden,
stehn die Häuser am Grund der Straße,
mit Kiemen schlagend, mit Türen!

Ruhe, am Grund
in der bittern Frühe.

Der Blick des Träumers

Manche Gedichte sind einem spontan, beim ersten Lesen vertraut, weil sie ein Szenarium festzuschreiben scheinen, das man selbst schon einmal erfahren zu haben meint. Etwa dieser Blick des Träumers frühmorgens von oben auf eine leere Straße, auf die vom Sonnenlicht gesprenkelten Wände der Häuser, deren Türen sich ab und zu öffnen, um Arbeiter einzeln ins Freie zu entlassen, Angestellte, die mit von heißem Kaffee verbrühtem Hals ins Büro eilen, zu Fuß natürlich, denn in meiner Vorstellung herrschen die kargen fünfziger Jahre, als noch kaum jemand Auto fuhr und die Straßen ruhig und übersichtlich dalagen. Ich sah den Angestellten nach, die mit ihren Aktentaschen davonhuschten, kroch in mein Bett zurück und nahm mir vor, nie so wie sie zu leben.

Der Verfasser des vorliegenden Gedichts, Wolfgang Dietrich, ist fast 20 Jahre jünger als ich, folglich in einer ganz anderen, vom Lärm der Motoren erfüllten Stadtlandschaft aufgewachsen, und doch liegt über seiner Frühmorgenszene eine gespenstische Ruhe. Auch hier schaut ein Träumer aus einem Giebelfenster, vom Dachfirst oder gar von einer Wolke herab »um sieben«, auf die Straße in ihrer »bittern Frühe«, er beobachtet die gefleckten Hauswände und die »zur Arbeit« eilenden Schattenwesen.

Doch die Ruhe »ganz drunten am Grund« ist nicht die alltägliche der frühen fünfziger Jahre, sondern die tiefe und zeitlose Stille des Schlafes oder des Grabes: eine düstere Traumwelt. Liegt die Straße mit ihren Häusern vielleicht unter Wasser, »am Grund« eines Sees? Handelt es sich um eine im Meer versunkene Landschaft? Oder blicken wir durch ein Vergrößerungsglas in das Zwergenland eines Aquariums hinein? Die alles beherrschenden Häuser beleben sich, sie »atmen« ruhig wie »kluge« Fische »mit festen Bauchwänden«, die Türen haben sich in »Kiemen« verwandelt. Was können dagegen die Menschen in Dietrichs naturmagischem Szenario anderes sein als Lichtflecken oder Luftblasen ...

Dieses so selbstbewusst auftretende Gedicht hat poetische Kraft, einen lebhaften Rhythmus, es ist lautlich durchkomponiert und kehrt in einer Kreisbewegung zu seinem Anfang zurück. Wann es geschrieben wurde, lässt sich nicht genau sagen; vermutlich in den achtziger Jahren, als Wolfgang Dietrich für kurze Zeit eine Art Geheimtipp war. Seit 1992 ist der Lyriker verstummt, er hat das Dichten aufgegeben. Einem Statement zufolge, fühlt er sich als Opfer des Literaturbetriebs. Ein »Rudel von miesen kleinen Schreibtischverbrechern« habe seine Produktivität zerstört: Die (Suhrkamp-)Lektoren, die seine Gedichte ablehnten, die Feuilletons, die sie nicht rezensierten, die Rundfunkanstalten, die sie nicht sendeten, all die Jurys, die ihm Preise, Stipendien und Fördergelder versagten; die vornehmen Literaturhäuser, Buchhändler, Germanisten, die ihn, Dietrich, der sich zu der Besten seiner Generation zählt, als »Straßenköter« missachteten ... Alles, scheint mir, keine überzeugenden Gründe, das Schreiben einzustellen und sich so den Traum- und Wahnbildern der »bittern Frühe« widerstandslos auszuliefern, statt sie aufs Neue ins Wort zu bannen und rettend zu gestalten.

URSULA KRECHEL

Strandläufer am westlichen Rand der Welt

Welle auf Welle, was auch geschieht
Fußsohlenfieber, sandiger Geschmack im Mund
ein Wall aus breiten Schultern, heldisch bronziert
Westuhren rasen, doch jede Zeit, die sie zeigen
ist jünger als die östliche.
Leute haben unübersichtliche Körper, unübertrefflich
die Ferienordnung, doch sie sind voller Aufruhr
gegen das Widrige, das ihnen selbst widerfuhr
(Reisepleite, Regenperiode, Rabeneltern)
blind für das Unglück, das andere trifft
(Meermangel, Dürreperioden, Westbindungslosigkeit).
Das Leben? Mangel an Übermeerwasser
Punkte am Horizont, nasse Sternschnuppen
Leute laufen wie Zeichen auf Zeilen
flimmernde Untertitel in einem fertigen Bild
ausgestrahlt, unglücklicherweise, wo sie nicht sind.

Gruß vom Meer

Was die Begegnung mit einem Gedicht immer aufs Äußerste gefährdet, ist die Mechanik der eigenen Lese-Routine. Als Kritiker tastet man den Text gerne nach programmatischen semantischen Signalen ab; man misst die Gedichte an mitgebrachten Erwartungen statt an den Bewegungsgesetzen, die sie aus sich heraus entfalten. Wo das »passive, reproduzierende, nacherzählende Verstehen« (Ossip Mandelstam) regiert und sich automatisch »semantische Befriedigung« einstellt, da ist ein Gedicht schon hoffnungslos amputiert; wo umgekehrt ein Text in seiner Nacherzählung aufgeht, da sind, wie Mandelstam sagt, »die Laken nicht zerknittert, da hat die Poesie sozusagen nicht übernachtet«.

Bei Gedichten Ursula Krechels greifen diese Mechanismen der Lese-Routine nicht mehr. Ihre Gedichte lassen sich nicht nacherzählen; sie folgen höchst eigensinnigen Regularien und komplizierten Sprachbewegungen, die den jeweiligen Text in einem eigenartigen, unbenennbaren Schwebezustand halten. Den poetischen Prozess hat Ursula Krechel in einem luziden Essay (nachzulesen in Heft 5 der Lyrik-Zeitschrift »Zwischen den Zeilen«) als »dauernden Scheidevorgang« beschrieben, als tastendes Ausloten unendlich vieler sprachlicher Möglichkeiten, die sich an jedem Versende ins Unendliche verzweigen.

Es sind meist bestimmte Wörtersignale, »Verbalfaszinationen« (F. Mayröcker), wiedergefundene Notate und andere Sendboten aus »verblüffenden Sprachwelten«, die die Dichterin in jenen »aufgeregten, aufgelösten Zustand« versetzen, der am Ausgangspunkt des Schreibprozesses steht und erst allmählich seine Zielgerichtetheit findet.

Ausgangspunkt des vorliegenden Gedichtes könnte die Trouvaille aus einem Poem der russischen Dichterin Marina Zwetajewa gewesen sein, nämlich der ihrem Gedicht »Gruß vom Meer« entnommene, ebenso rätselhafte wie faszinierende Vers: »Das Leben? Mangel an Übermeerwasser«. Um diese Zeile herum werden Bilder, Motivfelder und Assoziationen gruppiert, die auf eine elementare Differenz zwischen westlicher und östlicher Welt verweisen, auf eine epochale Ungleichzeitigkeit, einen unauflösbaren Gegensatz. Das Gedicht setzt ein mit einem daktylisch rhythmisierten Vers, der uns an ein klassisches Meer-Gedicht denken lässt, spielt aber anschließend die unterschiedlichen Rhythmen und Motive durch. Vielleicht ist es nur eine touristische Ferien-Szenerie, in der sich diese »Strandläufer am westlichen Rand der Welt« bewegen, eingebunden in eine standardisierte »Ferienordnung« einschließlich der üblichen Verdrossenheiten: eben »Reisepleite, Regenperiode, Rabeneltern«.

Jedenfalls haben sich die »Strandläufer« dieses Gedichts abgeschottet gegen die Verhängnisse und Widrigkeiten, die in anderen Welt-Regionen angesiedelt sind. Der Westen erscheint gewissermaßen als privilegierte Himmelsrichtung, denn anderswo drohen geographische (»Meermangel«) und klimatische (»Dürreperioden«) Nachteile, schließlich das politisch verheerende Defizit: »Westbindungslosigkeit«. Bei der Drehachse des Textes, der Zwetajewa-Zeile angelangt, nimmt das Gedicht motivisch eine ganz andere Richtung. Dann geht es nicht mehr um eine Meer- oder Strandläufer-Szenerie, sondern nur noch um deren Verschwinden im medialen Abbild (»flimmernde Untertitel in einem fertigen Bild«). Mit Gedichten, sagt Brecht, muss man sich ein bisschen aufhalten, um herauszufinden, was schön daran ist. Dieser Satz gilt besonders, wenn wir uns in vorsichtiger Annäherung den Energieströmen im »sprachlichen Magnetfeld« der Gedichte Ursula Krechels aussetzen.

ANDREAS HOLSCHUH

kinderbild

und sonntag noch
der hohe wald der kinderwald
wie gesplittert der satz
ich bin wo ich will
gauklerwolken dieser sonntag
der himmel ein herabstürzender see
das herz stirbt so dann dreh halt weg
gesprungener spiegel wenn alles mißlingt
und hart der kindermund gerissen
die hände die alten geschichten erinnert
und ins holz geträumt und zertrümmert
und im stein wo ich haus

Schreib um dein Leben!

Vor etlichen Jahren rief mich ein mir unbekannter Mann mehrmals an, er schrieb mir Briefe, in denen er darum bat, mich besuchen zu dürfen, um mir seine handgeschriebenen Gedichte vorzutragen. Ich wimmelte ihn mit der Bemerkung ab, er könne mir seine Versuche ja in getipptem Zustand schicken. Über das bald eintreffende, umfangreiche Manuskript war ich, der damit einhergehenden unbezahlten Arbeit wegen, anfangs wenig erfreut. Doch die Gedichte erwiesen sich zum Teil als überraschend gelungen: ins Halbdunkel gesprochene Verse, bildlich dicht und von starkem Rhythmus. Ich signalisierte dem Autor Zustimmung und ermunterte ihn zum Weiterschreiben. Danach vernahm ich nichts mehr von ihm.

Bis ich im Herbst 1996 in einer Buchhandlung den gerade erschienenen Gedichtband »Unterderhand« von Andreas Holschuh entdeckte. Er hatte also nicht aufgegeben, es war ihm sogar geglückt, ein Lyrikbuch zu veröffentlichen, wenn auch nur in einem kaum bekannten Kleinverlag. Der Umschlag glänzte in unheilverkündendem Schwarz, die blaue Titelschrift war kaum zu erkennen. Wenige Wochen nach dem Erscheinen des Buches nahm sich der Autor mit einem Sprung aus dem Fenster das Leben.

So fragwürdig es ist, in literarischen Texten Gesagtes unmittelbar auf das Leben und Sterben der Dichter zu beziehen: Holschuhs Poeme eilen ohne Komma und Punkt in einem so kompromisslos pessimistischen Tonfall dahin, als hätte ihr Autor keine Zeit mehr für Fiktionen. Als Versuche der Selbst- und Weltdeutung zeugen sie vom Bemühen, schreibend, also mit Sprache, die Ungeheuerlichkeit der Existenz zu bestehen und am Leben zu bleiben, solange weißes Papier einen Halt zu geben vermag. Holschuh tritt selbstbewusst auf, mit dem Anspruch, über eine eigene Stimme zu verfügen (auch wenn er mitunter Ingeborg Bachmann, Sylvia Plath, Ossip Mandelstam und andere große »Leidende« als Nothelfer zitiert). Von den Eitelkeiten des Literaturbetriebs, der seine fügsamen Adepten mit Preisen und Stipendien verwöhnt, scheint dieser Provinzler nichts zu wissen. Wie die Expressionisten vor ihm, klagt er in langen, oft rhetorisch-unpoetisch ausfasernden Litaneien die zerstörenden Bedingungen in der Konsumgesellschaft, den »schlaraffenmüll« an. »Diese gottverdammte stadt« ist ihm »ein toter wald aus knochen«, ein Ort der Verzweiflung, wo auch die Liebe (»zu nah beieinander«) misslingt. »dann spiel ich / freier fall«.

Holschuhs Texte, sowohl die langen, tiradenhaft ausschweifenden als auch die verdichteten, knappen, bestehen aus hart aneinandergeschnittenen Bruchstücken, Redewendungen, Bildern einer »versteinerten welt«. Das vorliegende Gedicht handelt von den Eindrücken der Kindheit, die zu Scherben zerfallen ist; »gesplittert«, »gesprungen«, »zertrümmert«, geben sie das einst Erfahrene kaum mehr heraus, den Glanz und die Glücksmomente erst recht nicht. Im Zentrum das apokalyptische Bild eines vom Himmel »herabstürzenden sees«. So wird das Gedicht zum Anti-Märchen, das in sperrigen Satzfragmenten vom Schmerz über die zerstörte Idylle des sonntäglichen »kinderwalds« Zeugnis gibt.

Die kleine Literaturgesellschaft – von der lärmenden Medienwelt zu schweigen – dürfte Andreas Holschuhs einziges Buch ebenso schnell vergessen haben wie seinen einsamen Tod, falls sie den Dichter überhaupt wahrgenommen hat. Diese erinnernden Zeilen werden daran kaum etwas ändern.

BRIGITTE OLESCHINSKI

Angefrorener Tang

auf dem Strand, und oben entlang die dämmrige Fischgrätpromenade, die starren
sturen Lampenkellen, die Stunden um Stunden vorangestapften Gummi-

stiefel, wie sie jäh aus dem Hang ragen, rostige Knöchel
im freigelegten Grenzverbau. Der rechte Fuß polnisch, das Haltbarkeitsdatum
fehlt. Der linke

ein Haken, das war mein Kind. Es rannte
im Zickzack, rann

durch den Draht, zehn Zehen sah ich
auf dem Wasser

gehen

Weiter und weiter hinaus

»Weiter und weiter hinaus«, lautet der Titel des Gedichts, das Brigitte Oleschinski an den Anfang ihres 1990 erschienenen Debütbands »Mental Heat Control« stellte. Dieser Titel ist zugleich die programmatische Signatur für die Bewegung, der ihre Gedichte folgen: Es sind Bewegungen, die uns stets an die Peripherie führen, an Stadtgrenzen, Ortsränder, an unscheinbare, oft menschenleere Plätze, an Küsten beziehungsweise Grenzlinien von Land und Meer, wo das lyrische Subjekt einen Prozess der Selbstvergewisserung in Gang setzt. Erst dort, fernab der urbanen Reizzonen, kann sich der poetische Impuls entfalten, öffnet sich der Blick, der sich an scheinbar ephemeren Gegenständen festsaugt, konturiert sich die Wahrnehmung in osmotischer Annäherung an die Dinge. So entstehen poetische Epiphanien, die sich an akustischen oder visuellen Eindrücken entzünden, und ganz unscheinbare Gegenstände festhalten: etwa »ein mattgrünes Lämpchen, nachts, in einer Parkbucht unter den Abschlepp / kränen«, »Heckscheibendrähte« oder ein »Tankflügel- / stutzen«. Der poetische Impuls, so hat es die Autorin in einem ihrer Essays definiert, »wendet sich allein den Dingen zu, Materialien und Prozessen, die durch diese oszillierenden Körpergrenzen in mich einzutreten scheinen, manche durch offene Türen wie höfliche Gäste, die ihren Namen sagen und Geschenke mitbringen, andere wie ungebetene Eindringlinge, als schrille Bilder und Silben, die roh die Fenster einschlagen, verletzliche Häute zerreißen, alle Nerven bloßlegen.« Und schon zuvor heißt es: »Gedichte gehen über Grenzen, von denen ich nicht weiß, ob ich sie überqueren kann.«

Die metaphorische Rede vom Gedicht als Grenzüberschreitung hat Tradition; aber das vorliegende Gedicht zeigt nun in seinen verstörenden Bildern eine biographisch-reale Grenzüberschreitung, die einmündet in eine Schreckensvision. Wie in fast allen Gedichten Brigitte Oleschinskis ist der Titel organischer Bestandteil des Gedichts, er stößt die Bewegung des Textes an, zieht uns mitten hinein in das Geschehen. Es beginnt, wie fast immer bei der Autorin, mit weit ausgreifenden Langzeilen und der poetischen Rekonstruktion einer Lokalität, in diesem Fall einer Strandpromenade an der Grenze zu Polen. Auch hier wieder bewegt sich das Ich »weiter und weiter hinaus«, auf eine Grenze zu, an der die Zeugnisse einer katastrophischen Geschichte lauern. Ein motivisch verwandter Text, Oleschinskis großartige autobiographische Erzählung »Silvesterpolen« (nachzulesen im Heft 5/1991 der Zeitschrift »neue deutsche literatur«) verrät, wo dieser Grenzort zu finden ist. Es geht dort um einen Strand- und Grenzgang auf Usedom, im eisigen Dezember, »während der gefrorene Tang knirschte bei jedem Schritt«. Das Gedicht verwandelt diesen Grenzgang in eine Erfahrung von Spaltung und Verlust, übersetzt den Spaziergang in eine grausige Vision von Schrecken und Schmerz. Im »Grenzverhau« finden sich »rostige Knöchel« – oder sind es nur die »Gummi / stiefel«, die diese Assoziation hervorrufen? Den vorgefundenen Füßen wird jedenfalls eine unterschiedliche Herkunft zugeschrieben: »Der rechte Fuß polnisch, ... Der linke // ein Haken, das war mein Kind.« Was hier als biographisches Trauma imaginiert wird, kann auch als Bild für die mörderischen Verletzungen und fortschwärenden Wunden in der deutsch-polnischen Geschichte gelesen werden. Auf das schockierende Bild des fliehenden und dann unwiderruflich sich auflösenden Kindes (rann / durch den Draht«) folgt am Ende nochmal ein gegenläufiges, utopisches Motiv. Denn das Gehen auf dem Wasser, das hier allerdings nicht einem Menschen, sondern nur seinen Gliedmaßen zugeschrieben wird, ist motivisch dem Neuen Testament entlehnt. Mit ihrem diskreten Pathos der Peripherie hat Birgitte Oleschinski eine zeitgenössische Gedichtsprache gefunden, die es ermöglicht, auch politische Motive wieder in die Poesie zu integrieren – sie blitzen als bedrohliche Signale an den Rändern dieser Gedichte auf, die mit Sicherheit zu den avanciertesten Stücken zeitgenössischer Dichtung gehören.

ALBERT OSTERMAIER

mayflower

& wird der sinn dir schwer
& schwach der mut nach
jedem wort die lippen bitter
& bittrer noch vor
jedem neuen
& legt die stirn in
falten wie die erde für
ein grab
sich
dann leg dich als
ein freund dazu
& lass die hoffnung
fahren
dann lass sie
fahren
auch ohne dich

Dass Albert Ostermaier bei Verlagsleitern und Theatermachern, Journalisten und Jurymitgliedern so beliebt ist, mag zum Teil mit seinem gewinnenden bayerischen Charme zusammenhängen, vielleicht auch damit, dass seine Texte auf den ersten Blick zwar ein wenig rüde daherkommen, ein bisschen zynisch, ein bisschen anstößig-rempelnd, doch eigentlich nicht schwer verständlich sind, sondern sozusagen von gebremster Modernität. Es sind Alltagsgedichte, die ihren umgangssprachlichen Gestus durch kühne Zeilenbrüche fast unsichtbar zu machen verstehen. Die meisten handeln auf eine illusionslose Weise von allseits bekannten Dingen wie Liebe und Tod, gelegentlich so großmäulig-schnodderig, als spräche der junge Brecht noch einmal: »ein gutes gedicht braucht heut / zutage einfach einen mord ...« Wirklich? Ostermaier liebt die Macho-Pose des sexuellen Gewinners: »hallo lolita mit den fleischfresserküssen / ich hab mich festgebissen in deinen / lippenkissen ...« von der romantisch inspirierten Liebe ist er meilenweit entfernt: »ich lieb dich wie das grab für was sich ziern / komm wir spieln kadaverkoitieren ...« Solch demonstrativer Vitalismus wird nicht jedem zusagen (auch wenn er in dem Fall auf Büchners Danton anspielt); und es wirkt störend, wenn etwa forciert modische Vokabeln wie »schneller brüter«, »bypass« oder »rush hour« sich häufen.

Gleichwohl zeichnen sich Ostermaiers Liebesgedichte durch ihre eigenwillige Kraft aus, einen ganz besonderen, leicht rabiaten Tonfall: »du mein blauer / engel auf dem strich ich nehm / dich mit & wasch dir das gold / aus den beinen«. Gegen Ende des Bändchens »Herz Vers Sagen« wird es plötzlich ernst und politisch. In einer Serie von Gedichten widmet sich Ostermaier dem Schicksal jüdischer Exilanten, genauer: ihren letzten Lebensmomenten. Und wie er sich zuvor in der Macho-Rolle gefiel, ist er nun ganz engagierter Poet und Moralist.

Das vorliegende Gedicht zählt zu diesen Emigrantentexten und erscheint doch auf den ersten Blick hermetisch. Man muss schon wissen, dass es sich bei dem mit »du« Angesprochenen um den einst berühmten, heute fast vergessenen expressionistischen Dramatiker und Lyriker Ernst Toller handelt, mit dessen Leben und Werk sich Ostermaier intensiv beschäftigt hat, als er sein erstes Theaterstück »Zwischen zwei Feuern. Tollertopographie« schrieb. »mayflower« ist der Name des New Yorker Hotels, in dem sich der verzweifelte und ausgebrannte Toller am 22. Mai 1939, nach dem endgültigen Sieg der Faschisten über die spanische Republik, erhängt hat. Über dem kleinen liedhaften Gedicht liegt die depressive Gewissheit des Abschieds. Trotz vieler modischer &-Zeichen scheint sich der oft so laute, auf Erfolg programmierte Ostermaier hier in einfühlsamer Weise mit dem scheiternden Revolutionär zu identifizieren. Etwas von Tollers eigener Sentimentalität kehrt, beabsichtigt oder nicht, im Duktus des Gedichts als lapidare Trauer wieder: »dann leg dich als / ein freund dazu«.

TOM POHLMANN

Meskalin

Was mich betrifft, so lese ich
Nur noch Gedichte. Dieses Rumpeln
Ständig absaufender Fässer, im Obergeschoß
Eines Hauses, das sich immerzu dreht
Gegen Abend, um seine zwölf Achsen:
Draußen die Wagenspuren
Im Schlamm, später ein abschüssiges Kiesgelände –
Selbst die Apfelblüte wird von Schrotflinten bewacht –
Das ist doch ganz was Handfestes.
Die Sektgläser sind eingepackt in Holzwolle
Und stehen in der Kirche. Auf dem Fahrrad
Der Pfarrer fährt zum Begräbnis vorüber.
Die Gesellschaft ist in Hochstimmung.
Uhren, die seismographisch ausschlagen,
Mit mindestens drei Nadeln, die zurückkommen
Aus ihrer Zukunft, um den Schatten
Nachzulaufen, ihren räumlichen Gefährten
Die sich ihrerseits dem Sonnenaufgang
Nähern, mit den Rücken zuerst, um das Böse
Zu füttern, bis es ganz leer ist. Diese Gebilde
Mit einer Krawatte um den Hals, die jederzeit
Ruckartig zugezogen werden kann,
Bis sie so schön blau
Angelaufen sind.

Meskalin, ursprünglich eine ölige, aus einer mexikanischen Kakteenart gewonnene Flüssigkeit, gehört neben Cannabis und LSD zu den psychoaktiven Rauschmitteln, die für ihre bewusstseinserweiternden Wirkungen gerühmt werden. Der Surrealist Henri Michaux hat dem »Dämon des Meskalin« eine ganze Studie gewidmet, die in metaphorischem Taumel jene Veränderungen der Zeit- und Raumerfahrung, die lebhaften Farbvisionen und die erhöhte Plastizität der bildhaften Eindrücke schildert, die als überwältigende Wirkung des Meskalin-Genusses auftreten. Auch deutsche Autoren, die eine gewisse literarische Affinität zu den Traumuniversen des Surrealismus aufweisen, haben sich mit den synästhetischen Erfahrungsmodi des Drogenrausches beschäftigt, und ihnen etwa Walter Benjamin und Ernst Jünger.

Was Benjamin als beglückende Konfrontation mit den »riesigen Dimensionen des inneren Friedens« beschreibt, als Erfahrung »der absoluten Dauer und der unermesslichen Raumwelt«, das scheint sich im vorliegenden Gedicht des Leipziger Dichters und Experimentalfilmers Tom Pohlmann als Wahrnehmungsereignis zu wiederholen. Denn das lyrische Ich, das sich hier inmitten von rätselhaften Gegenständen und fremden Landschaften zu situieren versucht, ist Sinneswahrnehmungen ausgeliefert, die die vertraute Alltagswirklichkeit aus den Angeln heben. Das Ich erfährt die übermächtige Gewalt der Dinge, die nach einem undurchschaubaren Gesetz funktionieren und einer ganz eigenen Dynamik folgen. Das sich »immerzu« um seine Achsen drehende Haus, die ihren eigentlichen Mechanismen entfremdeten technischen Geräte (»die seismographisch ausschlagende« Uhr), die auf ein bedrohlich Böses und Gewalttätiges zulaufende Bildlichkeit des Textes erlauben es eben nicht mehr, sich bei etwas »Handfesterem« zu beruhigen, sondern führen in eine unfassbare Welt, in der Raum und Zeit und Subjekt und Objekt keine verlässlichen Größen mehr sind. Während das Gedicht zunächst noch konkrete Situationen und vertraute Gegenstände heraufzurufen scheint, zieht es die lyrischen Sujets immer mehr in einen Wirbel des Absurden hinein. Es beginnt mit eher beruhigenden Genreszenen, die auf dörflichem Terrain anzusiedeln sind, wo man Apfelblüten, Hochzeiten und Begräbnisse bestaunen kann, auf denen sich Gesellschaften in Hochstimmung dahintreiben lassen können. Die surrealistische Logik des Textes entrealisiert aber die Szenerie mehr und mehr, bis sich schließlich Schreckens-Räume eröffnen, in denen »das Böse zu füttern« ist und der Bewusstseinsrausch in einem Horror-Trip endet: Das Gedicht läuft aus in eine Strangulationsphantasie. Die Rauscherfahrung kippt um in einen Alptraum, die halluzinativen Bilder des Gedichts verharren in einem Arrangement ästhetisch verschlossener Vorstellungen des Bösen, ohne dass ein Sinn erschließbar wird.

Das Ich, das da in den Anfangszeilen des Gedichts so harmlos vermerkt, »nur noch Gedichte« zu lesen, lockt den Leser in Wahrheit in einen unermesslichen Raum schwarzer Phantastik, in dem man wie in einer Falle festsitzt.

JOACHIM SARTORIUS

Freundschaft der Dichter

Wie Babel blätterten wir
in den Wörterbüchern, gewaltig,
nicht wütend, freundlich mit denen,
die uns die Wörter brachten.
Sie stehen im Licht vor den Wörtern,
dahinter der Garten, die steinerne Bank,
darunter die Katze und die tote Maus,
daweiter die Reben, die Ordnung,
mit der wir Silben tauschen.

Kuppler sind wir. Wir wollen, daß
zwei fremde Zungen
sich treffen, heftig,
ungezwungen. Der Wein hilft,
die Sonne, der große Raum
mit den Dichtern in so viel Licht
und raschelnden Büchern.

Das Mahl als Belohnung
am Abend. Ranken auf weißem Tuch.
Landesherrliche Speisen.
Zehn Finger legen wir auf sie.

(Edenkoben, September 1995)

Sein Gedicht hat der Autor am Ende selbst lokalisiert und datiert: »Edenkoben, September 1995«. Gemeint ist jener kleine, von Weinbergen umschlossene Ort in der Südpfalz, der den Menschen aufgrund der Helligkeit des Lichts wie der Harmonie der Landschaftsbildung stets (wenn auch mit falscher Etymologie) als eine Art »Garten Eden« erschienen sein mag. Seit 1987 existiert am Westrand von Edenkoben, unterhalb des Haardtgebirges, ein renommiertes Künstlerhaus, das – vom Kultusministerium Rheinland-Pfalz unterhalten – großzügige Stipendien an Schriftsteller, bildende Künstler und Musiker vergibt und Sonntagvormittag-Lesungen veranstaltet.

Alljährlich trifft man sich in diesem »Haus der Wörter« zur Werkstatt-Reihe »Poesie der Nachbarn«, die der Dichter Gregor Laschen begründet hat. Eine knappe Woche lang übersetzen sechs deutsche Lyriker Gedichte ebenso vieler ausländischer Kollegen, die jedes Jahr aus einem anderen europäischen Land kommen. Man arbeitet an den Texten, debattiert, wandert zusammen in der leuchtenden (Herbst-)Landschaft und wird nach Art des Landes bewirtet. Die Arbeitsergebnisse werden jeweils in einer zweisprachigen Anthologie vorgelegt.

Joachim Sartorius war 1995 im Künstlerhaus bei »Poesie aus Frankreich« zu Gast und hat zum Dank ein Gelegenheitsgedicht zurückgelassen. Darin begreift der Weltläufige das Provinznest Edenkoben als modernes »Babel«, Babylon, das bedeutet »Pforte der Götter«, als Metropole, in der viele Sprachen nebeneinander zu Hause sind, ein Brennpunkt europäischer Gegenwartsliteratur. Und während die deutschen Poeten, häufig der fremden Sprache unkundig, im großen Saal in den Wörterbüchern blättern und rascheln, stehen die ausländischen Dichter am Fenster, hinter dem der Garten sichtbar wird und dann gleich der Wein. Ja die Reben scheinen an ihren gespannten Drähten die »Ordnung« des Übersetzens vorzugeben, die Art und Weise, in der die Dichter die »Silben tauschen«. Auch Jacques Roubaud hat bei dieser Gelegenheit ein poetologisches Edenkoben-Gedicht verfasst, das von der »Übersetzung« der Trauben in Wein handelt. Am Abend aber, nach vollbrachter Arbeit, wartet ein homerisches »Mahl als Belohnung«.

Freilich, die titelgebende »Freundschaft der Dichter« scheint (ähnlich wie Bölls Formel von der »Einigkeit der Einzelgänger«) nicht ganz von unserer Wolfswelt. Wer Mitglieder dieser Berufsgruppe ein wenig kennt, weiß, dass vor allem zähes Konkurrenzdenken deren Verhaltensweisen bestimmt und man schon froh sein muss, wenn wechselseitige Sympathie vorherrscht. Nur in sehr seltenen, geglückten Arbeitsmomenten mögen Misstrauen, Neid und der Zwang, sich zu profilieren, für kurze Zeit verstummen. Freundschaft der Dichter kann es nur im Paradies, im Garten Eden oder eben in Edenkoben geben – eine knappe Sommer- oder Herbstwoche lang.

KURT DRAWERT

Kontakte

Ich sah sie, hinter den Scheiben,
sprechen, sah, daß sie allein war,
und daß sie mich nicht sah,

und sprach. Hinter ihrem Fahrzeug,
am Straßenrand,
zwei zueinander geneigte,

sehr nackte Platanen,
dahinter die tote Fabrik,
darüber der Mond,

etwas gesplittert vom Winter.
Dann fuhr ich weiter,
und ich fuhr lange ohne Erinnerung hin.

Der Augenblick des Begehrens

Alles beginnt mit einer Sekunde der tiefen Überraschung. Soeben noch angeschlossen an die Automatismen einer Autofahrt, befindet sich das lyrische Subjekt urplötzlich im existenziellen Ausnahmezustand. Ein flüchtiger Blick genügt – und der Raum des Alltags ist verlassen und ein Glücksversprechen blitzt auf. Der Autor hält sich zurück, er beschränkt sich auf das lakonische Protokollieren einer scheinbar unsensationellen Zufallsbegegnung, verzichtet auf jedes schmückende Beiwerk.

Diese Beschränkung auf scheinbar flüchtige Augenblicke und minimale Anlässe hat bei Kurt Drawert Methode. Er bevorzuge, hat der Autor einmal gesagt, eine diskrete Poesie, die »jede große transzendierende Geste und Weltumschlungenheit« meidet. Hier skizziert er in knappen Strichen eine kleine Szene, die gerade durch Aussparung jeder Gefühlsbewegung an Intensität gewinnt. Das handelnde Subjekt ist die Schaulust des Autofahrers, dessen Blick auf eine fremde Frau fällt. Der Alltag des hektischen Unterwegsseins auf Autobahn oder Landstraße wird für einen Moment unterbrochen und aus dem leeren Strom des Transitorischen ein Augenblick scharfkantig heraus geschnitten, die Bewegung stillgestellt – und obwohl sich nichts ereignet, hat sich für das Ich einige erfahrungsprägende Momente lang die Welt verändert. Die flüchtige Begegnung zweier Menschen, die sich zufällig an irgendeiner Landstraße treffen, bleibt zwar ohne Folgen. Sie bleiben verkrochen in ihre Fahrzeuge, die Distanz wird nicht aufgehoben, und kurz nach der Begegnung trennen sich ihre Wege wieder. Eine Begegnung im emphatischen Sinn findet nicht statt, denn es kommt weder zu einem Austausch der Blicke noch zu irgendeiner Form verbaler oder nonverbaler Kommunikation. Das Gedicht »Kontakte« zeigt also zunächst das Misslingen der Kontaktaufnahme.

Eine doppelte Barriere vertieft die Distanz zwischen dem Ich und der fremden Frau. Da ist nicht nur die trennende Scheibe, traditionell die Fläche unzähliger narzisstischer Spiegelungen, die eine unüberwindbare Grenze setzt. Da ist auch das offenbar intime Gespräch der Fremden mit einem unsichtbaren Partner, das vermutlich mit einem Handy geführt wird, dem Signum einer narzisstischen Kommunikationskultur.

Als etwas überdeutliches Symbol für das Begehren des Betrachters wird ein Naturzeichen herbei zitiert: die »sehr nackten Platanen«, deren »Zueinander-Geneigtsein« hier gewissermaßen Modell steht für den ersehnten »Kontakt« des Mannes mit der Frau. Das ist eine sehr alte Wunschphantasie. Die Natur wird einmal mehr in einem Identifikationsakt als lyrischer Imaginationsraum genutzt – sie ermöglicht auch die Rückwendung des sprechenden Ichs auf sich selbst. Freilich: Es ist, im Unterschied zu früheren literarischen Perioden, keine heile Natur mehr, mit der sich der Dichter in Beziehung setzt, sondern es sind ein »gesplitterter Mond« und eine »tote Fabrik«, die als Verfallskulisse dienen.

Zurück bleibt der begehrende Blick des Ich, das sein automatisiertes Alltagshandeln, die Autofahrt, fortsetzt. Aber der Augenblick des Begehrens hat sich tief eingegraben, er blendet den Blick und löscht für einige Momente auch jede Erinnerung: »und ich fuhr lange ohne Erinnerung hin«. In einem fast lebens-verändernden Augenblick hat sich hier das »punktuelle Zünden der Welt im Subject« (Friedrich Theodor Vischer) vollzogen – der Augenblick der Poesie.

ROLF BOSSERT

Reise

Flüstere mir ins Aug
deinen Blick auf die braune Seine.
Die Welle des Jahres Siebzig,
kreist sie noch
um das splitternde Wort
aus dem Krankenland
mit den Buchen?

Ach, meine Jungfernreise,
um den Preis einer Vorsilbe.

Rolf Bossert ist 1952 in der Gebirgs- und Industriestadt Reschitza im rumäniendeutschen Banat geboren. Nach dem Studium der Philologie in Bukarest arbeitete er anfangs als Deutschlehrer, später als Verlagslektor. Er veröffentlichte in Rumänien zwei erstaunliche Gedichtbände (»siebensachen«, 1979; »Neuntöter«, 1984). Im Dezember 1985 gelang ihm nach vielen Schikanen die Ausreise in die Bundesrepublik. Keine acht Wochen später war er tot: Er hatte sich im Schlafanzug aus dem Fenster eines Frankfurter Übergangswohnheims gestürzt. »Der Tod / ist hart wie ein Pflasterstein«, heißt es in einem von Bosserts Gedichten. Offenbar war all seine Kraft, waren Wildheit und Wut aufgebraucht, als er endlich die Freiheit erlangt hatte und von vielen Seiten Anerkennung fand, Interviews und Einladungen sich häuften. »Wer noch ein Lied hat, / greift sich an den Kehlkopf: ohne / ersichtlichen Grund.«

Noch im Todesjahr erschien bei Rotbuch der dritte Gedichtband »Auf der Milchstraße wieder kein Licht«; 1987 dann ein der Erinnerung an Rolf Bossert gewidmeter Band der Zeitschrift »die horen« (Nr. 147), in dem die ebenso rätselhafte wie bedeutsame rumäniendeutsche Sprachinsel anhand zahlreicher Text-Beispiele vorgestellt wurde – ein letztes Aufleuchten vor dem Untergang. Im Mittelpunkt, neben Bossert, diejenigen Autoren seiner Generation, die sich Anfang der siebziger Jahre zur »Aktionsgruppe Banat« zusammengeschlossen hatten: Herta Müller, Ernest Wichner, Werner Söllner, Johann Lippet, Richard Wagner, Klaus Hensel.

Mehr als zwei Jahrzehnte sind nun seit Bosserts jähem Tod vergangen, und man hat manchmal den Eindruck, als sei dieser sperrigste unter den Banater Poeten mit all seiner vitalen Verzweiflung, seiner Bitterkeit und seinem Spott schon fast vergessen. Doch 1998, im 112. Heft der Zeitschrift »Wespennest«, hat Herta Müller mit einem anrührenden Essay an den toten Freund und die Mitglieder der »Aktionsgruppe« erinnert. Bossert hat früh von den Expressionisten und Surrealisten gelernt, von Trakl und Benn, Eich und Celan vor allem. Deren Bildlichkeit konfrontierte er dann mit Techniken der Konkreten Poesie. Bis heute sind viele seiner Texte frisch geblieben, dicht und knapp, oft verschlüsselt, voller Spannkraft, mit kühnen Brüchen.

Das vorgestellte Gedicht zählt zu Bosserts letzten. Nur flüsternd wird auf dieser imaginären »Reise« gesprochen, gleichsam von Auge zu Auge, als hörte im Zugabteil einer mit. Real befindet sich der Autor noch in Rumänien, einem Land voller Spitzel und Schlägertrupps (einmal wurde Bossert der Kiefer zerschlagen), einem Land mit Reiseverbot, gelähmt von Ängsten. Und er spricht den bewunderten Paul Celan an, einen ebenso lebenslang von Angst Verfolgten, der das »Krankenland mit den Buchen«, das Buchenland also, die (einst rumänische) Bukowina, verlassen musste, nach Paris emigrierte und 1970 seinem Leben in der Seine ein Ende gesetzt hat.

Das »splitternde Wort / aus dem Krankenland« – heißt es »Jungfernreise«? Die »Jungfernreise, / um den Preis einer Vorsilbe« ist die ersehnte Ausreise aus dem »Krankenland« Rumänien. Doch das »Ach«, mit dem die Schlussstrophe anhebt, klingt eher wie ein ahnungsvoller Seufzer, als glaubte der Autor nicht daran, jemals ausreisen zu dürfen. Oder als wüsste er schon im voraus um den tödlichen Ausgang der Reise, ob in der »braunen Seine« oder auf dem Frankfurter Pflaster. Denn keiner vermag sein »Krankenland« abzuschütteln.

CHRISTIAN GEISSLER (K)

aus den klopfzeichen des kammersängers (VII)

stellt sich auf
das lied der eliten
großer gesang
schleift einem stein die kontur
aus oel und blut und lust
war ich katholisch
auch kaserniert
droht leblos das
was

hängt da im draht

Lebenszeichen eines Verschütteten

»Klopfzeichen« sind bekanntlich die letzten Kommunikationsversuche und Hoffnungssignale von Verschütteten, die im Bergwerk oder unter einstürzenden Gebäuden bei lebendigem Leib begraben werden. Es hat mit ästhetischer und politischer Kompromisslosigkeit zu tun, dass auch der Schriftsteller Christian Geissler (1928-2008) in eine Lage geriet, die dieser hoffnungslosen Isolation eines Verschütteten gleicht. Aus allen ideologischen Glaubensgemeinschaften, in denen er zeitweise Unterschlupf und geistige Heimat gefunden hatte, trat Geissler nach den unvermeidlichen Desillusionierungen wieder aus: aus der katholischen Kirche, der Ostermarsch-Bewegung, der KPD und schließlich aus den Unterstützerkomitees der RAF, in denen er zuletzt fast bis zur Selbstaufgabe engagiert war. Im Mai 1970 hatte Geissler die »konkret«-Kolumnistin Ulrike Meinhof kennengelernt – das war der Beginn einer langen Ideen-Freundschaft mit den Theoretikern des »bewaffneten Kampfes«, die erst mit der Thesenschrift »Prozeß im Bruch« (1992) endete. Als die RAF mit ihren mörderischen Aktionen schon längst jenseits politischer Diskutierbarkeit agierte, veröffentlichte Geissler 1988 »kamalatta«, ein romantisches Fragment, in dem die Legitimität und Notwendigkeit der terroristischen Gewalt zumindest erwogen wird.

Seit der Aufregung um »kamalatta« wurde Geissler allenfalls noch als politischer Sektierer wahrgenommen, seine Bücher werden in den Feuilletons ignoriert. Das war 1980 noch anders, als der Romancier Geissler überraschend das Genre wechselte und einen ersten Gedichtband vorlegte, dessen Titel auf die Ereignisse von Stammheim und Mogadischu verwies: »Im Vorfeld einer Schußverletzung«.

18 Jahre später war Geissler bei »Klopfzeichen« angekommen, bei, wie es scheint, letzten Signalen eines heillos Marginalisierten. Auf dem Umschlag seines Buches sind in der Art eines poetischen Kassibers drei Wörter im Morsealphabet festgehalten: »Tanz«, »Hunger« und »nekume«, das polnische Wort für »Rache«. Die Gedichte selbst, die von biographischen Anlässen wie dem Tod der Schwester oder einer Reise nach Polen ausgehen, präsentieren sich als verschlüsselte intime Mitteilungen, hermetische Botschaften in forcierter Verknappung. In seinem 16teiligen Textzyklus »aus den klopfzeichen des kammersängers« bildet das vorliegende Gedicht das Zentrum, den siebten Teil.

Im vorliegenden Fall arbeitet Geissler mit dem Prinzip extremer Reduktion: Wo einzelne Gedichte noch die Liedform aufnehmen oder Märchenmotive paraphrasieren, sind die Texte des »klopfzeichen«-Zyklus bis auf einzelne Wortpartikel skelettiert, ihre Sprache ist karg, dunkel, hieratisch. In diesen poetischen Engführungen klingt vieles an: neben den biographischen Traumata (»war ich katholisch«) die repressive Formierung des Einzelnen durch ideologische Codes (»das lied der eliten«, der »große gesang«) – wobei die Fügung vom »großen gesang« nicht nur auf die Selbstlegitimationen der Macht verweist, sondern auch das Verführerische systemkritischer Weltdeutungen konnotiert.

Von den »großen Gesängen« der Ideologien, so scheint es, hat sich der titelgebende »Kammersänger« zurückgezogen, denn die sinnversprechenden »lieder« haben sämtlich zu »kasernierung« geführt. Das Gedicht endet mit einem Bild von Gefangenschaft, der Figuration von »Leblosem« und einem unbestimmten Etwas, das in einem »draht« hängt. »wo wir ankommen«, hatte Christian Geissler vor ein paar Jahren geschrieben, »als revolutionäre kommunistinnen und kommunisten – genau dort werden wir auch wieder aufzubrechen haben«. Im vorliegenden Gedicht aus dem »klopfzeichen«-Zyklus ist keine Aufbruchsbewegung mehr denkbar. Der »revolutionäre kommunist« hat sich in einen einsamen »kammersänger« verwandelt, er ist geschrumpft zum kürzel »k«, das dem Dichternamen beziehungsreich angefügt wird.

LUDWIG FELS

Fetzen Papier

Wirf die Bücher weg, wirf sie endlich weg
es knallt so schön, wenn sie unten
auf dem Pflaster aufschlagen
schön und laut.
Ein Auto rast in einen Roman
während ich alle Briefe zerreiße
und ein Bus überrollt ein paar Gedichte.
Der Polizist trifft das Keyboard
voll zwischen die Tasten
und im Computer spricht der Kanzler
über afrikanische Präsidenten
die Schriftsteller oder Dichter waren
Menschen fraßen oder sangen
wie schwarze Engel ...
Wirf die Bücher weg, wirf sie alle weg
und mit alle meine ich alle.
Das Leben wird begehrenswert leicht
der Wind spielt auf der Straße
und Regen pladdert im weißen Schlamm
in dem das Wort Gehen erscheint
hineingestampft
von mir.

Selbsthass eines Büchermachers

Die staatliche Zensur und deren radikalste Form, die Büchervernichtung, begleiten die Menschengeschichte seit Jahrhunderten. Als beispielsweise im Dreißigjährigen Krieg Tillys kaiserliche Truppen, vorweg die gefürchteten kroatischen Reiter, 1622 die kurpfälzische Metropole Heidelberg brandschatzten, drangen sie auch in das Haus des berühmten calvinistischen Gelehrten und Büchernarren Jan Gruter ein. Da die Straße vom Regen aufgeweicht und schwer passierbar war, warfen sie Gruters Bücher- und Handschriften-Schätze in den Schlamm, und die Hufe ihrer Pferde stampften sie alsbald zu Brei.

Heute gibt es, zumindest in unseren Breiten, weder Bücherverbrennungen noch eine effiziente staatliche Zensur. Der Grund dafür ist weniger in der moralischen Läuterung der Regierenden als im Bedeutungsverlust des geschriebenen Wortes zu suchen. Angesichts der sinnlichen Attraktivität der Massenmedien spielen literarische Texte im Kalkül der Mächtigen keine Rolle mehr. Die Literatur und vor allem die poetische Sprache erscheinen ihren Anhängern inzwischen als letzter manipulationsfreier Rückzugsort.

Umso erstaunter las ich das vorgestellte Gedicht, dessen Autor den kroatischen Reitern im Nachhinein beizupflichten scheint. Wirf die Bücher »endlich weg«, und zwar »alle«, ruft das Dichter-Ich in fast beschwörendem Ton sich selbst zu und freut sich daran, wie die Schriften »schön und laut« auf dem Pflaster aufschlagen, wie statt der Pferdehufe ein Auto »in einen Roman« rast und ein Bus »ein paar Gedichte« überrollt.

Wird hier einer universalen, gesellschaftlich vermittelten Geringschätzung ironisch Beifall gezollt? Oder handelt es sich eher um eine lustvoll demonstrierte Befreiung von der Last der Geschichte? Oder gar um den Selbsthass eines Büchermenschen, der mit seinem Gegenstand (verächtlich »Fetzen Papier« genannt) nicht mehr zurande kommt? Dies überrascht insofern, als Ludwig Fels alles andere als ein akademisch verzogener Intellektueller ist, den der Überdruss am kulturellen Erbe zum Autodafé anspornen könnte; vielmehr ist er einer der seltenen westdeutschen Autoren mit (sub-)proletarischem Hintergrund. Ohne das intensive Selbststudium der Poesie hätte er sich als Schriftsteller kaum durchsetzen können; er verdankt den Büchern (z.B. Kerouacs, Ginsbergs, Nerudas) einiges.

Weshalb dann jetzt diese großspurige Absage an die Kunst, die ein wenig so klingt, als wäre sie 1968 fürs »Kursbuch 15« formuliert worden? Ist sie Ausdruck einer individuellen Krise? Dass afrikanische (und andere) Diktatoren zugleich Dichter und Menschenschinder sind, spricht jedenfalls nicht gegen die Poesie. Wieso wird das Leben »begehrenswert leicht«, sobald die harmlosen Bücher, Gedichte und Briefe, vom Autor eigenfüßig zu »weißem Schlamm« zerstampft, auf der Straße im Regen liegen? Das soll uns der Fels (»Freiheit und Glück für alle!«) bitte mal erklären.

CHRISTIAN LEHNERT

bruchzonen (I)

an diesem zerbissenen schlauch im mund wüßtest
du, der ursprung aller wesen sei das meer, worin
die erde schwebt wie ein rochen, fluoreszierende
korallen drehten sich nachts in warmer salzlösung,
verkrümmt wie ein embryo, vor erregung zitternd,
schwimmst du, ahnend, wie ein reifes ei im schleim
versunken sich verdoppelt über dem offenen grab
des ozeans in das leben des anderen tod, gäbe es
kein zurück mehr, strampelnd um die nackte zeit,
sei das riff ein erratischer chor von frühesten
ängsten vor stacheln, vor blutroten kiemen,
wo membranen dich zerteilen, bis du dir völlig
fremd bist, entkräftet unter dem ewigen herzton,
erschrocken, daß die bewegungen zu dir gehören,
sinkst du wie ein vergessener name hinab in
das gedächtnis eines vagen ich bin, der ich bin

(ras muhammad, sinai)

»O daß wir unsere Ururahnen wären«, dichtete einst der junge Gottfried Benn, »Ein Klümpchen Schleim in einem warmen Moor. / Leben und Tod, Befruchten und Gebären / Glitte aus unseren stummen Säften vor.« Das war aus der Perspektive des Nietzscheaners gesprochen, der dem Leiden an den Qualen des Bewusstseins, am Denkenmüssen und an den Zwängen der »Verhirnung« seine Auflösungsphantasien entgegensetzte. Seine dionysische Flucht vor der positivistischen Welt der Moderne führte Benn in den »Gesängen« von 1913 zur Regression ins Animalische, Vorzeitliche. Auch in seinen frühen Essays träumte Benn von den Zuständen der Depersonalisation und einem rauschbereiten Ich: »mythen-monoman, religiös, faszinär«.

Von den pflichtgemäß ernüchterten Schriftstellern unserer Tage werden solche dionysischen Programme meist des Irrationalismus verdächtigt, der vorsätzlichen Flucht vor den Zeichensystemen einer medial beschleunigten Gegenwart. Vielleicht ist es aber gerade dieser hartnäckig retroverse Blick, diese Suche nach visionärer Innenschau, was die suggestiven Vorzeit-Bilder in den Gedichten Christian Lehnerts so faszinierend macht.

Auch Christian Lehnert ist, wie der frühe Benn, ein mythenmonomaner, religiöser, von theologischen und mystischen Motiven umgetriebener Dichter. Mitte der neunziger Jahre fand der junge Dichter, inspiriert durch religionswissenschaftliche Studien, in den Landschaften der jüdischen und arabischen Welt seine Orte poetischer Verheißung. Angeregt durch den Besuch heiliger Stätten des Judentums und des Islams, etwa auf der Halbinsel Sinai, entstanden lyrische Zyklen, in denen das poetische Subjekt immer wieder Motive der Schöpfungsfrühe und der Geburt des Menschen imaginiert.

Auch das vorliegende Gedicht spricht von einem Rücksturz in die prä-humane Sphäre, von der Auflösung des Ich in den Organismen des Meeres, vom pantheistischen Zerfließen und Oszillieren des Subjekts. In Lehnerts großen Zyklen »bruchzonen«, »befunde« und »Der Augen Aufgang« finden wir immer wieder solche Vorstellungen von der Entrückung des Ich in animalische oder planetarische Ursprünglichkeit, wobei, anders als beim Agnostiker Benn, die Bilder göttlicher Schöpfung zum positiven Bezugspunkt dieser Poesie werden. Auch in den »bruchzonen« sinkt das Ich hinab in jene heilige Sphäre, die für die allermeisten unserer Gegenwartspoeten völlig tabu ist.

Die letzten beiden Zeilen des Gedichts rufen den Namen Gottes in Erinnerung: Jahwe, der von Lehnert mit der Tautologie »Ich bin, der ich bin« übersetzt wird: »wie ein vergessener name hinab in / das gedächtnis eines vagen ich bin, der ich bin«. Christian Lehnert rekonstruiert in seinen dunkel dahinströmenden Ursprungsbildern und halluzinatorischen Phantasien Einsichten und Erleuchtungen der Mystik, seine Texte haben die Innigkeit und visionäre Kraft von Gebeten. Es gehe darum, so schreibt Lehnert über ein Gedicht von Angelus Silesius, »die Fragmente frühester Erinnerungen mit den Fraktalen der Wahrnehmung zu verbinden – ein Klanggewölbe für die Stimmen der poetischen Mystik«. Die Thesen über den frommen Liederdichter und Mystiker Angelus Silesius lassen sich auch als Selbstinterpretation lesen. Insofern trifft auch das Diktum des Literaturwissenschaftlers Peter Geist zu, der zu Christian Lehnert bemerkt: Dieser Dichter steht Meister Eckarts »unio mystica« näher als den Meistern unserer Avantgarde.

LUTZ SEILER

moosbrand

... sprach am stein der unbekannten
die beiseite liegen; was
der kleine nazi hier vorüber trieb
dass sie die augen scholten
in der dunkelheit ... erkennst

du euer haus & deine
mutter hoch gehangen mit den füssen
in der luft, wenn ihr
um diesen tisch zu abend sasset; was

wünschtest du aus ihrem schlafskelett
– schüttelmohn & süsses gras, gehen
mit immer kürzeren beinen

Das irritierende Wort »moosbrand« steht nicht im Grimmschen Wörterbuch. Es könnte eine poetische Neuprägung des Lyrikers Lutz Seiler sein, ein Lieblingswort möglicherweise, denn Seiler nennt nicht nur das hier vorgestellte Gedicht so – auch eine von ihm einige Jahre mitherausgegebene Literaturzeitschrift heißt »moosbrand«. Es könnte sich ebenso gut um ein Hauptwort des von Seiler gewiss verehrten Peter Huchel handeln, lebt und arbeitet der junge Poet doch als Verwalter in Huchels ehemaligem Wohnhaus in Wilhelmshorst bei Potsdam. »moosbrand« – vielleicht eine Art Flechte, die die Konsistenz des Steins gefährdet – weckt Assoziationen zwischen erdnaher Geborgenheit und ätzendem Aussatz und klingt, jedenfalls für meine Ohren, karg und schroff nach DDR.

Unter den Autoren aus dem Osten Deutschlands zählt Lutz Seiler – ähnlich wie Wolfgang Hilbig, Kurt Drawert oder Wulf Kirsten – nicht zu den westwärts orientierten Leichtfüßen mit einer Tendenz zum unterhaltsamen Witzeln. Er beharrt auf seinen Kindheitserfahrungen und Albträumen, auf der Düsternis einer Jugend in tiefster DDR-Provinz. Seine Verse haben einen ernsten, manchmal auch drohenden Unterton. Sie erzählen von Figuren, die »kein glück« hatten und versehrt sind von Traumata und unheilbaren Schocks. Es ist darin die Rede von Tod und knöcherner Einsamkeit in der Erdtiefe, vom Nachkrieg, den Seiler zwar nur noch vom Hörensagen kennt, der in der DDR aber unterschwellig fortlebte, von gewachsten Dielen und stinkenden Pissbecken, vom »milchdienst« im Kinderheim und vom »waschtrakt« beim Militär, vom Fußballverein Wismut Gera und vom sowjetischen Astronauten

Gagarin, dessen Heldenbild unberechenbar schillert: »wir hatten / gagarin, aber gagarin / hatte auch uns«.

Relativ leicht erschließt sich im vorgestellten Gedicht allein die mittlere Strophe, die ein faszinierendes Schreckensbild festhält: Ein »du« wird an die einst um den Esstisch versammelte Familie und an die erdrosselte Mutter erinnert, »hoch gehangen mit den füssen / in der luft«. Vermutlich geschah diese Tat zur Nazizeit, in der Eltern- und Großeltern-Generation des Autors. Vielleicht hat man die Tote damals »beiseite«, am Friedhofsrand, bei den »unbekannten« verscharrt, an die nur ein mit »moosbrand« überwucherter Stein noch erinnert. Nun steht der Wahrnehmende vor ihrem »schlafskelett«, auf dem »schüttelmohn & süsses gras« wachsen, bevor er »mit immer kürzeren beinen«, das meint wohl: im immer höheren Gras sich entfernt.

Die drei durch schroffe Zeilenbrüche dicht miteinander verzahnten Strophen fußen auf genauen Erinnerungsbildern, die freilich im poetischen Akt verwischt oder auch grell verfremdet wurden zu einer fast hermetischen Gegenwelt. Von diesem Verfahren zeugen nicht nur Doppelworte wie »moosbrand«, »schlafskelett«, »schüttelmohn«, sondern auch mit Bedacht gesetzte grammatikalische Ungenauigkeiten: »was / der kleine nazi hier vorüber trieb / dass sie die augen scholten / in der dunkelheit«. Kaum auflösbar, wie verwaist stehen solche Satzfragmente im Gedicht, und ähnlich verlassen hat man sich auch das lyrische Ich vorzustellen, etwa dort im Wald vor dem Sägewerk wie irgendein Romantiker, als Baum oder als Findelkind oder als beide zusammen: »& aus / dem baum schält sich das kind: / so steht es dann / von draußen da / mit eigenblut & findelstimmen«.

KARL KROLOW

Anima

Anima oder Gerüche
kommen besonders fein
aus der alten Seelenküche.
Der Körper mischt sich ein,
auch ohne Seelenstärke,
immer begehrenswert,
geht er wie sonst zu Werke,
wenn er wie immer begehrt.
Geruch von Ohnmacht und Alter,
von Liebe und Geschlecht,
von Epidermis, ein kalter
Atem, ein Venengeflecht,
ein unbestimmtes Jucken,
Schamhügel und das Lärmen
der Lust oder schließlich das Spucken
von Sperma, den Tod in den Därmen.

»Krolow nimmt keine Rücksicht«, hat der Kritiker Kurt Hohoff zu dem Gedichtband »Ich höre mich sagen« (1992) notiert. Das war nicht nur als höfliche Reminiszenz an einen alternden Künstler zu verstehen. Hohoff beschrieb eine Leseerfahrung, der man sich bei der Beschäftigung mit dem lyrischen Spätwerk des Dichters Karl Krolow (1915-1999) schlechterdings nicht entziehen kann. Denn der sarkastische Ton, der große Teile dieses Spätwerks beherrscht, seziert in grimmiger Rücksichtslosigkeit auch das traditionelle Sehnsuchtsterrain der Poesie: die Liebe, das Gefühl, den Eros. Der fortdauernde Liebeshunger, der sich auch in den späten Gedichten Krolows artikuliert, wird in ent-sentimentalisierender Drastik ins Bild gesetzt, mit einem kalten Blick des lyrischen Ich auf die Verfallsgeschichte des Körpers.

Wenn hier also mit »Anima«, also der Seele, eine ehrwürdige Instanz des Lyrischen angerufen wird (wobei auch die Nebenbedeutungen von »Anima« mitschwingen: der Atem und der Hauch), übersetzt das Krolow zielsicher in einen physiologischen Kontext – in Bildern der Hinfälligkeit und Inkontinenz.

Dem klassischen Topos der Lyrik, der Liebe, wird hier in böser Nüchternheit jede sentimentale Illusion ausgetrieben. Das »Lärmen der Lust« wird überlagert von dem ächzenden Eingeständnis, gerade noch so am Leben zu sein und sexuelle Praxis in mechanischem Vollzug zu absolvieren. Die Verwandtschaft des Orgasmus mit dem Tod wird hier noch einmal bekräftigt, wobei das Orgasmus-Erlebnis reduziert scheint auf »das Spucken von Sperma«. Kälter, unbarmherziger ist in deutscher Lyrik wohl noch nie über die Liebe geschrieben worden.

Wer die lyrische Entwicklung Krolows aufmerksam verfolgt hat, weiß, dass sein Alters-Sarkasmus eine Traditionslinie seines Werks fortsetzt, die 1969 in den »Bürgerlichen Gedichten« einen ersten Höhepunkt erreicht hatte. Damals legte Krolow unter dem Pseudonym Karol Kröpke Gedichte vor, die in pornographischer Direktheit und bewusst obszönem Vokabular erotische Phantasien thematisierten.

Lust, Eros und Tod blieben von da an bestimmende Elemente seiner Lyrik, gewürzt mit ironischer Gesellschaftskritik, die sich mit den Jahren immer mehr verschärfte. Begonnen hatte Krolow 1943 mit Gedichten, die ihn als Adepten der naturmagischen Schule auswiesen, wobei vor allem die Werke Wilhelm Lehmanns und Oskar Loerkes seine eigene Dichtung prägten. Nach anfänglichen Imitationen löste sich der Loerke-Jünger aus dem Banne der Naturmagie und wandte sich den Positionen der französischen und spanischen Surrealisten zu, deren Texte er ins restaurative Adenauer-Deutschland importierte. Verglichen mit den radikal eigensinnigen Texten eines Paul Celan oder einer Ingeborg Bachmann bevorzugte Krolow aber stets einen gemäßigten Modernismus, der sich bei allen surrealistischen Neigungen nie ins Hermetische verlor. Der Liebhaber des »porösen«, »offenen« und »luftigen« Gedichts kehrte schließlich im Alter zu den traditionellen, liedhaften Formen zurück. Auch in »Anima« spielt Krolow virtuos mit der Volksliedstrophe und lädt allerdings die ehrwürdige Form auf mit einer Poetik der Negativität: mit Versen über Alter, Zerfall, Vergänglichkeit.

WALTER HELMUT FRITZ

Das offene Fenster

Das Fenster öffnet sich auf den neuen Tag, in dem viele Tage sind; auf einen Mann und eine Frau, die am Ufer entlang gehen; den Rhein, der auch befahrbar blieb, als das Land unter Eis und Schnee lag. Stromaufwärts, stromabwärts atmende Nähe und Fernsicht, die daran erinnert, Träume und Fluchtpunkte ernst zu nehmen. Das Wasser führt seinen Sand, seine Dunkelheiten und Lichter mit sich. Die Augen folgen einem der Lastkähne, von dem jemand herüberwinkt. Mit schwindelerregendem Leben zieht der Fluß fort wie das mörderische Jahrhundert, das sich auf und davon macht. Wellengeräusche. Wellenkämme, die nachglänzen und zerbrechen. Davor jetzt ein Rudel tobender Hunde.

Poesie ohne Aufwand

Unter den bedeutenden Lyrikern der Gegenwart ist Walter Helmut Fritz einer der stillsten. Verhaltenheit, Geduld, Gelassenheit des Blicks kennzeichnen ihn und sein Werk: die Gedichte, die Kurzprosa, auch die aus kleinen Einstellungen zusammengesetzten Romane, mit denen er seit über fünf Jahrzehnten gegen den Lärm in der Welt anschreibt. Doch zugleich geht von diesen Texten ein irritierendes Leuchten aus, ein Fünkchen Fremdheit, das den Leser zum Innehalten zwingt und ihm hilft, Sprache und Gesellschaft anders zu sehen und genauer zu verstehen.

Kaum einer weiß so formsicher wie Fritz mit den sparsamsten Notaten umzugehen, mit minimalen Mitteln ein Maximum an Erfahrung einzuholen. Seine Texte sind weder hermetisch verschlüsselt noch besonders komplex. Sie zeichnen sich aus durch sprachliche und gedankliche Klarheit; sie wirken durch die eigentümliche »Art des Aussparens, Andeutens und Verschweigens« (so Harald Hartung), sind lakonisch, hellsichtig und -hörig, eben »Poesie ohne Aufwand«, wie der Dichter es selbst formuliert.

Fritz' Interesse gilt nicht den sogenannten großen Dingen, den Staatsaktionen, sondern dem, was zwischen den Zeilen und Sätzen steht und das Leben tatsächlich ausmacht: den Möglichkeiten des Augenblicks, den kaum merklichen Veränderungen und Mehrdeutigkeiten, der Frage, wie der Mensch mit der Banalität seines Alltags, der Unbegreiflichkeit seines individuellen Schicksals fertig wird. Viele von Fritz' Texten sind – als Kontrast zum Gerede – durch konzentrierte Lektüre, durch Bilder, Landschaften und Reisen angeregt. Es ist etwas Geheimnisvolles in ihnen, das sich nicht leicht erschließt. Walter Helmut Fritz hat einmal gesagt, am wohlsten fühle er sich »im Gedicht, im Prosagedicht, in der Aufzeichnung. Auch die erzählenden Arbeiten entfernen sich ja nicht allzu weit davon.« Das meint, Fritz ist in all seinen Äußerungen ein kontinuierlich am Poetischen arbeitender Lyriker, in den Prosagedichten oft sogar bildlich kühner und differenzierter als in den Versgedichten. Aus welchem Grund er manche seiner Miniaturen »Prosagedichte« nennt, andere, sehr ähnlich strukturierte indes »Aufzeichnungen«, ist mir unklar geblieben.

Im vorliegenden Prosagedicht blickt das wahrnehmende Ich durch ein »offenes Fenster« auf den immer »neuen Tag«. Der Blick aus dem Fenster ist ein literarischer Topos. Fast jeder Lyriker hat ein solches, zwischen »atmender Nähe und Fernsicht«, drinnen und draußen changierendes Fenster-Poem geschrieben, ja ganze Romane wurden aus dieser Distanz schaffenden Perspektive verfasst. Walter Helmut Fritz selbst verwendet das Motiv öfter. »Fenster« heißt zum Beispiel ein knappes Gedicht aus den siebziger Jahren, dessen Ich sich am Schluss von der sinnlichen Wirklichkeit abwendet und poetologisch resümiert: »Durch Sätze / sehn wir hinaus.« Das bedeutet, dass Sätze oder auch Gedichte in einem übertragenen Sinn selbst »offene Fenster« sind, die zwischen getrennten Räumen, Innen- und Außenwelt vermitteln; Ausblicke, Ausschnitte ...

So auch im vorliegenden Text, der zwischen nur scheinbar harmlosen Alltagsbeobachtungen am Rheinufer plötzlich das Grauen der sich entfernenden Geschichte in den Blick rückt: »Mit schwindelerregendem Leben zieht der Fluss fort wie das mörderische Jahrhundert.« Dies geschieht im Bild des Stromes, der wie einst bei Hölderlin »fort in die Ebene« zieht, aber nicht »traurigfroh« wie der Jüngling »in die Fluten der Zeit sich wirft«, sondern alt und mit Leichen bedeckt »sich auf und davon macht«, umtanzt von »tobenden Hunden«.

PETER RÜHMKORF

Einen Genickschuß lang

Phänomenal vor die Hunde,
was liegt noch drin?
Am Abend die Viertelstunde,
wo ich verwundbar bin.

Denken, Atemholen
außer Zusammenhang.
schön ist der Mond über Polen
einen Genickschuß lang.

Mit den Wölfen gezogen
durchs herbstliche Planquadrat;
silberner Sternenrogen
hängt über Leningrad.

In kyrillischen Buden
Wodka zu Taumel und Tran:
Schwingen die Amplituden
über den inneren Plan.

Wo uns die Jahre verdarben
zwischen Qualm und Klimbim –
Träume, feuerfarben,
das magische Interim.

Es scheint zu den ungeschriebenen Gesetzen des poetischen Handwerks zu gehören, dass genialische Dichter, selbst es sich um dialektisch versierte Reimkünstler und Formartisten handelt, irgendwann im Alter zu ihrer eigenen Parodie werden. Der eingeborene Widerstand gegen die Verwendung der nächstliegenden Pointe, des billigen Witzes lässt nach, die lyrische Lässigkeit und Lustigkeit drängt raumgreifend vor und räumt die Barrieren ab, die man zuvor noch gegen vorschnelles Einverständnis – auch mit sich selbst – errichtet hatte. Die ostentativ unfeierliche Lyrik des späten Benn hatte noch den Vorteil, gegen allzu viel Erhabenheit und Bedeutungsschwere der gerühmten »Statischen Gedichte« lyrische Konterbande in Form von losen Alltags-Gesängen einzuschmuggeln.

Bei dem begabtesten Schüler Gottfried Benns, dem ewigen Hamburger »Linksausleger«, »Elbromantiker« und aufklärerisch gestimmten Dauer-Gaukler Peter Rühmkorf (1929-2008), hatte sich die riskante Lust an der kunstvollen Banalisierung von Volksliedstrophe, Knittelvers und Kalauer im Spätwerk bedenklich verschärft. »So alte Dichter, Gotterbarm, / auch alternde Composer, / die einen werden täglich harm- / die andern umstandsloser.« Gegen die ironische Diagnose, die der späte Rühmkorf den gealterten Künstlern stellt, war auch sein eigenes Werk nicht immun. Was Rühmkorf immer auszeichnete: die ironisch-parodistische »Übernahme und Abstandnahme« von traditionellen Versgebilden, das artistisch-melodiöse Ineinander von hohem und niedrigem Ton, verschenkte er in den »vorletzten Gedichten« seines Werkes oft an ein oft stupides Durchexerzieren von altherrenerotischen Gelegenheitspoemen und gewaltsam lustigen Capriccios. Wenn der späte Rühmkorf seine »abdrückwürdigen Petitessen«, seine versifizierten Kartengrüße, »Fünffingerverse«, Chansons und Kalauer vorzeigt, ist ihm »ein Platz im Himmel ... bei Bellmann, Benn und Ringelnatz« gewiss.

Wie sich aber die Verbindung von »Schönheit und Schock« wirkungs- und ausdrucksvoll herstellen lässt, demonstriert ein Gedicht aus Rühmkorfs Debütband »Irdisches Vergnügen in g«. Vor einem halben Jahrhundert hat Rühmkorf hier ein so makelloses wie verstörendes Wortkunstwerk geschaffen, in der eine Kollision von Form und Inhalt inszeniert wird. Die friedliche, mit traditionellen Kreuzreimen operierende Volksliedstrophe nutzt der Autor hier zur Evokation schockierend unfriedlicher Ereignisse. Wo Naturseligkeit sich auszubreiten scheint, angedeutet durch romantischen Mondschein und »silbernen Sternenrogen«, zerstört sie der Autor jäh durch Verse, die auf die Realität des Krieges und barbarische Exekutionen hindeuten. Schon der Titel des Gedichts annihiliert jede feierliche Seelenstimmung, die lakonische Sentenz »Phänomenal vor die Hunde« verweist gleich zu Beginn auf den Illusionsverlust einer ganzen Generation, die für den faschistischen Traum von der Eroberung des Ostens instrumentalisiert wurde. Die schroffste Dissonanz gelingt Rühmkorf mit den grimmigen Zeilen »Schön ist der Mond über Polen / einen Genickschuß lang« – eine Fügung, die noch der später Heiner Müller bewunderte ob ihrer diagnostischen Kälte. In der abschließenden Strophe arbeitet Rühmkorf nicht mehr mit harten Antithesen, sondern bezeichnet mit einer ambivalenten Metapher die Stimmungslage seiner Generation, die sich, wie es der Titel einer von ihm damals herausgegebenen Zeitschrift heraufbeschwört, existenzialistisch gestimmt »zwischen den kriegen« bewegt. Die »feuerfarbenen Träume« verheißen eine gefährdete und gefährliche Übergangszeit, ein »magisches Interim«, aus dem erneut Ungeheuer aufsteigen können.

HILDE DOMIN

Ausbruch von hier

(Für Paul Celan, Peter Szondi, Jean Améry,
die nicht weiterleben wollten)

Das Seil
nach Häftlingsart aus Bettüchern geknüpft
die Bettücher auf denen ich geweint habe
ich winde es um mich
Taucherseil
um meinen Leib
ich springe ab
ich tauche
weg vom Tag
hindurch
tauche ich auf
auf der andern Seite der Erde
Dort will ich
freier atmen
dort will ich ein Alphabet erfinden
von tätigen Buchstaben

Im Februar 2006 ist Hilde Domin, »die erste deutsche Dichterin unserer Gegenwart« (Harald Hartung), 96 Jahre alt, gestorben. Als unwissender Student habe ich sie 1961 zum ersten Mal in einem kunsthistorischen Seminar über den Manierismus wahrgenommen, das ihr Mann Erwin Walter Palm an der Universität Heidelberg leitete. Im Halbdunkel des Übungsraums hörte ich ihre helle, fordernde Stimme, mit der sie zum wissenschaftlichen Diskurs beitrug. Zwei Jahre vorher war ihr erster Gedichtband »Nur eine Rose als Stütze« erschienen und hatte sie rasch bekannt gemacht.

Von dem, was sie (und Palm) im damals noch steifen Hochschulmilieu so ungewöhnlich, fast sensationell erscheinen ließ und die besondere Art ihres Wissens ausmachte – Emigration und Neubeginn, eine zerrissene und doch unendlich bereicherte Biographie – begriff ich als junger Mensch nicht viel. 1909 in Köln geboren, studierte Hilde Domin in Heidelberg Politische Wissenschaften; sie wandte sich bereits 1932 nach Italien und floh schließlich über England nach Santo Domingo. Dort schrieb sie 1951 ihr erstes Gedicht. Sie verstand diese verspätete Lösung der Zunge als »zweite Geburt«, ein nochmaliges und nun erst wahrhaftes Zur-Welt-Kommen. Im Winter 1960 kehrte sie »nach einem Umweg über den halben Globus« nach Heidelberg zurück.

Seither gilt Hilde Domin als »Dichterin der Rückkehr« (so Hans-Georg Gadamer). Ihre kaum verschlüsselten Verse senden Impulse der Ermutigung und der Hoffnung aus, einen trotz allem erlittenen Unglück unverwüstlichen Optimismus, der ihr ein treues Publikum zuführte, das solcher Versöhnungsgesten bedurfte. Stets hat sie an den Nutzen, die Wirksamkeit von Poesie geglaubt, in der Verlassenheit des Exils wie auch um 1968, als unsereiner die Literatur für überflüssig oder gar für tot erklärte. Die deutsche Muttersprache, die ihr auch in der Fremde ein Zuhause bot, handhabt sie ebenso verhalten wie pointiert. Ihre meist kurzen Gedichte wirken aufwandlos, die Aussagen eindringlich, ohne Umschweife. Es sind, so Ulla Hahn, »klare Bilder von einer strengen Grazie, ernst und zäh«.

Das vorgestellt Gedichte erschien zum ersten Mal im Almanach des Münsteraner Lyrikertreffens von 1979 unter dem Titel »Flucht«; danach mit dem umständlicheren Namen »Ausbruch von hier« in den »Gesammelten Gedichten« (1987) und zuletzt in »Der Baum blüht trotzdem« (1999). Vermutlich entstand es als Reaktion auf den Freitod Jean Amérys im Oktober 1978. Paul Celan und Peter Szondi, denen der Text ebenso gewidmet ist, gingen 1970 beziehungsweise 1971 aus dem Leben.

Grob vereinfacht ließe sich das Gedicht so lesen: Während Celan, Szondi und Améry mit dem Grauen der Nazizeit, das sie als Juden hautnah erfuhren, nicht fertig wurden und sich in radikaler Selbstverneinung töteten, tauche »ich« einfach ab und werde »tätig«, indem ich mir ein neues Paradies aus »Buchstaben« erschaffe – ein Beispiel für Hilde Domins unbändigen Lebens- und Arbeitswillen. Allerdings könnte das »Seil«, mit dessen Hilfe das lyrische Ich »nach Häftlingsart« der feindlichen Gegenwart entflieht, auch zum Erhängen dienen, oder es könnte vorzeitig reißen, was ebenfalls tödliche Folgen hätte.

Tatsächlich sind Hilde Domin – überblickt man ihr Werk – Selbstmordgedanken keineswegs fremd. »Ach, ich möchte hinausgehen / und mich auf die Wiese legen / mit offenen Adern«, liest man in einem frühen verzweifelten (Ehe-)Gedicht.

Doch gerade dieser »Angst«, dem individuellen wie dem kollektiven Unheil, setzt die Poetin »das Dennoch jedes Buchstabens« entgegen, »den kleinen Ton meiner Stimme«. Schreiben, das Schwingen von Zeile zu Zeile, kann Selbsterhaltung sein, Befreiung und heilsamer Widerstand gegen den Tod, dem Leben und den Menschen zugewandt. Deshalb vielleicht hat die »starke Ruferin« den ursprünglichen Titel »Flucht« schon bald durch das aktiver klingende Wort »Ausbruch« ersetzt, das einen sogar an »Aufbruch« denken lässt.

BIRGIT KEMPKER

Als ich das erste Mal mit einem Jungen im Bett lag
war es Cornelius Busch, er war Mann, Junge,
Mädchen, Frau, Mutter, Vater, Oma, Opa, Blume, Tier
und Sofa, er war wie ich, er war das andre von mir,
gar nicht wie ich, er war sanft, fuhr den Bulli mit den
Rollstühlen drin durch die Wiesen mit den Stieren,
er hatte Muckis und Matrosenpullover, er hatte was
im Kopf, was Verrücktes, Locken, er war streng,
zärtlich, witzig, normal, außergewöhnlich, sehr ernst,
er passte in die Natur, war ordentlich, wirr höflich,
er war künstlich, ironisch, bös, er war lieb, anmutig,
tapsig, galant, ein Fisch, ein Vogel, Frosch, er war so
alt wie ich, ich viel älter, er viel jünger, und er viel
älter und ich viel jünger als er, phasenverschoben, das
war, wenn wir sagten: liegen da nicht ein Mädchen
und ein Junge im Bett? es ist nicht zu fassen, dass ich
eine bin, zu der so ein Satz einmal passt.

Ein Corpus Delicti im Busch

Ein Gedicht als »corpus delicti«? Es ist kaum noch vorstellbar, dass lyrische Texte zum Gegenstand öffentlicher Erregung oder gar juristischer Auseinandersetzungen werden können. Die letzten Kämpfe dieser Art wurden in jener unendlich fernen Epoche ausgefochten, da Gedichte noch als potentiell »subversive« Sprachgebilde ernst genommen wurden. Als sich die Dichter noch als »freie Mitarbeiter der Klassenkämpfe« definierten, schrieb Friedrich Christian Delius seine bittere »Moritat auf Helmut Hortens Angst und Ende«, die ihm einen langwierigen Prozess durch den gekränkten Kaufhauskönig eintrug. Auf dem Höhepunkt der Terrorismus-Hysterie provozierte dann Erich Fried mit seinem Gedicht »Auf den Tod des Generalbundesanwalts Siegfried Buback« den Aufschrei der öffentlichen Moral, die ohne nähere Textkenntnis dem Autor faschistischen Sprachgebrauch unterstellte.

Ausgerechnet der vokabuläre Furor eines Textes, den man der »sprachexperimentellen« Tradition zurechnen kann, hat die Lyrik im Jahr 2000 wieder in den Gerichtssaal gebracht. Das insgesamt 94 Seiten umfassende Prosa-Poem der Schriftstellerin Birgit Kempker »Als ich das erste Mal mit einem Jungen im Bett lag«, hat das empfindliche Gemüt eines Herrn derart in Wallung gebracht, dass er beim Landgericht Essen eine Klage gegen die Autorin und den Droschl-Verlag einreichte, die nicht nur auf die Erlangung von Schmerzensgeld, sondern auf die Vernichtung des Textes zielte.

Dabei war es nicht so sehr ein Bedürfnis nach politischer Zensur, das den Beschwerdeführer antrieb, sondern die »schwerwiegende Verletzung des allgemeinen Persönlichkeitsrechts« sowie seiner »Intimsphäre«. Der beleidigte Ankläger glaubte sich in der von Birgit Kempker apostrophierten Kunstfigur gleichen Namens wiederzuerkennen – unter Berufung auf das biographische Faktum, dass es zwischen ihm und der Autorin in fernen pubertären Zeiten eine kurze Liebesaffäre gegeben haben soll. Dass zwischen der Figur eines poetischen Textes und ihrem empirischen Vorbild aus der Wirklichkeit immer eine unaufhebbare Differenz besteht, dass also die Realperson und die Kunstfigur »Cornelius Busch« zwei völlig verschiedene Subjekte sind – gegenüber dieser Einsicht blieben die Ankläger blind. Ignoriert wurden vom selbst ernannten »Opfer« der literarischen Einbildungskraft auch die unübersehbaren Textsignale der Fiktionalisierung, die »Cornelius Busch« als eine Projektionsfigur der poetisch überbordenden Imagination kenntlich machen.

Es handelt sich hier, wie schon an dem kurzen Ausschnitt aus insgesamt 200 Textsequenzen deutlich wird, um eine genuin lyrische Textkomposition, in der die litaneiartige Repetition der Periode »Als ich das erste Mal mit einem Jungen im Bett lag / war es Cornelius Busch« die Motorik des Textes bestimmt. Der Name »Cornelius Busch« fungiert darin als mehrdeutiges Zeichen, als poesie-generierendes Signalwort, das eine Kaskade von Wörtern und Wortspielen in Gang setzt. »Cornelius Busch« erscheint in dieser hochmusikalischen und mitunter ins Hochkomische treibenden Suada nicht als biographisch fixierbare Person, sondern als suggestives vokabuläres Assoziations-Zentrum, an das sich völlig widersprüchliche Einfälle und Erinnerungsbilder des schreibenden Ich anlagern. Nicht »Cornelius Busch« wird in diesem Prosa-Poem dekonstruiert, sondern die Sprache selbst, in der sich ständig »Phasenverschiebungen« vollziehen und kein Wort in einer fixen

Semantik stillgelegt werden kann. Der mittlerweile gestorbene Textgutachter und Literaturprofessor Wendelin Schmidt-Dengler hatte die Causa Kempker / Busch so resümiert: »Man kann eher hinter der Iphigenie Goethes Frau von Stein vermuten als hinter ›Cornelius Busch‹ Cornelius Busch.«

HERBERT HECKMANN

Der gelbe Akrobat

Die Schultern stoßen eckig in den Tag
sind hilflos krumm
aus dürren Händen schüttelt Tricks
ein gelber Akrobat

Abenteuer vom Kothurn

Kiesel im Mund werden die Worte glätten
aber die Zunge stolpert über das Fremde
und die Füße verankern den Schritt
und Gefahr geht dem Stolz aus dem Wege

Aber
im Spiel allein
Gelächter ausgesetzt
dem stieren Blick von Messeraugen
schamlos preisgegeben
sucht er – wohin?

Die Köpfe staunen spitz

Der gelbe Akrobat
liegt gläsern
blauen Mundes
in den Scherben seines Leibes.

Welt in Splittern

Herbert Heckmann gehörte zu denen, die mich auf den Weg gebracht haben. Als ich 1959 in Heidelberg das Germanistikstudium begann, war er Wissenschaftlicher Assistent und ein aufmerksamer Lehrer. Einmal hat er mir ein Referat über Wolfgang Koeppens Roman »Der Tod in Rom« zerbröselt, weil ich – von der Berühmtheit des Autors geblendet – die zahllosen Phrasen im Text übersehen hatte. »Machen Sie es sich schwerer«, rief er mir zu, »schaffen Sie sich Widersprüche!« Er wies mich auf die zentrale Bedeutung der Sprache hin und lehrte mich, Kolportage und Klischees gerade in sich kritisch gerierenden Büchern ausfindig zu machen.

Seine eigenen frühen Gedichte, Essays und Erzählungen konnte man ab 1954 in den ersten Jahrgängen der »Akzente« lesen, hoch reflektierte, ironisch gebrochene Texte, deren Artistik den Einfluss von Theodor W. Adorno und Walter Benjamin verriet. Er bestand darauf, »dass die erschriebene Welt keine bloße Wiederholung der Welt ist, in der wir leben«, sondern autonomen Charakter hat. Für seinen in Jean Pauls Sinn »humoristischen« Roman »Benjamin und seine Väter« erhielt er 1963 den Bremer Literaturpreis. Bald darauf verlor ich Heckmann aus den Augen. Er gewann Einfluss im Literaturbetrieb, als Mitherausgeber der »Neuen Rundschau«, als Präsident der Deutschen Akademie für Sprache und Dichtung, schrieb kulturhistorische Bücher über das Essen und den Wein, auch Kinderromane, und wurde immer dicker. Im Jahr 1999 ist er viel zu früh gestorben.

Als Lyriker ist Heckmann fast unbekannt geblieben. In den frühen »Akzenten« kann man ein paar hintersinnige Gebilde finden, darunter das hier vorgestellte, »Der gelbe Akrobat«, von 1955. Auch das schmale Heft mit 13 einfach gebauten Gedichten, das 1987 unter dem seltsam ähnlichen Titel »Das Feuer ist ein Akrobat« in einer Auflage von 200 Exemplaren erschien, dürfte nur wenige Lyrikkenner erreicht haben.

Ein Akrobat ist wörtlich jemand, der »auf den Fußspitzen geht«, also ein (Seil-)Tänzer, Artist, Gaukler, Clown, ein Schauspieler (»Kothurn«) und Volksredner (»Kiesel im Mund«), im übertragenen Sinn auch ein Maler oder Dichter. Heckmanns »gelber Akrobat« fällt durch Ungeschicklichkeit auf, seine »Tricks« misslingen. »Hilflos krumm«, mit »eckigen« Schultern und »dürren Händen«, steht er »verankert« da, er stottert wie ein »Fremder«, wird, »im Spiel allein«, vom Publikum ausgelacht, bevor er zur Erde stürzt wie der Seiltänzer in Nietzsches »Zarathustra«. Zurück bleiben »Scherben«.

Das Gedicht schildert das Scheitern des Künstlers in einer ebenso scherbenhaften Form. Jede der sechs Strophen spricht in einem anderen Ton; Rhythmus und Metrum lassen keinen Zusammenhang zu. Wo der Gegenstand in seine Teile zerbricht, herrscht Chaos. Der Artist in der Zirkuskuppel stürzt sich, sprach- und ratlos, zu Tode. Der Dichter als Narr, der die Wahrheit sagt, hat ausgedient. Keiner der Unterhaltungssüchtigen mag ihm noch zuhören.

In dem sich »modern« und »künstlich« verstehenden Gedicht der fünfziger Jahre erweist sich fast jedes Bild als Zitat. Mal meint man, die »eckigen« Gaukler und Harlekine des jungen Picasso vor sich zusehen, mal Nietzsches vom unwissenden Volk verlachten Seiltänzer, mal hört man den stotternden Demosthenes bei seinen Sprechübungen. Mehrmals wird auf Jakob van Hoddis' berühmtes Gedicht »Weltende« und speziell auf dessen ersten Vers »Dem Bürger fliegt vom spitzen Kopf der Hut« angespielt, sogar über den fünffüßigen Jambus »Die Schultern stoßen eckig in den Tag«. Beide Gedichte zeigen eine fratzenhafte Splitterwelt. Doch anders als bei van Hoddis stemmt sich bei Heckmann kein Endreim und auch kein durchgehendes Metrum mehr gegen die Fragmentierung, die kühl, in Blautönen, zelebriert wird.

WOLFGANG BÄCHLER

Frost weckt uns auf.
Wir werfen Mäntel
über die Träume
und knüpfen sie zu.
Der Wind verhört uns.
Wir sagen nichts aus,
treten auf unsere Schatten.
Unter den Bäumen im Schnee
finde ich die zertanzten Schuhe
der zwölf Prinzessinnen.
Ich hebe sie auf.

Für einen Dichter der Nacht ist der Moment des Erwachens stets der Augenblick einer lebensgefährlichen Zerreißprobe. Wer aus einem Traum gerissen wird, gerät ins Taumeln, er steht, wie der Dichter Wolfgang Bächler einmal geschrieben hat, »sein Leben lang auf der Kippe, dem Ungewissen, Unentschiedenen«. Diese Fragilität einer richtungs- und ortlos gewordenen Existenz haben Bächlers Gedichte in großer Eindringlichkeit beschrieben. In einem poetologischen Fragment spricht der Dichter von seiner lebenslangen Erfahrung der Nichtsesshaftigkeit und existenziellen Fremdheit, die ihn, den ideologischen Grenzgänger zwischen Ost und West, aus allen sozialen Verankerungen heraus riss. »Ich führte ein schweifendes Leben«, so Bächler, »schlug meine Zelte häufig auf und ab, ein unsteter Einzimmerbewohner, ein Wanderer zwischen zwei Welten, ein Publizist zwischen zwei Stühlen, ... ein Sozialist ohne Parteibuch, ein Deutscher ohne Deutschland, ein Lyriker ohne viel Publikum ... kurzum ein unbrauchbarer, unsolider, unordentlicher Mensch, der keine Termine einhalten und keine Examina durchhalten kann und Redakteure, Verleger und Frauen durch seine Unpünktlichkeit zur Verzweiflung bringt.«

Ein lyrischer Geheimtipp, der weit außerhalb des Literaturbetriebs seine heillos schwermütigen Gedichte schreibt, ist Wolfgang Bächler bis zu seinem Tod im Mai 2007 auch geblieben. Dabei sah es um 1950, nach Erscheinen von Bächlers erstem Gedichtband »Die Zisterne«, so aus, als könne er als lyrischer Götterliebling die Nachkriegsliteratur erobern. Der junge Kriegsheimkehrer hatte mit seinen ersten Gedichten die gefeierten Dichterrepräsentanten Gottfried Benn und Thomas Mann tief beeindruckt. »Viel von der Qual und der Zerrüttung der Zeit scheint mir in diesen Versen eingefangen«, notierte Thomas Mann, der erkannt hatte, dass hier ein Dichter zu schreiben begann, der die Barbarei des Krieges nicht in überzeitlich mythische Bilder aufheben wollte, sondern die Täter und Opfer des Völkermordes unzweideutig zu benennen verstand. In seiner »Ballade von den schlaflosen Nächten« schrieb Bächler 1955 gegen die Verdränger und Beschwichtiger im Adenauer-Deutschland an, indem er die faschistischen Schrecken in Erinnerung rief: »Die Riemen peitschen auf Arbeiterrücken. / Das Kreuz hat blutige Haken. / Im Hinterhof schreit ein Jude.« Als ein traumatisierter Bewohner des »Hotels Insomnia« (Charles Simic) vagabundierte Bächler auch in den folgenden Jahren auf den »Straßen der Schlaflosigkeit«, in denen immer wieder die Nachtmahre einer finsteren Vergangenheit auftauchten. Seit den fünfziger Jahren von starken Depressionen heimgesucht, begann der Dichter die ihn bedrängenden Botschaften aus dem Unbewussten in »Traumprotokollen« zu fixieren.

Auch in seinen Gedichten dominieren seit den sechziger Jahren Motive des Unheimlichen, der dunklen Jahreszeit und der bedrohlichen Daseinsfinsternis. Die poetische Suchbewegung mündet immer wieder in den Versuch, wie es im Gedicht »Kirschkerne« heißt, »eine Landschaft für die Schwermut« zu entwerfen. Auch das vorliegende »Frost«-Gedicht benennt in kargen Versen einen jener erschütternden Augenblicke des Erwachens, in denen sich die Welt in ein menschenleeres Paradies und eine tote Zone der Erstarrung verwandelt hat. Alle utopischen Momente, auch die möglicherweise in die Zukunft weisenden »Träume«, sind für immer (durch den »Mantel«) verhüllt. In diesem Prozess der Auslöschung tritt die Natur dem Menschen feindselig gegenüber: der »Wind« verwickelt den Erwachenden in ein »Verhör«.

Als letzte Spur der Verheißung entdeckt das Ich die »zertanzten Schuhe« von Märchengestalten, den »zwölf Prinzessinnen« des Grimm'schen Märchens, an die man, wären sie nicht verschwunden, viele unerfüllbare Lebenswünsche delegieren könnte. Natürlich lässt sich dieses heillose Gedicht auch als Selbstporträt des Dichters im Augenblick seines endgültigen Verstummens lesen – ein Verstummen, das Wolfgang Bächler bereits früh ankündigte: »Wer mein Schweigen nicht annimmt, / dem habe ich nichts zu sagen.«

HANS BENDER

Jahrmarkt

Türkischer Honig,
Maroni und Magenbrot.
Torfbraunes Lebkuchenherz,
Zuckerguß zerbröckelt
»Ewig Dein ...«

An Ketten fliegt
aluminium-silberner Schwan.
Das letzte Kind im Flügel
am Herbstmond vorbei.

Spiegel und Perlen
und Zelter,
Ölbild: Libelle und Fee
drehen die Walzer.

Zerschossener Rose
Goldstaub.

Schelle und Bremsblock.

Der aluminium-silberne Schwan

Hans Bender gehört aus mindestens zwei Gründen ins Zentrum der westdeutschen Nachkriegsliteratur: als Meister der realistisch-knappen, dichten, scharf beobachteten Kurzgeschichte und als Herausgeber von Anthologien und Zeitschriften, vor allem der bedeutsamen »Akzente« (1954-1980). Seit den sechziger Jahren spätestens hat der Vermittler den Poeten Bender immer mehr zurückgedrängt, doch sind auch weiterhin literarische Texte entstanden, die vom Rang dieses Autors zeugen.

Bender selbst wollte lebenslang nichts anderes als ein »Regionalist« sein, also jemand, der – wie Günter Grass, Martin Walser oder Uwe Johnson – von seiner ihm vertrauten Heimat erzählt. Der Kraichgau, die badisch-pfälzische Provinz, in der er als Sohn eines Gastwirts 1919 geboren wurde, ein bescheidenes Hügelland, zwischen Odenwald und Schwarzwald gelegen, ist der Mittelpunkt von Benders Welt. Er hat diese wenig beachtete Region in die Literatur eingeführt und so sein katholisches Herkunftsdorf vorm Vergessenwerden bewahrt. Sein umfangreiches Prosawerk – Erzählungen, Romane, Aufzeichnungen, Essays – reicht tief in die Jahre der Kindheit, Wirtsstube und Klosterschule zurück, ohne ein anderes Hauptthema, Krieg und Gefangenschaft, aus dem Auge zu lassen.

Als Junge hat Bender für die Nachbarskinder und später als Kriegsgefangener in Russland für seine Kameraden Theaterstücke und Libretti verfasst, von denen nichts erhalten geblieben ist. Doch gelang es ihm, zwei handschriftliche Gedichtsammlungen aus dem Lager zu retten. Seine erste Buchveröffentlichung mit dem beziehungsreichen Titel »Fremde soll vorüber sein« (1951) war denn auch ein schmaler Gedichtband, der sich auf die Kriegserfahrung bezog. 1957 erschien eine weitere Sammlung, »Lyrische Biographie« genannt, darunter auch die Gedichte »Im Tabakfeld, Oktoberende« und »Jahrmarkt«, die bereits 1955 in den »Akzenten« standen.

Ähnlich verknappt wie Benders Prosatexte (»Ich schreibe kurz«), verdanken sich auch diese Kraichgau-Gedichte dem unbestechlichen Hinsehen; doch ihre Wahrheit, ihre Essenz liegt zwischen den Zeilen. Beachtung hat vor allem »Im Tabakfeld« gefunden. Hubert Fichte hat das Gedicht geschätzt; es sei fast 30 Jahre später »noch so frisch wie damals«. Und für Arnold Stadler beschreibt es zwar ein heimatliches Tabakfeld, aber eines der Erinnerung. »Der Apfel fällt, / schmeckt süß und kalt. / Der Abend schwimmt / im Fluß. / Im Tabakfeld / am Föhrenwald / mein Mund nimmt / deinen Kuß.«

Auch das hier vorgestellte »Jahrmarkt«-Gedicht lebt aus der Erinnerung, da Kirchweih und Herbstmesse älterer Art zusammen mit dem Bauerndorf längst untergegangen sind. All die Dinge und Bilder leuchten farbenreich auf und changieren zugleich seltsam unwirklich wie hinter Glas, unter Wasser: Türkischer Honig und Magenbrot, Zelter (ein abgerichtetes Pferd) und Goldstaub, Schelle und Bremsblock der Schiffschaukel. Wie bei Georg Trakl sind Herbst und Verfall unabweisbar: Das Lebkuchenherz »zerbröckelt«, am Schießstand wird die Rose »zerschossen«. »Das letzte Kind« schwebt im Kettenkarussell »am Herbstmond vorbei«. Auch der »aluminiumsilberne Schwan« ist ein Todesemblem. Kann man verlassener sein?

ULF STOLTERFOHT

aus: fachsprachen X

das punktuelle zünden der welt »hängt alles
wie an lunten« / brennt dementsprechend ab:
beziehung sprengmeister zu detonal bei soge-
nanntem bombenwetter sollt ihr den dichter

kennenlernen / die ganze wucht des bergschuhs
fühlen: er setzt statt spürest merkest. du denk-
bar vag surrogat – kaum schwund! ach sprache /
das gefühl im mund: lyrik jahrelang mit einem

unaufgeräumten kulturbeutel verwechselt zu haben,
schlägt ein wie eine jambe: schwulst pop und neue
sachlichkeit – ganz sacht hat es gekracht. wo jetzt
im saal die lücke klafft saß vormals was wie

hörerschaft. tatsächlich aber dürfte dieses hei-
sere wegkauen der sätze nur einer eingeschwornen
klientel ans herz gewachsen sein. selbst die war
nicht zu halten. dann also auf autismus schalten.

ich ist wieder wer – das urgemütlich drüsen-
idyll, wo etwas anders ausgedrückt: allein das
ungeschriebene glückt / sogar das abgetriebne
schmückt. zufrieden lehnt man sich zurück, welt

findet zwischen ohren statt, der rest sei: schwelgen
schmunzeln schädel öffnen um so – von jeder andern
pflicht befreit – synapsenzuwachs zu betrachten.
dann küß die hand und glückhaftes umnachten.

Ein heiterer Dekonstruktivist

»Die lyrische Poesie«, so definierte einst der Philosoph und Ästhetiker Friedrich Theodor Vischer in seiner Abhandlung über die »Wissenschaft des Schönen« (1846-1857), »ist ein punktuelles Zünden der Welt im Subjekte ... Die (poetische) Situation ist der Moment, wo Subjekt und Objekt sich erfassen, dies in jenem zündet, jenes dies ergreift und sein Weltgefühl in einem Einzelgefühl ausspricht.« Die fortdauernde Gültigkeit dieser Definition könnten die lyrischen Nachgeborenen auch heute noch bewundern – verfügten sie nur über ein hinreichendes Wissen über Gattungspoetik. Der Lyriker Ulf Stolterfoht, den man der sprachreflexiven Dichtungstradition zurechnen darf, hat sich ein Wissen um die ästhetischen Bestände bewahrt und es sich zugleich zur Profession gemacht, die alten Texte des Kanons einem ironischen Haltbarkeitstest zu unterziehen. Stolterfoht betätigt sich als Abrissarbeiter im Überbau der ästhetischen und auch außerästhetischen Diskurse, ein unsteter Wanderer zwischen den einzelnen Sprachwelten und »Fachsprachen«, der uns bei seinen vokabulären Tiefbohrungen zeigt, wie hohl und morsch die Normierungen und formalisierten Übereinkünfte in den einzelnen »Fachsprachen« geworden sind.

Halb heiterer Dekonstruktivist, halb frivoler Parodist, reißt der Autor das Vischer-Zitat lustvoll aus seinem Text-Zusammenhang, nimmt die Metapher des »Zündens« wörtlich und baut eine semantische Kette von Explosions-Bildern auf bis hin zum »Bombenwetter«, in dem »der Dichter« angeblich kenntlich wird. Stolterfohts Dichtung ist immer auch zitatologisches Spiel und erlaubt sich in den einzelnen Versen, die hier mit einer gewissen Willkür zu Vierzeilern organisiert worden sind, das diskursive Register abrupt zu wechseln und vom Hegel-Schüler Vischer zum überstrapazierten Goethe-Poem »Wanderers Nachtlied« zu springen, aus dem die hingehauchte »spürest du«-Fügung noch nachzittert. Stolterfoht schmuggelt keine emphatischen Gegenmodelle in sein ironisches Recycling von Lyrik-Definitionen ein, sondern beschränkt sich auf die Demontage der Überlieferung. Zum Konzept der lyrischen De-Montage und De-Komposition gehört es auch, dass das eitle Auftrumpfen mit Reim und Metrum ironisch konterkariert wird. Nur auf den ersten Blick dominiert hier ein lässig inszenierter Redegestus, denn im Binnenraum des Textes hat Stolterfoht auch Strategien gebundener Rede versteckt: es kommt zur reizvollen Opposition von prosaischen Sequenzen einerseits und rhythmisch geschlossenen Einheiten und Binnenreimen andererseits, die dem Gedicht seine Festigkeit geben.

Was immer an internen Bestimmungen des Dichterischen von Stolterfoht herbeizitiert wird, es verfällt der parodierenden Kritik. Auch die Prätention auf lyrische Subjektivität bleibt dem heiteren Dekonstruktivisten verdächtig; das Ich-Sagen im Gedicht ist für den Fachsprachen-Forscher offenbar der Sündenfall der modernen Poesie. Bei aller Lust an der lyrischen Demontage laboriert der Text an einer gewissen ironischen Überanstrengung, ja an Redundanzen-Überschwemmung. So gehört zum Beispiel die Rede vom »heiseren wegkauen der sätze« bei Dichterlesungen oder dem »Autismus« der Zunft mittlerweile zum ironischen Standardprogramm der Lyrik-Kritik. Auch der boshafte Fingerzeig auf den unbedarften Zeitgenossen, dem die Erkenntnis zuteil wird, »lyrik jahrelang mit eine / unaufgeräumten kulturbeutel verwechselt zu haben«, verdankt sich einem Lustigkeits-Überschwang, der unfreiwillig ins Kabarettistische kippt.

MICHAEL DONHAUSER

SEHNLICHES ODER SEHEN, es
beugen die Zweige sich und
wärmer noch oder bricht
von Früchten schwer, was
zärtlich entlang im Laub
verirrt und leuchtend liegt

Denn einsam und mild, nah
hieß es, dem letzten Schein
sinkt, von Stimmen umspielt
das Haupt, die Hand, es
war, ich nannte dich und
Stille das herbstliche Licht

Dein Park, deine Bank mit
Gezwitscher, Kastanien, die
fallen, die schlagen, auf am
Kies, Sand, ich sah deinen
Fuß, eine Feder fast weiß
schaukeln nieder und ruhn

Sehnen und Sehen

Michael Donhauser ist ein ernster, stiller, langsamer Mensch und ein bedächtig-genauer Lyriker und Prosaist. Seine unter dem sperrigen Titel »Dich noch und« 1991 erschienenen »Liebes- und Lobgedichte« erzählen vom einsamen Gehen in der Landschaft, an den Rändern der Stadt, »den Eingängen entlang, den Toreinfahrten, den Baustellen«. Sie sprechen die begegnenden Dinge wie »Amsel«, »Holunder« oder »Kirschbaum« emphatisch an, als Fundstücke und stumme Zeichen, die – indem sie benannt werden – glückhaft aufleuchten. Es ist ein feierliches Bach- und Himmelsrauschen in diesen Gedichten, besonders in den langzeiligen längeren Texten, ein hymnischer Hölderlin- und wehmütiger Trakl-Ton, der den Leser mit auf Wanderschaft nimmt. Ein steiniger Weg freilich, beginnen doch viele dieser Poeme mit einem Stakkato kurzer, abgerissener Wörter, die – absichtsvoll unpoetisch – den Zugang zu verwehren trachten: »Oder nicht mehr dann, jetzt, noch, nenne ich / Und du wieder dich, die wir und getrennt ...« Auch sonst scheint Donhauser öfters bemüht, durch abbrechendes, gleichsam stotterndes Sprechen eine Einstimmung in den eher traditionellen lyrischen Kosmos zu verhindern, als müsse er sich als vermeintlich »Naiver« vor experimentellen Instanzen rechtfertigen.

Auch Donhausers Gedichtband »Sarganserland« (1999) umfasst zyklisch geordnete Liebes- und Lobgedichte auf Landschaften, die ein gehendes Ich durchstreift, doch sind die einzelnen Texte wesentlich knapper, einfacher, konzentrierter geraten. Es ist allerdings noch immer ein zögerndes, reflektierendes, sich Wort für Wort vorantastendes Sprechen, poetisch und traumverloren, mit gesplitteter Syntax, und unterscheidet sich insofern gründlich von der Glätte und Geschwindigkeit der Alltagssprache. Auf eine ganz eigene und intensiv andere, fast meditative Weise wird das für jeden Sichtbare angesprochen.

Das hier vorgestellte Gedicht, das schon einmal unter dem Titel »Nachmittag« in einer etwas früheren Fassung in der Zeitschrift »manuskripte« (Nr. 136/1997) zu lesen war, hält in kunstvoll fragmentierten Sätzen und Bildern, auch verfremdet durch zwei, drei trennend eingesetzte »und«- beziehungsweise »oder«-Konjunktionen, einen späten Herbstnachmittag fest. »Sehnliches oder Sehen« – geht es um die romantische Liebe des Poeten zur sterbenden Natur oder zu einer ätherischen Geliebten (»Dein Park, deine Bank ...«)? Fallen nicht Sehnen und Sehen zusammen im liebenden Blick, den der Dichter auf die Erscheinungen der Welt wirft und sie dadurch erst eigentlich erkennbar macht, etwa die von Früchten schweren »Zweige« oder die »am Kies« aufschlagenden, »leuchtenden« Kastanien? Vielleicht ist ja auch der »Fuß« der Geliebten nichts als eine »fast weiße« Feder, die sich im abendlichen Herbstwind bewegt, während der Dichter für immer einsam bleibt. Auch in diesem Gedicht klingen mit Hölderlin (»oder bricht / von Früchten schwer«) und Trakl (»Denn einsam und mild«) die großen, tragisch verdunkelten Vorfahren an.

CHRISTOPH DERSCHAU

Und wieder saß ich rum
vergangene Nacht
den Kopf voll Suff und Kino.

Nachdenken über meine Wehmut
hieße nachdenken über mich.
So entschließe ich mich
dich in den kahlen städtischen Baum
zu setzen und erst bei Vollmond
wieder herunterzuholen.

Denn mit dir blühen die Bäume im Winter
mit dir wird die höllische Großstadt
zum Paradies.

Wenn der Kopfschmerz mich drückt
halt ich mich mit dir über Wasser
und wir wandeln
wie der aus der Bibel
über einen See
in dem manch ein Lächeln ersoff.

Der Anruf der mich aus dem Schlaf wiegt
gibt mir dann wieder festen Boden
unter die Füße.
Und ich weiß
ich werde auch heute
mit meinen Tagträumen
allein sein müssen
mit diesem Gedicht
den Kopf voll Suff und Kino.

In this shit game

Auf seinem rechten Unterarm trug er seit August 1973 das Zeichen der surrealistischen Revolte: die sogenannte »Gidouille«, eine spiralförmige Tätowierung, die als geheimes Signum aller »Pataphysiker« und spätberufenen Jünger des Avantgardisten Alfred Jarry (1873-1907) gilt. Jarrys Traum von der Überführung der Kunst in Lebenspraxis hat Christoph Derschau bis zuletzt weitergeträumt. Demonstrativ setzte er sich immer wieder ab von seinen Dichterkollegen, »die es nötig haben mit einem Kunstanspruch / auf der Nase herumzurennen«. Statt auf skrupulöse Kunstansprüche verließ er sich lieber auf den spontanen Gefühlsausdruck, auf das »typische Fünfminutengedicht«, das man auf dem Weg zur Geliebten schreibt. Die Einheit von Literatur und Leben, wie sie in »pataphysischem« Geiste herzustellen war, verlangte nach Improvisation: »Spontaneität ist wichtiger als Perfektion«. Das Resultat dieses literarischen Spontaneismus waren mal schnoddrig-rotzige, mal sentimental-wehmütige Gelegenheitstexte, in den die Differenz zwischen Alltagserfahrung und Gedicht eingeschmolzen werden sollte.

Derschau, der unter dem Einfluss Arnfrid Astels mit politischen Epigrammen begonnen hatte, fand Mitte der siebziger Jahre für sein »pataphysisches« Literaturkonzept den idealen Gewährsmann: Charles Bukowski, den »dirty old man« der amerikanischen Poesie. Ein Foto aus Derschaus zweitem Gedichtband »Die Ufer der salzlosen Karibik« (1977) zeigt den Autor in trauter Eintracht mit Bukowski, daneben findet sich eine handschriftliche Widmung des Meisters: »For Christoph Derschau – for my literary son – lots of luck in this shit game«.

Ein paar Jahre lang, während der Hochkonjunktur der Alternativbewegung, goutierte die Kritik Christoph Derschaus Selbstinszenierung als anarchischer Berserker der Poesie und als deutsche Inkarnation amerikanischer Beat-Literatur. 1976 lobte Peter Hamm die »überzeugende Einfachheit« des »anarchischen Derschau«; unter den Dichtern der »Neuen Subjektivität«, so erkannte auch Helmut Heißenbüttel, ist Derschau »der Subjektivste«.

Die Gesten rauher Spontaneität und eines lässigen Hedonismus kamen auch beim Publikum gut an: »Den Kopf voll Suff und Kino« (1976), Derschaus erster Gedichtband, erreichte bis 1979 vier Auflagen und wurde über 3000 Mal verkauft. Um ein antibürgerliches Lebensgefühl zwischen Liebe und Depression, Alltagsschmerz und Tagtraum kreist das Titelgedicht dieses Bandes, das, wie alle Texte Derschaus, so geschrieben ist, »dass nichts weiter erklärt werden muss«. Er führt paradigmatisch die Bewegung aus, die sich aus der »höllischen Großstadt« ins »Paradies« phantasiert; ein Liebes-Schmerz, der durch Kino- und Alkohol-Konsum betäubt wird. Das Interesse an lyrischen Unmittelbarkeitsgesten dieser Art war nach 1980 erloschen. Alles, was Christoph Derschau seither produzierte, etwa das zyklische Langgedicht »Grüne Rose« (1981), fand nur noch ein äußerst mattes Echo. Um 1985 verfiel Derschau auf die exzentrische Idee, Marathonläufe mit poetischen Intermezzi zu inszenieren – für den von Kindheit an durch Lungenkrankheiten beeinträchtigten Autor ein gefährlich strapaziöses Unternehmen. Am 7. November 1995 waren die Energien des poetischen Marathonläufers Christoph Derschau endgültig aufgebraucht.

GUNTRAM VESPER

Das fremde Kind

Jetzt erlebe ich die langen Abende der Kinderzeit
in den überfüllten Häusern von Frohburg wieder
wenn die Kälte gegen die
knackenden Scheiben drückte.

Man saß zu Hause
oder bei der Familie eines Freundes
um die Petroleumlampe in der Küche
still, sagte jemand, und
alle lauschten
lang anhaltende Rufe waren zu hören.

Es ertrinkt wieder einer im Fluß.

Dann wurde von Leuten erzählt, die
auf schreckliche Art
gestorben waren
durch scheuende Pferde, giftige Ofengase.

Manchmal fragte ich weiter.
Wieso, wurde gesagt
ist denn
noch mehr geschehen.

Dorfdeutschland

Als Sohn eines Landarztes im Jahr 1941 in der sächsischen Kleinstadt Frohburg geboren, kam Guntram Vesper 1957 mit seiner Familie in die Bundesrepublik. Er besuchte ein Internat, studierte später einige Semester Medizin und Germanistik und lebt seither als Schriftsteller in Göttingen und in Steinheim am Vogelsberg. So formuliert, verschweigen die biographischen Angaben mehr als sie preisgeben, etwa den schmerzenden Verlust der Heimat, die Qualen in einem armen hessischen Internat, das – aus welchen Gründen? – abgebrochene Studium, aber auch die ein Stück weit wiedergefundene Heimat im Dorf Steinheim und die selbstbewusste Annahme der Rolle eines »Privatgelehrten«, die historisch allein vermögenden Großbürgern zukam.

Früh fand Vesper seine Themen. Die Gegenstände seiner Dichtung lagen auf seinem Lebensweg, er musste sie nur aufheben und sich zurechtschneiden. Im Mittelpunkt steht die Nachkriegszeit im geteilten Deutschland, Dorf und Kleinstadt, Teich und Abendwald, eine enge, unheimliche Szenerie voller Kriegsreste wie Holzschuhe, zerfressene Totenschädel, Aktentaschen aus Pappe. Wachtürme tauchen auf, Stacheldraht und eine abgründige Einsamkeit, im Osten wie im Westen ein »dunkles, schwer schlafendes Land«, in dem alle zu leiden scheinen, Einheimische, Vertriebene wie auch Tiere.

Wie kann sich ein junger Mensch in einer so toten Welt orientieren? Wie die Erinnerungen, die vorwiegend aus Horrorbildern bestehen, zusammenfügen und herausfinden, wer man ist? »Schreib auf / dies und das: / alles ist wichtig.« Vesper hat früh das Notieren als Selbstrettung erfahren und mit Versen versucht, die Angst zu bannen. Er hat dabei auch den kühlen Blick auf die verschwindenden Dinge eingeübt, die Sicht des Fremden, der stets am Rand bleibt. Seine Gedichte waren von Anfang an karg, lakonisch auf das Wesentliche komprimiert. Vesper feilt an ihnen, er schreibt jeden Text in seiner schön stilisierten Handschrift mit der Feder vom ersten Entwurf bis zur endgültigen Fassung bis zu 40 mal neu, über Wochen und Monate, um der inneren Erfahrung, sie frei ergänzend, so nahe wie möglich zu kommen.

Seine dichtesten Texte hat er, mit einer von Sprachzweifel diktierten Genauigkeit, über die finstere Jugend in Frohburg geschrieben, den unfrohen Ort seiner Ängste, den er zugleich hasste und liebte – gruselige Idyllen, in denen ein blutiges Sonntagsfleisch undefinierbarer Herkunft unter der Sauce auftaucht und der Dorfplatz noch voller Spuren jüngst begangener Gewalttaten ist. Auch das hier vorgestellte Gedicht ruft den Ort Frohburg ins Gedächtnis zurück und mit ihm das Gefühl absoluter Verlassenheit. Das »fremde Kind« scheint ungeliebt, wie ohne Geschwister und Eltern. Aus deren »enger Höhle«, heißt es einmal, zieht ein »scharfer Geruch durch die Wohnung«. Die düsteren Häuser sind, vermutlich der Flüchtlinge wegen, »überfüllt«, es ist bitterkalt. Alle Beziehungen sind anonym: »Man« sitzt zu Hause, »jemand« sagt etwas, »es« ertrinkt »wieder einer« im Fluss. Doch keiner eilt zu Hilfe oder schaut wenigstens nach. Auch auf die Fragen des Kindes reagieren die Anwesenden gleichgültig und erzählen Gruselgeschichten. Das »fremde Kind« sitzt am Küchentisch dabei und scheint gleichzeitig als lyrisches Ich von außen, aus größter Distanz, hereinzublicken – Nähe und Ferne in eins.

Die Landschaften Vespers zeigen fast alle ein »Wintergesicht«. Keiner hat die prägenden Erfahrungen der Nachkriegsgeneration – Armut, Kälte, Verlorensein, aber auch die Sehnsucht nach Wärme – so inständig wie dieser Lyriker ausgedrückt. In den letzten Jahren ist es noch stiller um ihn geworden, als passte seine Kargheit nicht mehr so recht in die lärmende Zeit.

braune staubkäfer überall braune
staubkäfer auch in unserem lac de cygne
und ohne flügel und in jedem
armaturenbrett jedes traums und
zu jeder tageszeit braune staubkäfer
auch dienstags auch in den arabian nights
fluguntauglich klassiert und braun
zwischen den gebrauchsanweisungen im
traum an arabischen dienstagen an beiden
ufern im windschatten ungeflügelt
im staub braune staubkäfer überall
in jeder hydraulik im traum

Zwischen den Gebrauchsanweisungen

Wäre die prekäre Position des lyrischen »Götterlieblings« nicht fürs erste vergeben, so müsste wohl der junge Schweizer Lyriker Raphael Urweider jene Genius-Legende vom sehnsüchtig erwarteten Dichtertalent repräsentieren, das die Lyrik aus ihrem Schlaf der Mediokrität weckt. Denn seit den denkwürdigen Märztagen des Jahres 1999, da er als völlig Unbekannter aus seinem helvetischen Winkel ins hessische Darmstadt kam und dort beim Leonce-und-Lena-Wettbewerb gleich obsiegte, durcheilte Urweider in rasantem Erfolgstempo den Weg zum lyrischen Jungstar.

Es hat wohl mit der naturwissenschaftlichen Intelligenz und dem unterkühlten Witz Urweiders zu tun, dass seine lyrischen Welterkundungen so viel Aufmerksamkeit auf sich gezogen haben. Urweider handhabt sein lyrisches Instrumentarium so kühl-diagnostisch wie Durs Grünbein, so naturwissenschaftlich-versiert wie Raoul Schrott und so ironisch-distanziert wie der alte Gottfried Benn. Dieser Habitus des abgeklärten Bewusstseinspoeten entspricht nach der Jahrtausendwende offenbar mehr den jüngsten Anforderungen auf Zeitgenossenschaft als jene altehrwürdige Lyrik der Gefühlsunmittelbarkeit, der es, wie noch Hegel definierte, ganz »auf das innere Empfinden, nicht auf den äußeren Gegenstand ankommt«. In Urweiders Gedichtband »Lichter in Menlo Park« geht es fast ausschließlich um »äußere Gegenstände«: um Kontinente, Windgeschwindigkeiten, Wolkenbildung, Teilchenbeschleunigung, physikalische Zustände des Wassers, Veränderungen des Lichts. Urweider ist ein Autor, für den der einst von Günter Grass abschätzig eingeführte Begriff »Labordichter« wohl keine rufschädigende Nebenbedeutung mehr hat. Denn er interessiert sich nicht nur für die klassischen wissenschaftlichen Laboratorien wie das von Thomas Alva Edison in Menlo Park / New Jersey, das einst zur Geburtsstätte der künstlichen Helligkeit wurde; er streift gleich durch die ganze Technikgeschichte, um deren tragikomischen Aspekte auszuleuchten.

Dagegen taucht nur an einer einzigen Stelle, im ersten Text des Kapitels »armaturen«, ein lyrisches Ich auf, das dort aber nur auf die Künstlichkeit und Konstruiertheit seiner Welt verweist. Die einzig erkennbare Eigenschaft dieses nahezu eigenschaftslosen Ich ist sein Interesse an »Basteleien«: es will sich mit seinen »täglichen wozus« nicht mehr aufhalten und löst sich auf in experimentelle Übungen. Das Wissen über die Welt und die Möglichkeiten einer Fundierung dieses Wissens bilden also die Materie dieser Gedichte. Es geht um die Grundlagen der Erkenntnis, um die Fundamente unserer Wahrnehmung und um die Mythen der Aufklärung.

Wenn im vorliegenden Gedicht Natur und Mythos, Traum und Technik aufeinandertreffen, dann bleibt am Ende des Gedichts nur noch ein starker sinnlicher Eindruck von einem rätselhaften Tier übrig, dessen Existenz womöglich imaginär ist, ein bloßer visueller Reiz, der sich als Konstante im Gedicht behauptet. Alles steht hier im Zeichen des »braunen staubkäfers«, dem alle natürlichen Käfer-Eigenschaften fehlen. Denn dieser imaginierte Käfer ist fluguntauglich und flügellos; aber er zieht alle Wahrnehmungen auf sich, »zu jeder tageszeit«, auch »im traum«. Der Traum als der direkte Nachbar der Poesie ist hier selbst jenen Gesetzen der Konstruktion unterworfen, die Urweider in seinen Gedichten immer wieder aufruft. Wenn im Gedichtband Kapitelüberschriften wie »Manufakturen«, »Quanten«, »Tagwerk« oder »Armaturen« auftauchen, dann findet dieser technische Aspekt seine Entsprechung im Gedicht in der Rede vom »armaturenbrett jedes traums« oder der »hydraulik im traum«. Auch die fluiden, offenen Erfahrungsbezirke des Traums funktionieren, so will es die Gedicht-Logik, nach mechanischen Verfahren, hier nach den Gesetzen der »hydraulik«. In seinen zweizeiligen Strophen montiert Urweider in dem ihm eigenen Lakonismus sein »staubkäfer«-Traumtier in technische Kontexte, wobei die Bilder und Motive in einer rätselhaften Schwebe bleiben. Das unterscheidet diesen Text doch erheblich von den bisweilen allzu humoristisch, fast kabarettistisch gestrickten Erfinder-Anekdoten, mit denen der Autor berühmt geworden ist.

MARTHA SAALFELD

Pfälzische Landschaft I

Die sanfte Linie! Und es übersteigt
Sie keine kühnere. Da wölbt das Blau
Der Beere sich am Holz und goldnes Grau
Der edeln Äpfel und das Nächste neigt

Sich wie das Fernste; schwankte je im Licht
Ein Acker so wie dieser, so beschwingt,
So zarten Flügels? – Aber es gelingt
Ein Zärtliches nur selten zum Gedicht.

Dann ist das Rauhe da: Die braune Nuß,
Die feiste Rübe, borstiges Getier
Und Hopfenfelder und ein bittres Bier
Bei süßen Trauben; Saftiges zum Schluß,

Geschlachtetes. Noch vieles stellt sich ein:
Kastanien noch und Mandeln, Brot und Wein ...

Die sanfte Linie

30 Jahre nach ihrem Tod ist die bedeutende Dichterin Martha Saalfeld, von Elisabeth Langgässer einst als »pfälzische Sappho« apostrophiert, aus der literarischen Öffentlichkeit so gut wie verschwunden. Selbst in ihrer engeren Heimat erinnert man sich kaum noch an sie. Über zwei Jahrzehnte waren ihre Bücher nicht mehr lieferbar; doch seit 1998 erscheint eine neue Werkausgabe. Neben Gedichten hat Martha Saalfeld auch Theaterstücke, Erzählungen und Romane veröffentlicht, darunter »Judengasse« (1965) und »Isi oder Die Gerechtigkeit« (1970) – ihre beiden letzten, hochmoralischen Prosabücher, in denen sie Partei ergreift für die Schwachen, Verfolgten und Ermordeten, und zwar zu einer Zeit, als man mit solchen Themen eher Schwierigkeiten als Preise bekam, nicht nur in der pfälzischen Provinz.

Man muss sich freilich nicht lange einlesen, um herauszufinden, dass Martha Saalfelds Gedichte ihre Prosa an Ausdrucksstärke weit übertreffen: Eine Naturlyrik ohne falsche Behaglichkeit; eindringliche, schroff gefügte Verse, magisch beschwörend und zugleich sehr präzis. Martha Saalfeld geht von der strengen Gedichtform (im Idealfall: dem Sonett) aus, die sie von den Expressionisten übernommen hat, welche sich ihrerseits an Stefans Georges Sprachkunst orientierten. Sie bevorzugt den fünfhebigen Jambus mit hartem (»männlichem«) Versende und verschränkten Reimen.

Der ursprünglich aus zwölf Gedichten bestehende Zyklus »Pfälzische Landschaft« ist um 1927 entstanden. Martha Saalfeld hat ihn mehrmals publiziert und im Lauf der Zeit auf 30 Texte erweitert, die 1977, ein Jahr nach ihrem Tod, in einer bibliophilen Ausgabe, mit Linolschnitten ihres Mannes Werner vom Scheidt, in Neustadt an der Weinstraße erschienen. Die meisten dieser Gedichte, in den zwanziger und dreißiger Jahren geschrieben, umkreisen die Jahreszeiten, feiern besonders den Herbst und mit ihm die Produktivität des Todes, seine neues Leben schaffende Zerstörungsarbeit, Schönheit im Untergang. »O Wein aus Gräbern« – solche Gegensätze inspirieren die Dichterin unablässig. In allem Seienden aber offenbart sich ein verborgener Gott, der ebenso mild wie gnadenlos ist. Dabei erscheint die »pfälzische Landschaft« keineswegs als planes Abbild, sondern als In- und Sinnbild von Heimat überhaupt. »Der Herbst ist gut und ohne Bitternis / Ist Tod in dem gefüllten Haus.«

Dass Martha Saalfeld als Gärtnerin und wahrnehmend Wandernde naturkundig war, dass sie über Pflanzen und Tiere, Licht, Farben und Düfte Bescheid wusste, zeigt das hier vorgestellte Sonett. Es präsentiert eine bukolische Ideallandschaft, bevor der Tod in sie einbricht, stilisierte Natur, so plastisch nahe, bildhaft genau und atmosphärisch dicht, als träten die Dinge selber ins Wort. Charakteristisch das beschwingte Auf und Ab der Bewegung, »die sanfte Linie« der Himmelswölbung, des Haardtgebirges, des Ackers, der herbstlichen Früchte, des Vogelflugs; ein emphatischer Ton, der sogleich, mit den ersten Worten anschlägt und die Verse voran-, ja emporträgt, bis zum Gedankenstrich am Ende der zweiten Strophe, wo der Selbstzweifel mit einer poetologischen Reflexion sich meldet: »Aber es gelingt / Ein Zärtliches nur selten zum Gedicht.«

Was noch folgt, ist eine plastische Aufzählung erdnaher Freuden vorderpfälzischer Provenienz, »Rauhes« und »Saftiges«, Speise und Trank, doch deutlich entfernt von der Wurst-

und Weinseligkeit jener Region, die behutsam an die Toscana erinnert und in der sich Leben und Werk der Dichterin auch in der Vergessenheit erfüllten.

THOMAS BRASCH

Vorkrieg

Ich habe heute nacht geträumt
Von einem dunklen Tag
Und einer fremden Frau Wie
Atemlos ich bei ihr lag

Sie sprach von einem schönen Tod
Und von einem eisernen Krieg
Ich sah wie sie mit großem Schritt
Die eiserne Treppe hochstieg.

Ich bin ihr nachgegangen
Soldaten haben mich eingefangen
Und mit hellen Regentropfen erschossen So wurde ich wach
Aber noch immer schlagen die Tropfen aufs Dach

Im Vorgefühl des Untergangs

»Dunkle Tage« waren für den Dichter Thomas Brasch immer auch Momente der Offenbarung. Wenn die Grenzen zwischen hell und dunkel verschwimmen, erlebt sein lyrisches Ich die Augenblicke der wahren Empfindung. Über die Welt fällt dann die Dämmerung einer Endzeit, in der alles verhangen scheint von der Erwartung der nahen Katastrophe. So irrte in den verstörenden Schwarzweißbildern des Spielfilms »Domino« (1982) die Schauspielerin Lisa, dargestellt durch Braschs Lebensgefährtin Katharina Thalbach, durch ein dunkles Berlin, in dem sich die Zeichen der nahenden Apokalypse mehren. In Braschs Gedichten werden die fluktuierenden Sphären von Nacht, Schlaf und Traum zur letzten Heimstätte eines weltverlorenen Ichs, das nie mehr die helleren Bezirke des Erwachens erreicht. Der Schlaf und die Träume gebären dann die Phantasmagorien vom Untergang. So sieht sich das Ich eines fatalistischen »Schlaflieds« gehetzt »vom schlimmsten Frieden / zwischen zwei Kriegen«, wobei der nächste Krieg offenbar unmittelbar bevorsteht.

Vom Vorgefühl blutiger Feindseligkeiten erzählen auch die so schlicht anmutenden Verse des Gedichts »Vorkrieg«, das in der letzten Abteilung von Braschs 1980 publiziertem Band »Der schöne 27. September« zu finden ist. In drei jambisch akzentuierten und traditionell gereimten Strophen vergegenwärtigt der Text das Zusammentreffen von Eros und Tod. Der Verheißung des erotischen Begehrens steht die Erwartung eines nahen Krieges gegenüber, der »atemlose« Liebesakt korrespondiert mit der Gewissheit von »schönem Tod« und Verderben. Die »fremde Frau« des Textes agiert dabei nicht nur als erotische Verführerin, sondern auch als Todesbotin, die das Ich auf eine Treppe lockt, hinter der Unheil zu lauern scheint. Liebe und Krieg, Tod und Verlangen verschränken sich hier zu einem komplementären Verhältnis.

Aber der Traum geht jäh zu Ende, und das Szenarium der Verlockung bricht ab mit der Imagination des Todes. Am Ende befindet sich das Ich im Übergangsbereich von Traum und Realitäts-Sphäre, und die »hellen« Regentropfen, die auf das Dach schlagen, bilden den Nachhall jener Schüsse, die dem Ich im Traum den Tod brachten.

Aber nur für kurze Zeit ist der Dichter der Macht des Todes entronnen. Bald folgten neue literarische Ankündigungen von »Vorkrieg« und nahem Verderben. Aus einer rauschhaften Produktivität heraus stürzte Brasch Mitte der achtziger Jahre in eine tiefe Schreibkrise, die er durch ruinösen Umgang mit der eigenen Gesundheit noch weiter vertiefte. Als er am 2. November 2001 einem Herzversagen erlag, ließ sich plötzlich der erste Satz seiner letzten Novelle »Mädchenmörder Brunke« (1999) als Menetekel entziffern: »Ich war offensichtlich an den Folgen jenes Unglücks gestorben, das ich erwartet hatte, seit mir das Lieben abhanden und ich mir auf diese Weise vor Jahren vollständig abwesend geworden war.«

SARAH KIRSCH

Wiepersdorf (9)

Dieser Abend, Bettina, es ist
Alles beim alten. Immer
Sind wir allein, wenn wir den Königen schreiben
Denen des Herzens und jenen
Des Staats. Und noch
Erschrickt unser Herz
Wenn auf der anderen Seite des Hauses
Ein Wagen zu hören ist.

»Hier ist das Versmaß elegisch / Das Tempus Praeteritum / Eine hübsche blaßrosa Melancholia / Durch die geschorenen Hecken gewebt.« So, gleichsam romantisch-klassizistisch gestimmt, beginnt Sarah Kirsch ihren 1973 entstandenen Gedichtzyklus »Wiepersdorf«, der aus elf Teilen besteht. Wiepersdorf liegt, nahe Jüterbog, im Niederen Fläming, »diesem frühschlafenden Land-Strich hinter den Wäldern« (Kirsch).

Das U-förmig angelegte Dorf hat höchstens 200 Einwohner, und kaum jemand würde es einer Erwähnung wert finden, gäbe es nicht das Schloss gleichen Namens, Stammhaus der Arnims. Der Dichter Achim von Arnim ist hier 1831 als Gutsherr gestorben und beerdigt worden, auch die Gräber seiner Frau Bettina und mehrerer Nachkommen haben sich neben der Schlosskirche erhalten. Ende des 19. Jahrhunderts hat ein Enkel des Dichterpaars das Schloss im barockisierenden Stil umbauen lassen und den mit liebenswerten Skulpturen durchsetzten Park angelegt.

Zu DDR-Zeiten wurde Schloss Wiepersdorf als Erholungs- und Arbeitsstätte verdienter Künstler genutzt. Anna Seghers, Christa Wolf, Peter Hacks und eben auch Sarah Kirsch durchstreiften den Park und ergingen sich im nahen Kiefernwald (in dem sich auch eine russische Raketenstation verbarg). Seit 1992 unterhält die Stiftung Kulturfonds hier eines der größten Künstlerhäuser Europas. Pro Jahr werden etwa 60 Stipendiaten untergebracht und rund um die Uhr ernährt. Ihr Bezug zum Genius loci, das Interesse besonders der Jüngeren an der romantischen Haustradition, ist rückläufig, ja es geht, wovon ich mich selbst überzeugen konnte, vielfach gegen Null.

Für Sarah Kirsch war, das zeigt ihr Zyklus mit jeder Zeile, das Überlieferte noch auf eine fast unkomplizierte Art gegenwärtig. Die steinernen Götter und Zwerge im Park lächelten ihr zu, verwickelten sie in Gespräche. Vor allem die reifere Bettina, die nach dem Tod Arnims ihr »drittes Leben« als Schriftstellerin begonnen hatte, wird emphatisch als Gleiche begrüßt: »Bettina! Hier / Hast du mit sieben Kindern gesessen, und wenn / Landregen abging / Muß es genauso geklappert haben Ende Mai / Auf die frisch aufgespannten Blätter – ich sollte / Mal an den König schreiben.«

Vom Schreiben an den König oder die Könige ist auch im vorgestellten Gedicht die Rede. Bettina von Arnim war eine geniale Briefschreiberin. Enthusiastisch, oft überspannt, hat sie ihr Herz in ihre berühmten Briefwechsel mit Goethe, Clemens Brentano, der Günderode oder Achim von Arnim gleichsam hineingeschrieben. Aber sie hat auch Briefe mit Friedrich Wilhelm IV. gewechselt und sich bemüht, den Preußenkönig zu Sozialreformen zu bewegen. Sie hat sich ihm gegenüber für die Kranken und für arme Weberfamilien eingesetzt, auch für aus dem Amt geworfene Demokraten und verurteilte Revolutionäre gestritten – mit bescheidenem Erfolg.

Dem entspricht auch die Abendstimmung in Sarah Kirschs genauem, kargem, schön verschlüsseltem Gedicht: Machen wir uns keine übertriebenen Hoffnungen, es bleibt doch alles irgendwie beim alten; wir beide sind nun mal »allein« beim Schreiben an unsere »Könige« (des »Herzens« wie des »Staates«). Irritierend jedoch der Schluss, das unvermutete Erschrecken Bettinas wie des lyrischen Ich, »wenn auf der anderen Seite des Hauses / Ein Wagen zu hören ist«. Wer kommt darin vorgefahren, bleibt sitzen oder steigt aus? Ein Bote der Macht oder des Herzens? Und mit welcher – vermutlich bösen –

Nachricht? Ist es gefährlich, den Mächtigen so nahe zu treten? Warten am Ende gar Spitzel auf der anderen Straßenseite im Auto? Der »Wiepersdorf«-Zyklus erschien 1976 in dem Band »Rückenwind« im Aufbau Verlag. Ob die Zensoren schliefen? Ein Jahr später verließ Sarah Kirsch die DDR.

RALF ROTHMANN

Orangenkalzit

Gib mir Stimme und Gedichte, einen Schimmer
von dem Licht, das in diesem Steinstück lebt.
Helles Glück aus Mexico, Wort in einer anderen Sprache.
Richtig verwendet, sagt es alles oder nichts.
Ich fands im Schatten einer Kathedrale, die längst
abgerissen war. – Richtig verschwiegen,
wird es den Schleier entfernen und dein
Gesicht beleuchten, die Augenfarbe vor aller Zeit.
Überall, mit jedem Schritt, fängt Mexico an.

Das schöne Rätsel dieses Gedichts beginnt schon im ersten Vers, mit einem Wunschbild des Dichters. An wen ist es adressiert? Ist es eine Bitte, die hier vorgetragen wird, oder schon ein Gebet? Wer könnte für die Erfüllung des Wunsches nach den Essentialien des Dichterischen, nach »Stimme und Gedichte«, zuständig sein? Die Musen, die einst als göttlicher Hauch verstandene »Inspiration« oder gar eine veritable transzendente Instanz? Das Dichterische wird jedenfalls mit den illuminierenden Energien eines Steins gleichgesetzt. Der Orangenkalzit ist ein Stein von farbintensiver Transparenz, dem man in der esoterischen Heilkunde außerordentliche Wirkungen auf das innere Gleichgewicht und die Stabilisierung des Ich zuschreibt. Von der magischen Luzidität dieses Steins zeigt sich auch das Ich des Gedichts berührt, dem in Mexiko das »helle Glück« eines Kalzit-Funds widerfährt. Mexiko ist hier nicht nur das Land, das aufgrund seiner geologischen Gegebenheiten einen Stein-Fund ermöglicht, sondern steht auch als Chiffre für eine poetische Utopie. Im Verlauf der Begegnung mit dem Stein, die weit mehr ist als eine flüchtige touristische Impression, stößt das Gedicht-Ich offenbar auf jenen »Schlüssel der Wunderschrift« des Daseins, von dem einst der Romantiker Friedrich von Hardenberg alias Novalis seine »Lehrlinge zu Sais« träumen ließ.

»Mexico« ist im Kontext des Gedichts nicht nur irgendein beliebig wirkendes Sehnsuchtsland, sondern ein Zauberwort, das »den Schleier« von den Erscheinungen zu heben vermag. Schon Novalis lässt in seiner Erzählung »Die Lehrlinge zu Sais« den weisen Lehrer einen Jüngling aussenden, der dann mit »einem unscheinbaren Steinchen von seltsamer Gestalt« zurückkehrt. Ralf Rothmanns lyrisches Ich hat den Orangenkalzit gefunden – und »ein Wort in einer anderen Sprache«, das allein durch seine Existenz, selbst wenn es »verschwiegen« wird, den »Schleier hebt« und das Ich in eine neue Sphäre führt. Der genaue Fundort von Stein oder Wort verweist auf jene transzendente Sphäre, die schon in der Anrufung der ersten beiden Zeilen präsent ist: »Ich fands im Schatten einer Kathedrale, die längst / abgerissen war.« Die Aura des Sakralen, mag sie in ihrer mächtigen Materialisation als Kathedrale dem Prozess der Säkularisierung längst zum Opfer gefallen sein, wird hier noch einmal zum Leuchten gebracht. Das Ich des Gedichts spricht jenes »Gebet in Ruinen«, das Ralf Rothmann zum provokativen Titel seines jüngsten Gedichtbandes gemacht hat.

Die religiöse Grundierung nicht nur dieses Gedichts, sondern seines gesamten lyrischen Werks, ist den meisten Rezensenten Ralf Rothmanns entgangen. Nur der Rothmann-Laudator Tilman Krause hat eindringlich auf das christologische Affiziertsein dieses Autors aufmerksam gemacht, den die meisten Leser nur als Verfasser abenteuerlicher Bildungsromane und Adoleszenzgeschichten rund um das Ruhrgebiet kennen. »Inbrünstig katholisch« sei er aufgewachsen, hat Rothmann in einem Interview bekannt. Diese katholische Prägung, auf die möglicherweise der Sturz ins Agnostizistische gefolgt ist, teilt sich seinen Gedichten mit – als metaphysische Aufladung der Liebe und als Sehnsucht nach einer Transzendenz, die sich gegen alle Ironisierungen, profane Lässigkeiten und sarkastische Brechungen behauptet: »Vergib mir. Ich wußte nicht, wie einfach alles ist. / Ich wußte nicht, daß Gott uns meint und wir / ihn erhören, wenn wir uns lieben, die Schrift / erfüllen und Zeichen setzen mit unseren Körpern.«

MAX KOMMERELL

Der Gelehrte

Tag. Das Fenster. Im Quadrat
Mir genug des Weltgesichtes.
Hohe Blumen, schlanke Tiere,
Bild der Wolke, Gang des Lichtes:
Was da in den Rahmen trat,
Wird geheim und innerlich,
Und ich reinige und ziere
Seinen Aufenthalt: mein Ich.

Nacht. Die Lampe. Wo ihr gelber
Lichtkreis schwebt auf dem Papiere,
Reden mich die Lettern an:
Tote, die ihr Schweigen brechen.
Meine Lippen ahmen ihre
Sprache leise nach. So kann,
Ach wie bald gestorben, selber
Mit den Lebenden ich sprechen.

Der junge Max Kommerell hat in den frühen zwanziger Jahren bei Friedrich Gundolf in Heidelberg und bei Friedrich Wolters in Marburg studiert und war dabei in den Bannkreis Stefan Georges getreten, war eine Zeitlang sogar Lieblingsjünger und Reisebegleiter des Meisters, der ihn zärtlich »Puck« taufte. Damals erschien auch sein erstes bedeutendes Buch: »Der Dichter als Führer in der deutschen Klassik« (1928), getragen vom autoritären Geist Georges. 1930 nahm Kommerell, veranlasst durch Wolters' Hagiographie des Kreises, seinen Abschied, verließ für immer das Zelt des Magiers, habilitierte sich in Frankfurt und hielt – bezeichnend genug – seine Antrittsvorlesung über Hofmannsthal, der sich einst ebenfalls von George abgewandt hatte. 1933 erschien sein großes »Jean Paul«-Buch, 1940 »Lessing und Aristoteles«, 1943 »Gedanken über Gedichte«. Im Juli 1944 starb Kommerell, erst 42 Jahre alt, als Professor in Marburg an Hepatitis.

Als Literaturwissenschaftler wird Kommerell in akademischen Kreisen bis heute hoch geschätzt, als großer Essayist, der er auch war, aber kaum mehr wahrgenommen – der Dichter Kommerell ist so gut wie vergessen (ähnlich der Dichter Gundolf). Er hat sieben schmale Bändchen mit Lyrik hinterlassen, Michelangelo- und Calderon-Übertragungen, einen etwas preziösen Roman (»Der Lampenschirm aus den drei Taschentüchern«), drei Dramen und die reizvollen »Kasperlespiele für große Leute«. Kenner seines Werkes wie Hans Egon Holthusen und Arthur Henkel, sprechen von »hochbewusstem Epigonentum«, in dem sich der eigene poetische Ausdruck immer wieder verstellt findet von einem »durch fremde Dichtung voreingenommenen Bewusstsein«.

Gleichwohl hat Kommerell auch Gedichte geschrieben, in denen seine ganz besondere Stimme zu hören ist, ein Lob der schlichten Schönheit des Seienden und ein unverwechselbar melancholischer Abschiedston. Besonders in seinem letzten Gedichtband mit dem etwas manierierten Titel »Mit gleichsam chinesischem Pinsel« (1944) kommt unbeirrt Eigenes zum Ausdruck. Und es ist bestimmt kein Zufall, dass der junge Helmut Heißenbüttel genau diese Gedichte mit der Hand abgeschrieben und aufbewahrt hat.

Das vorgestellte Gedicht gehört in den zuletzt genannten Band und ist 1942 entstanden; anrührend und zugleich streng geformt in vierhebigen Trochäen, wie sie seit der Romantik beliebt sind. »Tag« und »Nacht«, »Leben« und »Tod«, »sinnlich« und »geistig« sind einander etwas schematisch konfrontiert. Ein kompliziertes Reimgeflecht verzahnt die beiden achtzeiligen Strophen kaum merklich. Da ich das Gedicht zunächst ohne Titel kennenlernte, ging ich lange davon aus, Kommerell habe sich darin als Dichter (nicht als »Gelehrter«) in Szene gesetzt. In der ersten Strophe betrachtet der Autor beziehungsweise sein »Ich« sinnliche Erscheinungen wie Blumen, Tiere, Wolken – durch die Glasscheibe gebrochen, aus der Distanz des Fenstervierecks. Anderes will der Verinnerlichte von der bedrohlichen Außenwelt des Jahres 1942 lieber gar nicht wahrhaben: »Mir genug des Weltgesichtes.« In der zweiten (»nächtlichen«, »geistigen«) Strophe reden ihn die Buchstaben der toten Dichter, die in Büchern wohnen, an, und er spricht ihre Worte halblaut nach, in der Hoffnung, dass auch seine Texte nach seinem baldigen Tod noch im Gespräch mit den Lebenden sein werden. Welcher Dichter, welcher Deuter, wünscht sich ein solches Fortleben nicht? Ist Dichtung nicht überhaupt und schon immer ein Gespräch mit Toten (mehr als mit Lebenden), eine Begegnung mit dem Überlieferten – eher als mit dem, was auf den Bildschirmen als Aktuellstes erscheint? So ähnlich mag die unzeitgemäße Botschaft lauten, die dieser melancholische Meisterdeuter, wenn wir genau hinhören, uns zuflüstert.

JAN KONEFFKE

Gelber Magnet

Niemals mehr schlafe ich ein unterm gelben Magneten
der zieht Kanaldeckel an Polizisten
sind ihm verfallen ich sah
an jedem Laternenpfahl einen
mit Handschellen festgemacht
damit sie nicht rückfällig werden
Autos klauen Bomben legen und ich
bin ein doppelt beschuhter Gedanke geworden
mein Pyjama dreht Nachtrunden pausenlos
während ich Daseinsbeweise erfinde
ohne Glück ich gestehe es ein
denn wenn wir beim Stadtparkpissoir
dem Kreis Spiritisten erscheinen
jubeln sie: Geisterkontakt!

Wenn sich Gedichte den Anmaßungen des Realitätsprinzips nicht beugen wollen, arbeiten sie systematisch an der Aufhebung der Schwerkraft. In der scheinbar vertrauten Alltagswelt, von der sie berichten, lösen sich die Dinge aus ihren Verankerungen und die orientierungslosen Helden, die auf dem unsicher gewordenen Terrain ihr Ich stabilisieren wollen und nach Daseinsbeweisen suchen, verlieren jede Bodenhaftung. Die lange unterdrückten Mächte aus den Sphären des Traums melden ihre Ansprüche an und erschüttern die Hegemonie des Verstandes.

In diesem Kraftfeld der Träume, in dem es keinen festen Halt mehr gibt und alles in einen Schwebezustand versetzt wird, bewegen sich auch die Gedichte von Jan Koneffke. Bereits der Titel seines Debütbands »Gelbes Dienstrad wie es hoch durch die Luft schoß« (1989) deutete die Bewegungsrichtung seiner lyrischen Phantasie an: Seine Helden waren und sind Himmelsspaziergänger, die mitsamt den Requisiten einer versunkenen Welt der Frühmoderne in die Lüfte entschweben, um dort nach allerlei Turbulenzen im Mond einen verlässlichen Verbündeten zu finden. In Koneffkes zweitem Band »Was rauchte ich Schwaden zum Mond« (2001) ist der Erdtrabant erneut die zentrale poetische Relaisstation, in der sich irdische und himmlische Energien kreuzen und überlagern.

Die Anziehungskraft dieses »gelben Magneten« ist auch im vorliegenden Gedicht so groß, dass selbst die Repräsentanten der bürgerlichen Ordnung gefährdet sind. Wie dereinst Odysseus, der sich von seinen Gefährten an den Schiffsmast fesseln lässt, um dem machtvollen Gesang der Sirenen widerstehen zu können, werden bei Koneffke die Ordnungshüter mit Handschellen arretiert, um nicht den Mächten des Begehrens und der Gesetzlosigkeit zu verfallen. Alles ist in diesem Gedicht in kreisende Bewegung geraten, auch das lyrische Subjekt ist seiner fixen Identität beraubt und wirbelt als »doppelt beschuhter Gedanke« durch die nächtliche Großstadt. Seine märchenhaften, surreal nur leicht modernisierten Mond-Szenerien macht Koneffke als ironisch bemalte Kulissen kenntlich. Er lässt sein lyrisches Ich – um Rimbauds Modernitäts-Formel »je est un autre« Genüge zu tun – als multiples, haltloses Ich durch die Szene gleiten und gestattet sich am Ende noch einen sanften wie komischen Seitenblick auf esoterische Wundergläubigkeit. »Geisterkontakt« ist in dieser Poesie selbstverständlich, freilich nicht als Mysterium, sondern als heiter-surrealistisches Spiel.

Es wäre jedoch ein Missverständnis, Koneffke nur als modernen lyrischen Märchenerzähler zu lesen. Denn dieser Dichter verharrt nicht bei idyllisch anmutenden Erweckungserlebnissen einer traumnahen Kinderzeit, sondern belauscht auch die Dämonen einer gewalttätigen Geschichte, die sich in die Realien unserer Alltagswelt eingenistet haben. In einem Berlin-Gedicht verbirgt sich hinter der Wand einer heruntergekommenen Wohnung ein unsichtbarer Mitbewohner, eine grausige Inkarnation deutscher Barbarei. Die Traum-Reisenden Koneffkes werden oft heimgesucht von Phantasmagorien des Schreckens, die keine Aussicht auf irgendein versöhnliches Ende bieten. Wenn seinen Helden nach dem finalen Abgang über Himmelsleitern ihr Ziel erreichen, dann beschwören sie eine Utopie, deren Erfüllung nur die Poesie erlaubt: »Feuerpause auf Erden«.

GEORGE FORESTIER

Ich schreibe mein Herz in den Staub der Straße

Ich schreibe mein Herz
in den Staub der Straße
vom Ural bis zur Sierra Nevada
von Yokohama zum Kilimandscharo
eine Harfe aus Telegraphendrähten.

Ich sage Gobi und ich sage Sahara
ich sage Eismeer und sage Hawaii.
Katarakte der Sehnsucht,
die nie verstummen.
Schweflige Blüte trockener Kakteen.

Turbine und Dynamo,
Motor der Schenkel.
Ich lege die Hand
in die Spur meiner Füße.

Die Erde – zu klein
für ein wanderndes Herz.
Der Himmel – zu hoch
für ein grübelndes Hirn

Ich schreibe mein Herz
in den Staub der Straße.
Ich lege die Hand
in die Spur meiner Füße.

Brennend heißer Wüstensand

Wer erinnert sich noch an George Forestier? 1952 erschien unter diesem Namen im renommierten Eugen Diederichs-Verlag ein schmaler Gedichtband, der damals sogleich Begeisterung auslöste und Auflagenrekorde erzielte. Leicht verweht, wie von sterbender Hand mit großen Krakellettern in den Sand geritzt, war auf dem Umschlag der Titel zu lesen: »Ich schreibe mein Herz in den Staub der Strasse«, offenbar eine letzte Botschaft, und darüber war eine schwarze Sonne erkennbar.

Herausgegeben hatte das Bändchen ein gewisser Karl Friedrich Leucht, der im Nachwort die traurige Lebensgeschichte des George Forestier bezeugte: Als Sohn eines Franzosen und einer Deutschen 1921 im Elsass geboren, habe sich der Zerrissene freiwillig an die Ostfront gemeldet, habe Krieg und Gefangenschaft überlebt und sich 1948 der Fremdenlegion angeschlossen, die ihn nach Indochina abkommandierte. Dort, irgendwo im Dschungel, habe sich im Herbst 1951 seine Spur verloren. Seine letzten Verse, so der Herausgeber, »finden sich zwischen Gedichtblättern Gottfried Benns in einer kleinen schmutzigen Kladde«, die er in der Garnison zurückgelassen habe.

Während die Literaturkritik den »Fund« distanzlos bejubelte, erkannte sich die Nachkriegsjugend im Bild des einsamen Legionärs ein Stück weit wieder und sah in Forestier, dem »Waldgänger«, so etwas wie einen zweiten Wolfgang Borchert. Führende Organe wie die »Akzente« druckten seine Gedichte. 1954 erschien überraschend ein zweiter Band mit angeblich allerletzten Forestier-Texten unter dem etwas zu flotten Titel »Stark wie der Tod ist die Nacht ist die Liebe«. Ein Jahr später flog die Legende auf, und es stellte sich heraus, dass der Autor ein durchaus lebendiger Diederichs-Verlagsdirektor und Werbeberater namens Karl Emerich Krämer war. Er hatte an seinem Schreibtisch nicht nur die Gedichte montiert, sondern auch die für den Erfolg letztlich entscheidende Vita des Heimatlosen und Verschollenen erfunden.

Die machthabende Literaturkritik ließ »George Forestier« erbarmungslos fallen. Dieser Schwindler und Frevler hatte es gewagt, die vorgeblichen Kenner zu täuschen, er hatte sie sogar dazu verlockt, seine höchst mittelmäßige Lyrik als »begnadet« zu präsentieren. Er war erledigt, aus der Geschichte gestrichen, niemand sprach mehr von ihm, obwohl sein Erfinder, Karl Emerich Krämer, auch nach seiner Enttarnung weiter Gedichte sowie kulturhistorische Bücher über den Niederrhein veröffentlichte, die freilich über eine regionale Resonanz nicht mehr hinauskamen.

Ich habe als Gymnasiast den Absturz Forestiers aus der Ferne mitverfolgt und lange die Hoffnung gehegt, es könnte mir eines Tages gelingen, ihn als Dichter zu »retten«. Das ist leider unmöglich. Denn Krämer war ein zwar geschäftiger, gerissen kalkulierender, aber nicht besonders talentierter, unpoetischer, halbgebildeter Schreiber, der mit schiefen Metaphern hantierte und aus Motiven wie Einsamkeit, große weite Welt, käufliche Liebe und Alkohol ein trübes Gebräu anrührte, das weniger an den bewunderten späten Benn als an Freddy Quinns etwa gleichzeitig entstandene Erfolgsschlager wie »Brennend heißer Wüstensand« erinnert. »Zigarettenaugen glühen. / Grelle Pfiffe. Junge Brüste / warten auf die Hand des Fremden.«

Das vorgestellte Titelgedicht ist, scheint mir, noch Forestiers bestes, obwohl ihm auch hier die Genitiv-Metaphern missraten (»Katarakte der Sehnsucht, / die nie verstummen«) und das Resümee in der vierten Strophe äußerst platt gerät. Diesem Gedicht vor allem, das aus Klischees hastig zusammengeklebt ist, aus Gefühligkeit und Fernweh, Melancholie und schroffer Abkehr, verdankte »Forestier« seinen Erfolg bei einer Jugend ohne Perspektive, die dem Aufbruch ins Wirtschaftswunderland noch nicht recht traute.

WALTER HÖLLERER

Der lag besonders mühelos am Rand

Der lag besonders mühelos am Rand
Des Weges. Seine Wimpern hingen
Schwer und zufrieden in die Augenschatten.
Man hätte meinen können, dass er schliefe.

Aber sein Rücken war (wir trugen ihn,
Den Schweren, etwas abseits, denn er störte sehr
Kolonnen, die sich drängten) dieser Rücken
War nur ein roter Lappen, weiter nichts.

Und seine Hand (wir konnten dann den Witz
Nicht oft erzählen, beide haben wir
Ihn schnell vergessen) hatte, wie ein Schwert,
Den hartgefrorenen Pferdemist gefaßt,

Den Apfel, gelb und starr,
Als wär es Erde oder auch ein Arm
Oder ein Kreuz, ein Gott: ich weiß nicht was.
Wir trugen ihn da weg und in den Schnee.

Kein Kreuz, kein Gott

Walter Höllerers berühmtestes Gedicht handelt von der Begegnung mit dem Tod. Es steht in seinem lyrischen Debütband »Der andere Gast« (1952) und wurde in die prägenden Anthologien der fünfziger und sechziger Jahre aufgenommen, als exemplarischer Text auch in Benno von Wieses lange kanonische Interpretationssammlung »Die deutsche Lyrik vom Mittelalter bis zur Gegenwart« (1957).

Auf einem nicht näher bestimmten Kriegsschauplatz treffen in Kolonnen marschierende Soldaten auf ein »störendes« Objekt. Es ist ein toter Soldat, der, in seinem Blute liegend, von seinen Kameraden oder – das bleibt offen – von gegnerischen Streitkräften beiseite getragen wird. In vier Strophen und in je vier reimlose, unregelmäßig jambische Verse gegliedert, vergegenwärtigt der Text in metaphorisch schmucklosem Lakonismus den Alltag des Tötens und Sterbens. Es ist die fast emotionslose Nüchternheit dieses Gedichts, der kalte, fast anatomische Blick auf den Körper des toten Soldaten, die auch heute noch verstören. Kein Dichter der Nachkriegszeit hatte bis dahin so unsentimentale Verse für das Grauen des Krieges gefunden. Nun kam da 1952 ein noch nicht mal Dreißigjähriger und beschrieb das unerhörte Ereignis ohne jedes Pathos und in drastischem Realismus: »dieser Rücken / War nur ein roter Lappen, weiter nichts.«

Man hatte den jungen Walter Höllerer (1922-2003) bis dahin als einen Schüler des Natur-Idyllikers Georg Britting wahrgenommen. Aber in diesem bewegenden Gedicht »Der lag besonders mühelos am Rand« kündigte sich eine neue Lyriker-Generation an: eine lakonische, zeitnahe, modernitätshungrige. Die Erschütterung des Beobachters vor dem Schrecken wird hier kunstvoll verborgen. Es regiert der sezierende Blick. Da wird zunächst die häufig strapazierte Lebenslüge vom friedfertig schlafenden Toten abgewehrt. Denn die Gewaltsamkeit dieses Sterbens ist von furchtbarer Evidenz. Dann folgt die Spekulation über die Geste des Leichnams. Von einem »Witz« ist die Rede, der »schnell vergessen« worden ist. Der offene grammatische Bezug des Verbs »vergessen« lässt auch die Deutung zu, dass es der tote Soldat selbst ist, der dem Vergessen anheim fällt. So erfährt man im poetischen Nexus en passant vom Überlebensprinzip derjenigen, die dem Grauen entkommen sind. Für sie ist das Vergessen Bedingung des Weiterlebens. Dass der Tote den »hartgefrorenen Pferdemist« in der starren Hand hält, wird jeder sinnstiftenden Deutung entzogen. Eine Symbolik des Trostes wird entschlossen negiert: Der Pferdemist in der Hand ist kein Zeichen der Brüderlichkeit (»Arm«) oder der religiösen Geborgenheit (»ein Kreuz, ein Gott«) mehr, sondern wird nur noch in seiner trostlosen Faktizität gesehen.

Dieses subtile Spiel mit der verweigerten metaphysischen Sinnhaftigkeit des Sterbens hat Walter Höllerer wohl gemeint, als er sich gegen eine Interpretation dieses Textes als »modernes Erlebnisgedicht« verwahrte und es statt dessen ein »höchst stilisiertes, metaphorisches Gedicht« nannte. In seiner epochalen Anthologie »Transit« (1956) hat Höllerer sein eigenes Gedicht mit kryptischen Randnotizen versehen. Er zitiert den Dichter Federico Garcia Lorca und resümiert: »Das Bedeutendste hat immer einen letzten metallischen Gehalt von Tod.«

ERWIN WALTER PALM

Andre Morgen kommen

Niemand geht wieder nach Hause und
Niemand dreht sich um und sieht
Den Morgen wieder oder den dünnen Rauch
Über den Dächern.

Andre Morgen kommen, aber der nicht.
Überall brennen Feuer in der Frühe, aber
Nicht dieses. Und hinter den Scheiben
Die Frau ist um eine Nacht
Anders.

Hinter jedem Schritt fällt die Zeit wie
Ein Beil. Und wir treiben, Abgeschnittne, hinaus
Ins Offne. Leuchttürme sind
Von Erinnrungen, ferne auf Landzungen
Vor der Küste.

Wir nehmen den Geruch mit von Erde und von
Toten Blumen: wie alle Toten auf die Stunde warten
Wenn der erste Rauch aus den Schornsteinen kommt
Und durch das Kastanienlaub das
Verbrannte Holz riecht.

Merke: alle Dinge bleiben zurück,
Flinten und Angeln und Herd
Und Eimer. Aber Deine eignen Hände sind andre.
So anders wie die von Enkeln oder von Deinem Vater

Wenn Du nach ihnen greifst. Denn niemand
Ist es gegeben noch einmal zurückzugehen,
Niemand noch einmal über die gleiche Schwelle zu gehn,
Selbst einem Kind nicht.

Das hier vorgestellte Poem fand ich in der berühmten, von Walter Höllerer 1956 herausgegebenen Anthologie »Transit«, dem »Lyrikbuch der Jahrhundertmitte« – ein bislang total übersehenes Exilgedicht. Sein Autor, Erwin Walter Palm, ist sein Leben lang, durch widrige Umstände bedingt, als Dichter nahezu unbekannt geblieben. Als der Student der Klassischen Philologie 1932 zusammen mit seiner späteren Frau, Hilde Domin, Deutschland verließ, um in Rom zu promovieren, als er von dort vor den Faschisten nach England und schließlich in die Dominikanische Republik floh, gab es für einen jungen deutschsprachigen Lyriker jüdischer Herkunft praktisch keine Publikationsmöglichkeit. 1944 ließ Palm auf der Insel Hispaniola einen Zyklus mit streng pathetischen Gedichten unter dem Titel »Requiem für die Toten Europas« als Privatdruck erscheinen. Der dem ebenfalls emigrierten Indologen Heinrich Zimmer gewidmete Band fand naturgemäß kaum Resonanz.

Es ist ein seltsames Phänomen, dass Palm, der sich auch als Dramatiker versucht hat, just zu der Zeit aufhörte, »Eigenes« zu schreiben, als Hilde Domin – unter wesentlich günstigeren Bedingungen – anfing, mit einfachen Gedichten Erfolg zu haben. Seiner poetischen Stimme beraubt, sah er sich fortan auf das trockenere Feld der Wissenschaft verwiesen. In Santo Domingo wandte er sich der lateinamerikanischen, später auch der spanischen und portugiesischen Kunst zu. Ab 1960 Professor in Heidelberg, beeindruckte der Polyhistor die Studenten nicht nur durch sein phänomenales interdisziplinäres Wissen, sondern ebenso durch die Begeisterung, mit der er stets sprach.

Unvergessen ist Palm auch als kongenialer Übersetzer spanischer und lateinamerikanischer Dichtung. Seine Anthologie

»Rose aus Asche« brachte 1955 den Nachkriegsdeutschen einen ganzen Kontinent unbekannter moderner Literatur nahe. In eigenen Bänden hat er Rafael Alberti und Lope de Vega vorgestellt. Den besonders verehrten Federico Garcia Lorca umfassend zu übertragen, hinderte ihn das Copyright Enrique Becks.

Das vorgestellte Gedicht, das 1939/40 auf der Flucht entstanden ist, verweist vielfältig auf Lorca. So beginnt etwa ein Poem aus Lorcas »Dichter in New York« mit einem sich wiederholenden »Niemand«: »Niemand schläft im Himmel. Niemand, niemand. / Niemand, niemand. / Niemand schläft ...« Auch das Nein zum »Morgen«, die Absage an ein Weiterleben wie bisher, ist ein gebräuchliches Eröffnungsmotiv bei Lorca: »Die Rose / sucht nicht das Morgenrot, / an ihrem Zweig ...«

Doch hat Palms Gedicht einen ganz eigenständigen, kräftigen Ton, streng in der Absage und hochpathetisch, einen anrührenden, durch die Jahrzehnte unverblassten Rhythmus, der schon auf Ingeborg Bachmanns »Gestundete Zeit« vorauszudeuten scheint: »Sieh dich nicht um. Schnür deinen Schuh. Jag die Hunde zurück ...« Das lyrische Ich, dieser »Niemand« und moderne Odysseus, der illusionslos eine fremde Welt durchschreitet, ist der für immer vertriebene Dichter selbst, ein »Abgeschnittener«, der ewige Exilant. Zur Anthologie »Transit« scheint gerade dieses Gedicht besonders gut zu passen, heißt doch das lateinische Wort »transit« auf deutsch: »er geht hindurch«, aber auch: »er geht darüber hinaus«. So weist Palms Poem von 1939/40 trotz aller unwiederbringlichen Verluste auch nach vorn, auf die Jahrhundertmitte hin und »darüber hinaus«, bis in unsere Gegenwart – durch seine Sprachkraft eines der bedeutendsten, doch am wenigsten bekannten Emigrationsgedichte.

HENNING ZIEBRITZKI

Die Zunge

Ich kann die Zunge nicht vergessen,
die ich am Rasthof am Kirchheimer Dreieck sah.
Ich war benommen von Fahrt, vom Nebel.
Sie ragte aus meinem chaotischen Tablett, glänzend
und wirklicher als jede Installation.

Am Nebentisch die Frau in Grün, die telephonierte.
Die Zunge schob sich durch ihre schönen Zähne,
aus dem Geschwür in einer Wange – Bewegungen,
mit denen sie Bilder produzierte
wie ein Alarmsignal, bevor das System versagt.

Wir saßen in einer Orgel, im Brausen der Töne.
Die Zunge vibrierte. An ihren Rändern fing sich etwas
wie Licht, das langsam angehalten wird.
Ich war so dankbar, als der Hund sich streckte,
um mir tief ins Ohr zu lecken.

Von der Allmacht der Zunge

Gibt es ein poetischeres Organ als die Zunge? Nicht zufällig setzt schon das lateinische »lingua« die Sprache und die Zunge synonym. Das biologische Faktum, dass 26 Muskelgruppen der Zunge nötig sind, damit wir essen, schmecken und sprechen können, wird in zentralen Werken der literarischen Moderne zum Anlass fantastischer Mythenbildung. Man trägt eben nicht nur das Herz auf der Zunge, sondern auch die Poesie. Eine berühmte literarische Urszene erzählt von der furchtbaren Angst des Helden, Sprache und Zunge zu verlieren. So wird am Anfang des legendären Erinnerungsbuchs von Elias Canetti dem zweijährigen Protagonisten die Amputation der Zunge vorausgesagt. Auch in ironischen Kontexten, etwa in Günter Grass' Gedicht »Adornos Zunge«, kehrt diese Amputationsdrohung wieder. Bei Grass wird diese Drohung allerdings zum plakativen politischen Sinnbild verflacht, bei Canetti zum existenziellen Symbol aufgeladen. So verkörpert »die gerettete Zunge« den Aufbruch in ein anderes Leben – in die Welt der Literatur. Bei Thomas Kling wird die Zunge als »textus« apostrophiert, in den meisten Gedichten seiner Zeitgenossen fungiert sie – ein traditioneller Topos – als erotisches Zentralorgan.

All diese poetischen Konnotationen werden auch im vorliegenden Gedicht Henning Ziebritzkis aufgerufen – aber die Zunge in diesem Text verharrt nicht in ihrer ursprünglichen Erscheinungsform, sondern durchläuft zahlreiche Metamorphosen, verändert ihre Gestalt so sehr ins Unheimliche, dass sie zum eigentlichen Subjekt des Gedichtes wird, dem sich das »benommene« Ich unterwerfen muss. In der ersten Strophe erscheint die Zunge noch als möglicher Bestandteil eines Standard-Menüs für Autoreisende (möglicherweise eine »Rinderzunge«) – bei näherem Hinsehen hat sie sich bereits hier als fremdes, sperriges, von jeglichem Körper abgetrenntes Objekt verselbständigt, das vom Ich in seiner ebenso strahlenden wie bedrohlichen Konkretheit halluziniert wird. Konstitutiv für Ziebritzkis lyrisches Verfahren ist die Entscheidung, die Grenze zwischen dem Realen und dem Imaginär-Phantastischen offen zu halten. Die Zunge als Partialobjekt ist hier Material für eine Ästhetik des Ekels. So registriert das lyrische Ich in der zweiten Strophe die »Frau in Grün« zunächst als erotische Verlockung, eine Verheißung, die fast im gleichen Augenblick in eine Schreckensszene umkippt. In einer Art Vexierbild mutiert die Schönheit (der Zähne) zur universellen Hässlichkeit, denn die Zunge schiebt sich »aus dem Geschwür in einer Wange«.

Am Ende werden die Momente des Bedrohlichen und des Verlockenden in der Schwebe gehalten. Die Zunge ist hier situiert in einem Raum des Sakralen, als stimulierendes Moment beziehungsweise Auslöser geheimnisvoller Töne, sie produziert geradezu die Erfahrung einer Aura: »An ihren Rändern fing sich etwas / wie Licht, das langsam angehalten wird.« In einer letzten Wendung folgt noch einmal eine Zungen-Bewegung von animalischer Direktheit: das leckende Tier als erotisches Surrogat. Henning Ziebritzki, dessen frühe Gedichte eine stark intertextuelle Tendenz aufwiesen und sich an Zitaten und Theoremen poetischer Vorbilder inspirierten, hat in »Die Zunge« zu einer dezidiert gegenständlichen, dem sinnlichen Detail verpflichteten Dichtung zurückgefunden. Das genaue, fast überscharfe Hinsehen auf eine konkrete Einzelheit gebiert hier ein Ungeheuer: die allmächtige Zunge.

RICHARD PIETRASS

Letzte Gestalt

Dann gingst du in die letzte Gestalt.
Im Rollstuhl. Im Siechbett. Im Traum.

Dein Haar, ich strichs vom Kopf.
Am Schwundleib kein Anflug von Flaum.

Deine Arme, von Kindern beschwert
Nun die eines Sahelkinds.

Der Mund, der mich Sanftmut gelehrt
Schief lächelnd im Grubenwind.

Deine Hände: *Papile, was hast du?*
Roh ineinander geschränkt.

Zu Füßen des harzigen Kastens
Das Häufchen, das sich nicht erhängt.

Gesichte, zentnerschwer

Der 1946 in Sachsen geborene Richard Pietraß – seine Eltern waren gerade aus Masuren vertrieben worden – gehörte in der DDR einer Zwischengeneration an: nicht mehr der sogenannten Sächsischen Lyrikerschule, mit der man Heinz Czechowski, Wulf Kirsten und Volker Braun verbindet, noch nicht der experimentierfreudigen Prenzlauer Berg-Szene um Sascha Anderson und Bert Papenfuß. Pietraß ist ein Dichter eigener Art, der sich nichts abhandeln lässt, mit starkem Traditionsbezug, und Literatur begreift er zuerst als Mittel der Selbstbefreiung.

Sein Werk, ganz ohne ideologisch eingefärbtes Vokabular, ist ebenso von Regelhaftigkeit wie von Verspieltheit geprägt. Jedenfalls dürfte kein lebender deutschsprachiger Lyriker die Vers- und Reimkunst virtuoser handhaben, die vierzeilige Heinrich Heine-Strophe wie den Goetheschen Knittelvers, das romantische Naturpathos wie den Arno Holz-, ja den Ernst Jandl-Ton. Pietraß jongliert mit Paar-, Kreuz-, Stab- und Binnenreimen, er stülpt Sprichwörter um, spielt elegant mit Redewendungen, Zitaten, scheut selbst den Kalauer nicht und nimmt auch eine gewisse Betulichkeit in Kauf, die mit solch altmodisch-schalkhaftem Handwerk manchmal einhergeht.

»Artist auf freier Wanderschaft / Mehr als das Ziel gibt Spiel mir Kraft«, verkündet der Dichter, stolz wie irgendein Vagant. Pietraß neigt zu ironischen Selbstporträts, zum Galgenhumor, etwas Faunisches ist ihm eigen, Sprach-Lust, Wort-Gaukelei, den sinnlich-derben Freuden, doch auch dem Tod zugeneigt: »Der Gang zum Weib, der Hang zum Wort. / Der Keim der Reinheit und wie er langsam verdorrt.«

Zur Wendezeit findet der Dichter kritische Worte: »Ellenbogen / Vermessen das Land.« Auch die bedrohte Natur kann zum Gegenstand werden, sogar reimlos, in verknappten, verrätselten Versen: »Sprich weiter, Sandzunge. / Entkrampfe den Kampfhahn / Erlöse das grindige / Wort.« Doch gleich funkeln im »Reimreich« wieder die Wortspiele, Assonanzen, Binnenreime. Bis auf einmal etwas Unerwartetes geschieht.

1993 stirbt Pietraß' Frau Erika, mit der er drei Kinder hat, einen grausamen Tod. Ein Jahr später erscheint der aus elf Abschiedsgedichten bestehende Zyklus »Letzte Gestalt« als Trauerarbeit und Totenklage. Melancholie lastet schwer auf den Versen. Literarisch gesehen ist dieser Gang zu den Toten ein Höhepunkt in Pietraß' Werk. Die tradierten lyrischen Mittel bewähren sich hier besonders. Die strengere Form gibt dem Gefühl Halt, tilgt das nur Private. Sie hilft, den Schmerz im Ritual der Wiederholung zu bändigen und einzuholen.

Das vorgestellte Gedicht ist ein verspäteter, ins Negative gekehrter Liebesbrief, bestehend aus zweizeiligen Strophen, durch Endreime miteinander verzahnt; das Versmaß ist dreihebig daktylisch. Ein magischer Spruch-Ton herrscht vor, und was in sechsmaligem Anlauf so schonungslos angesprochen wird, der körperliche und wohl auch geistige Verfall der Geliebten (das einst gepriesene Haar, Arme, Mund, Hände ...), ist für sich gesehen ohne Trost. Das lyrische Ich fühlt sich schuldig (»Gesichte / Zentnerschwer«), empfindet sich gar als Verräter, denn: »Noch habe ich Freude am Lieben / Und Essen sowieso.« Manchmal erklingt ein rührender Volksliedton, mit der der Dichter die Beerdigte auf ihren veränderten Zustand anredet: »Öhrchen, lehmschwerhörig, Mundchen, grubenschief.« Clemens Brentano, auch so ein sprachverrückter Lautmaler, hat den Tod seiner Frau Sophie Mereau 1806 ähnlich eindringlich beklagt: »Und die Erde starb, alles starb«, um sich kurz darauf erneut zu verlieben.

JAN WAGNER

störtebeker

»Ich bin der neunte, ein schlechter Platz.
Aber noch läuft er.«
Günter Eich

noch läuft er, sieht der kopf dem körper zu
bei seinem vorwärtstaumel. aber wo
ist er, er selbst? in diesen letzten blicken
vom korb her oder in den blinden schritten?
ich bin der neunte und es ist oktober;
die kälte und das hanfseil schneiden tiefer
ins fleisch. wir knien, aufgereiht, in tupfern
von weiß die wolken über uns, als rupfe
man federvieh dort oben – wie vor festen
die frauen. vater, der mit bleichen fäusten
den stiel umfasst hielt, und das blanke beil,
das zwinkerte im licht. das huhn derweil
lief blutig, flatternd, seinen weg zu finden
zwischen zwei welten, vorbei an uns johlenden kindern.

Vor der Enthauptung

Am 20. Oktober 1401 rollten auf der Elbwiese Grasbrook in Hamburg die Köpfe. Der Freibeuter Klaus Störtebeker, der viele Jahre die Handelswege der Nordsee mit seiner Piraterie zum Kriegsschauplatz verwandelt hatte, wurde an diesem Tag mit siebzig seiner Gefährten enthauptet. Die Fama behauptet, dass dem Delinquenten kurz vor der Hinrichtung noch ein letzter Wunsch gewährt worden sei. Man werde alle Piraten begnadigen, an denen der Geköpfte noch vorbeilaufen könne.

Günter Eich hat diesen Schicksalsaugenblick in einer fünf Zeilen umfassenden Prosaminiatur eingefangen, die 1970 in der Sammlung »Ein Tibeter in meinem Büro« erschien. Der Dichter Jan Wagner, sicherlich der begabteste Autor der jungen Berliner Lyrik-Szene, antwortet auf die Lakonie von Eich mit einem lyrischen Gegenentwurf, der sich erzählerischer Mittel bedient. Die narrative Bewegung des Textes stützt sich dabei auf subtile metrische Operationen – auf unregelmäßige Jamben, die den Erzählfluss strukturieren. Wie bei Eich spricht hier das lyrische Ich aus der Perspektive eines Todeskandidaten, der noch auf den letzten Freundschaftsdienst seines Anführers hofft. Es ist noch ungewiss, wann der vorwärts taumelnde Körper des Enthaupteten endgültig fällt.

Aber Wagner begnügt sich nicht damit, den Augenblick der Todesdrohung in einer Momentaufnahme zu evozieren. Die poetische Balance von Schönheit und Schrecken entsteht hier gerade dadurch, dass die Perspektive biographisch und philosophisch erweitert wird: Es geht nicht nur um die Evidenz des Todesschreckens, sondern um Fragen von Subjektivität und Identität – und um den kunstvollen Zusammenprall von

Idylle und Grauen. Im lyrischen Ich bündeln sich in diesem entscheidenden Moment des Lebens die Fragen nach dem Ort der Subjektivität; danach kehren in Erwartung des Todes noch einmal die leuchtenden Bilder der Kindheit zurück.

Der erste Teil des Gedichts stellt eine paradox anmutende, gleichwohl fast ontologische Frage: Wo bleibt das Ich, wenn der Geköpfte vom Individuum zum Dividuum geworden ist: im Kopf oder im Körper? Im zweiten Teil vollzieht sich die imaginative Rückkehr des Ich in die Kindheit. Auch hier gibt es eine Tötungsszene, die Schlachtung eines Huhns. Aber sie erscheint seltsam friedlich eingebettet in aufstrahlende Sehnsuchtsbilder von Natur und Kindheit. Man hat Jan Wagner – nicht ganz zu Unrecht – eine gewisse Koketterie mit dem Ästhetizismus und eine Neigung zur ornamentalen Idylle vorgeworfen. Wer aber genauer hinsieht, wird entdecken, dass die scheinbar weich gezeichneten Szenen, selbst in den unspektakulärsten Stillleben des Autors, überall Risse bekommen, dass die Idylle mit Bildern der Unruhe und des Schreckens aufgebrochen wird.

Auch in diesem »Störtebeker«-Bild eines Todgeweihten ist die prekäre Kollision zweier Welten – des Schrecklichen und des Schönen – subtil festgehalten. Die kühne Entscheidung, die lyrische Lakonie von Günter Eich zu übermalen, wird poetisch überzeugend legitimiert. Es ist nicht ohne Reiz, die historische Miniatur noch zu ergänzen: Der kopflose Störtebeker, so wird kolportiert, soll noch bis zum elften Gefährten gelangt sein, bevor ihm der Scharfrichter ein Bein stellte. Aber alle Hoffnung war vergebens. Das Begnadigungsversprechen wurde nicht eingehalten, alle Piraten wurden hingerichtet.

WOLFGANG FROMMEL

Die Fackel

Ich gab dir die fackel im sprunge
Wir hielten sie beide im lauf:
Beflügelt von unserem schwunge
Nimmt nun sie der künftige auf.

Drum lass mich und bleib ihm zur seite
Bis fest er die lodernde fasst
Im kurzen doch treuen geleite
Ergreif er die kostbare last!

Du reichst ihm was ich dir gegeben –
Und sagst ihm was ich dir gesagt:
So zünde sich leben an leben
Denn mehr ist uns allen versagt.

Im Zeichen Stefan Georges

»Argonaut im 20. Jahrhundert« wurde Wolfgang Frommel genannt, dessen Leben um die Pole Dichtung und (Männer-) Freundschaft kreiste. Gleich den Argonauten der griechischen Sage sah er sich und seine Gefährten auf Entdeckerfahrt: »Die see grollt wild, gepeitscht vom nord / Nun gehn wir gleichen schritts an bord: / Du greif das steuer – segle du / Die anker los – wir fahren zu!« Früh schon, nach sozialistischen Anfängen, hat Frommel für sich eine Lichtgestalt gefunden, ein Leitbild mit Charisma, an dem er sich zeitlebens orientierte: den Dichter Stefan George und sein Werk. Wie George besaß auch Frommel die Gabe, Jünglinge zu begeistern und ihnen in krisenhafter Zeit einen Weg zu weisen.

Geboren 1902 als Sohn eines Theologen und Heimatdichters, studierte Frommel ab 1921 in Heidelberg, dem »deutschen Athen«, wie der mit ihm befreundete Carl Zuckmayer die Neckarstadt apostrophierte. Er lernte den in Ungnade gefallenen George-Jünger Percy Gothein kennen und durch ihn, so heißt es, den Dichter selbst. 1923 soll es zu einer knappen Begegnung gekommen sein, die keine Wiederholung fand. Ohne vom Meister autorisiert zu sein, begründete Frommel im Zeichens Georges den Verlag »Die Runde« mit einem Gedichtband, der Huldigungsverse von 16 anonym gebliebenen Autoren enthält.

1932 veröffentlichte Frommel die von Konservativen begrüßte Programmschrift »Der Dritte Humanismus«, die schon 1936 verboten wurde. 1937 verließ er, ohne unmittelbar bedroht zu sein, das nationalsozialistische Deutschland und gelangte über Florenz und Paris nach Holland. In einem Haus an der Amsterdamer Herengracht versteckte er ab 1942 jüdische Jugendliche. Wenn die Gefahr am größten war, lasen die »Untertaucher« einander Gedichte Goethes, Hölderlins und Georges vor, wodurch ein Sprachraum der Geborgenheit entstand. Im Gedenken an diese Erfahrungen in der »Pilgerburg« gründete Frommel zusammen mit anderen 1951 die Zeitschrift »Castrum Peregrini«, die er bis zu seinem Tod 1986 redigierte.

Zu Lebzeiten hat dieses »Genie der Freundschaft« (Frank Schirrmacher) nicht mehr als zwei Gedichtbände veröffentlicht und war als Schriftsteller über die Kreise der legitimen wie der illegitimen Nachfolger Stefan Georges hinaus kaum bekannt. Das vorgestellte Gedicht, das zuerst 1937 erschien, dürfte sein bestes sein und wirkt, zwischen allerlei Epigonalem, wie aus einem Guss. Alles Inhaltliche ist Form und Rhythmus geworden. Das dreihebige daktylische Metrum mit unbetontem Auftakt stößt, durch den Kreuzreim noch verstärkt, eine Bewegung an, die sich unaufhaltsam fortzuzeugen scheint – wäre da nicht die arg konventionell retardierende Schlusssentenz.

Dem Gedicht ist etwas Programmatisches, Über-Individuelles, gleichsam Gesetzgebendes eigen, ein pädagogischer Auftrag, ein Füreinander-Einstehen, der Händedruck innerer Verbundenheit, wie etwa zu Zeiten der Verfolgung. Erst in einer Kette mit anderen, meint der Autor, kommt unser persönlicher Reichtum voll zum Tragen, und es entzündet sich »leben an leben«. Die Fackel, eine »kostbare last«, die von Hand zu Hand weitergereicht wird, verkörpert das Licht des Erwähltseins, Geheimwissen, eine häretische Botschaft: »Die auf der stirn das mal der pilger tragen / Weil sie ein strahl aus fremder welt versehrt / Die wissen voneinander ohne fragen …«

Doch geht es in Frommels Gedichten nicht nur um den Funken, der zeugend überspringt, sondern stets auch um geistige Rückbindung, also um Tradition. Das Wort kommt von tradere, weitergeben, wobei es egal ist, ob es sich um Gegenstände, handwerkliche Fähigkeiten oder um Erfahrungen handelt: »Du reichst ihm was ich dir gegeben / Und sagst ihm was ich dir gesagt ...« Der durchökonomisierten Gesellschaft ist solch bewahrende Geste, die an den Generationszusammenhang erinnert, wesensfremd. So wird ein Gedicht wie dieses zum verstörenden, vielleicht auch sinnstiftenden Signal.

NORA BOSSONG

Rattenfänger

Zwei Jungen traf ich
unterm Brückenbogen nachts die
pinkelten den Pfosten an und
sagten dass sie sieben seien
sagten dass sie Flöhe hätten sie
lachten über mich als ich
es glauben wollte nichts zu holen
außer Flöhe verriet der Kleinere
der zeigte aufs Gebüsch und trat
mir in den Spann ich hätt mich gern
in ihn verliebt so billig war
in jener Nacht sonst nichts mehr
zu erleben der Große fragte
ob es stimmt dass auch das Tier
allein nicht sterben kann es war
zu spät für Jungen unter dieser Brücke

Es gibt keine Unschuld im nächtlichen Dickicht der Städte. Zwei Jugendliche, vielleicht noch Kinder, gehen unterm Brückenbogen ihren Geschäften nach. Sie kokettieren mit der Verwahrlosung, geben vor, von Flöhen befallen zu sein. Eine klar umrissene Szene – so scheint es. In einem kalkuliert naiven Erzählgestus nähert sich das Gedicht dem Bezirk des Verbotenen. Man befindet sich an einem Ort, der in der Regel den Marginalisierten vorbehalten bleibt: den Stadtstreichern, den Prostituierten, dem Drogenmilieu. Es bleibt zunächst offen, ob ein männliches oder ein weibliches Ich die Szenerie beobachtet und den morbiden Reiz der Konstellation goutiert. Das Erzählerische des Gedichts schützt Klarheit nur vor; aber nichts liegt hier offen zutage. Stattdessen wird alles in der Schwebe gehalten: das Alter der zwei Jungen, das Vorhandensein der Flöhe, das Lavieren zwischen kokettem Spiel und plötzlicher Gewalt. Und auch die Interessenlage des Ich. Geht es um käufliche Liebe, um sexuellen Tauschhandel mit Minderjährigen oder doch nur um ein harmloses Abenteuer zweier Kinder?

Der Titel des Gedichts gibt den entscheidenden Hinweis. Er evoziert nicht nur die Kulturgeschichte der tödlichen Verführung. Der »Rattenfänger« aus der berühmten Legende hatte einst die Kinder einer ganzen Stadt ins Verderben gelockt, um auf Nimmerwiedersehen mit seiner Beute zu verschwinden. Für das vorliegende Gedicht bedeutet das: Die Lyrikerin Nora Bossong bedient sich einer Rollenmaske. Das lyrische Ich spricht aus der Perspektive eines (potentiellen) Täters. Im scheinbar neckischen Kinderspiel mit genitaler Protzerei und einem allzu neugierigen Ich regiert der »Rattenfänger«, der über den »billigen« Erwerb von Liebesdiensten nachdenkt. Dominantes Subjekt ist das Ich, dessen besitzergreifende Annäherung an die beiden Jungen mit einem »Tritt« beantwortet wird. Je näher man das Gedicht anschaut, desto mehr Rätsel tauchen auf.

Das Rätsel wird noch vertieft durch die Frage des einen Jungen nach dem Sterben eines Tiers. Nora Bossong hat eine ganze Reihe von Gedichten geschrieben, in denen durch die Präsenz von Tieren eine irritierende Geheimnishaftigkeit erzeugt wird. Gleich in ihrer ersten Gedichtveröffentlichung im »Jahrbuch der Lyrik 2005« führt sie einen heiklen lyrischen Balanceakt vor: Das frivole Spiel ihrer Protagonisten findet an den offenen Grenzen von Sexualität und Gewalt statt. Dort wartet aber schon ein »Rattenfänger«, um sein tödliches Ritual in Gang zu setzen. So durchläuft das Gedicht in wenigen Versen eine enorme Strecke: Das Kokettieren mit dem Verbotenen führt plötzlich in die unmittelbare Todesdrohung, die in der Frage nach dem Tod aufleuchtet: »ob es stimmt dass auch das Tier / allein nicht sterben kann«. Das Gedicht verbirgt diese unerhörten Vorgänge hinter seinem lakonischen Erzählgestus. Und doch sind wir am Ende im Terrain des Entsetzlichen. Es hat eine tödliche Grenzüberschreitung stattgefunden. Die Schlusszeile in diesem verstörenden Nachtbild hat etwas Fatalistisches, das Schicksal der beiden Jungen ist besiegelt: »es war / zu spät für Jungen unter dieser Brücke«.

ULLA HAHN

Gertrud Kolmar

Auf meinen Knien das Häufchen
Fotokopien wird leichter

Langsamer lesen

Mit jedem Blatt lege ich Lebenszeit ab
von einer die schrieb im vorletzten Brief:
Ganz ohne Freude bin ich freilich nicht
Sie meinte ihre Erinnerungen
Weinte mit keinem Wort
Lebte vom Leben schon sehr weit entfernt
Legte an alles Geschehen längst
den Maßstab der Ewigkeit
Trat freiwillig unter ihr Schicksal
Hatte es schon »im voraus bejaht, sich ihm
im voraus gestellt« schrieb sie

Langsamer lesen

Wir wissen nicht wo sie starb
Wir wissen nicht wann sie starb
Ihre Mörder sind bekannt

Im letzten Brief fiel ihr »eben etwas
Ulkiges ein«. Versprechen und Pläne. Herzliche Grüße

Langsamer lesen

Immer wieder von vorn.

In den siebziger Jahren war Ulla Hahn, die erst auf Umwegen zum Studium der Literaturwissenschaft kam, eine streng politisch orientierte Genossin. Sie veröffentlichte Artikel in DKP-nahen Organen, schrieb über Günter Wallraff, den Werkkreis Literatur der Arbeitswelt und promovierte 1978 linientreu über »Operative Literatur in der BRD«. Die Gedichte jedoch, mit denen sie dann in den achtziger Jahren so schwindelerregende Auflagen, Lob (besonders in der FAZ) und hochdotierte Preise errang, schienen von einem Positionswechsel zu zeugen, und flugs war eine sich links verstehende Kritik dabei, sie mit Etiketten von »idyllisch-biedermeierlich« bis »zutiefst reaktionär« zu kennzeichnen. Man entdeckte in Ulla Hahn plötzlich eine Renegatin, die dem gesellschaftlichen Engagement abgeschworen hatte.

Von heute her gesehen nimmt sich diese Debatte, zumal sie im exklusiven Lyrikpark stattfand, bizarr aus. Während man sich selbst heimlich aus dem öffentlichen Raum abzusetzen begann, prügelte man unverdrossen auf die erfolgreiche Dichterin ein, der man die Anerkennung neidete. Vor allem das hymnische Lob Marcel Reich-Ranickis, damals noch vielgehasster Literaturchef der FAZ, hat Ulla Hahn bei der politisch korrekten Kritik – nicht bei den Lesern – geschadet. Gerüchte, Witzeleien machten die Runde, und in einschlägigen Anthologien sucht man ihren Namen vergeblich.

Im Kern ging es um Ulla Hahns Verhältnis zur lyrischen Tradition, um ein vielleicht allzu sorgloses Anknüpfen an klassisch-romantische Themen und Versformen (vom Minnesang bis zu Heinrich Heine). Dass sie auf avantgardistische

Experimente und überhaupt schrille Dissonanzen verzichtete, wurde ihr als restaurative Sehnsucht nach dem »Schönen« und »Maßvollen« ausgelegt, das nicht mehr sein durfte. Die Krisenerfahrungen der Moderne – wurde moniert – seien in ihre »vergangenheitsseligen Texte« nicht eingegangen. Die Leichtfüßigkeit ihrer Verse, das virtuose Spiel mit Reimen und Zitaten, erschienen als »rein affirmativ«, »heimelig« und »zeitlos fad«.

Dass Ulla Hahn mehr kann, als kunstgewerblich an einer »heilen Welt« zu basteln, lehrt schon ein flüchtiger Blick in ihre Gedichtbände. Es gibt darin gereimte wie ungereimte Strophen, in denen all das vorkommt, was in den Gedichten anderer Lyriker dieser Generation auch auftaucht – der Alltag: geschminkte und ungeschminkte Frauen; Männer, die im KZ waren oder bei den Nazis; Menschen im Kaufhaus und im Freibad; Liebende, Dichter und Gärtner.

Auch die ernsten politischen Themen hat Ulla Hahn, bei aller Neigung zum erotischen Reimgespinst, nie aus den Augen verloren. Als Beispiel mag ihre Beschäftigung mit der bedeutenden jüdischen Dichterin Gertrud Kolmar dienen, deren Spuren sich im März 1943 in Auschwitz verlieren. 1983 hat Hahn in der Bibliothek Suhrkamp eine Auswahl von Kolmars Gedichten mit einem Nachwort herausgebracht. In ihrem Gedichtband »Epikurs Garten« (1995) findet man das Poem »Für Gertrud Kolmar«. Sie spricht darin sympathetisch die Ältere, stets Einsame und Sehnsüchtige an, die ein Kind abgetrieben und darunter gelitten hat: »Etwas wie Kinderweinen ist seither in deinen Gedichten«.

Das hier vorgestellte, mit »Gertrud Kolmar« überschriebene Gedicht steht in Ulla Hahns zweitem Band »Spielende« (1983). Es ist an schlichtem Ernst kaum zu überbieten: karg aneinandergefügte Zeilen, reimlos; von Biedermeier keine Spur. Man sieht die Herausgeberin bei ihrer Erinnerungsarbeit, Fotokopien der Gedichte, Erzählungen und Briefe Kolmars auf den »Knien«, sie langsam und immer neu studieren, wie in einem klösterlichen Raum, ganz dieser Tätigkeit des Lesens hingegeben. Zum Teil wörtlich zitiert wird aus den beiden letzten Briefen, die Gertrud Kolmar im Februar 1943 aus Berlin an ihre Schwester Hilde schrieb, der die Flucht in die Schweiz gelungen war. Die Dichterin weigerte sich zu fliehen und trat – im Vertrauen auf die Schrift, die geliebte Sprache, das Wort – »freiwillig unter ihr Schicksal«.

MONIKA RINCK

tour de trance

my task, she said, was poisoning time

wie sich alles drehte, wiederholte, dehnte,
und rotierte, die wärme war a space so vast,
so katastrophisch groß, war sie arena
worin die trümmer von objekten trieben,
wilde schläge in der ferne, keiner hörte,
jeder fühlte, die wellen der erschütterung.
wo etwas fehlte, wurde alles größer,
drehte sich, rotierte, kam ins schlingern
und blieb dann in der mitte liegen.
die müdigkeit war eine kur, das gewicht
der atmosphäre, halluzinogene leere
federte, es drehte sich jetzt weniger
als wären die schläge, in dem was sie sind
gegenstand der verdünnung, als würde
die zeit, der reißende raum, präzise und
zärtlich vergiftet, in ihrem gewebe stiege
die chemische schwäche, es schäumte,
erstickte, das weiße lager der krusten,
das sich formierte, wird reicher und toxisch
verrauschten die schläge, es dreht sich,
dreht sich, unmerklich, und steht.

Vergiftung der Zeit

»Trance« – das kann eine hypnotische Erfahrung sein, ein prärationales Dahintreiben in ungesicherten Bereichen, ein Vagabundieren im Dämmerzustand. »Trance« – das kann auch die musikalische Stimulation dieses hypnotischen Zustands sein, eine Musik, die den Körper zugleich öffnet und überschwemmt, die ihn selbst fluid macht. Eine »tour de trance«, wie sie im vorliegenden Gedicht inszeniert wird, ist keine »Tour der Leiden«, wie sie etwa der autodestruktive Radsport (auf den wortspielerisch angespielt wird) von den Akteuren einfordert. Es ist vielmehr – zunächst – eine öffnende, wärmende, bewusstseinserweiternde, an den blendenden Bildern des Traums angelagerte Bewegung, ein affektiver Dynamismus, der ins Offene führt.

Monika Rincks »tour de trance« konzentriert sich auf Verben der Bewegung: drehen, dehnen, treiben, rotieren, schlingern – und immer wieder drehen. Das Gedicht selbst will diese Drehungs-Prozesse in seinem rhythmischen Zeremoniell nachvollziehen. Aber in die glückliche Trance, die sich in der Erfahrung der unendlichen Ausdehnung des Raums andeutet, brechen früh Signale des Zerstörerischen ein: der unendliche Raum hat etwas »Katastrophisches«, in ihm treiben auch Trümmer nicht naher bestimmter Objekte. Die Drehbewegung kommt zum Stillstand. So stößt der fluide Aggregatzustand der Trance im Verlauf des Gedichts immer häufiger auf Widerstände, auf Destruktivkräfte, die sich zunächst als »Schläge«, dann als toxische Phänomene geltend machen. Die »Vergiftung der Zeit« wird schon im Motto des Gedichts heraufbeschworen – und das legt sich als Drohung auf die folgenden Verse.

In den Gedichten der 1969 geborenen Monika Rinck geht es meist um eine poetische Bündelung unterschiedlichster Reflexions- und Assoziations-Kräfte, um die Integration disparatester Gedanken und Bilder in eine »mobile Form«. In einer poetologischen Notiz, die bislang nur im Internet zugänglich ist (www.metroprolet.de), verweist die Autorin auf das »vertikale Wort«, das eine starke Bindekraft hat und spracharchäologisches Instrument sein kann: »das wort, das die schichten aneinanderheftet, oder das sich durch die schichten fräst ... das wort, das zirkuliert, obwohl es seinen platz hat ... diese worte sind der sitz einer dringlichkeit.« In ihrer literarischen Arbeit verwickelt sich die Autorin bewusst in ein Spannungsverhältnis von medientechnischen, philosophischen und lyrischen Inspirationen, in dem stets neue, überraschende Lösungen gefunden werden müssen.

Indem es dem »spin der Wahrnehmung« (Ulrike Draesner) folgt, scheint sich das Gedicht zu drehen – in der »tour de trance« vollzieht es zusätzlich die Verräumlichung von Zeit: »Words that spin«. Die »tour de trance« spricht aber auch von Abgründen: vom gewaltsamen Stillstand und von der »vergifteten Zeit«.

GERTRUD KOLMAR

Travemünde

Über uns Abend: schwaches Rosenflehn.
Unter uns Sand. Tote Muscheln. Tang.
Um uns Wind in finsterer Mäntel Wehn
Und Meergesang.

Unsere Nüster sog, die Lippe sann
Ruch von Salz und See und Nichtmehrsein,
Da das Wasser gnadelos hinverrann,
Bleich am Strande traurige Fische schrein.

Seine Lieder troffen von Ewigkeit,
Seine Stirnen schäumten glasiges Licht,
Seine Augen schauten, leer und weit,
Sinkender Welt Gesicht.

Unser zarter Tag entzitterte welk,
Hing wie Fledermäuse im Winterschlaf
Mit erstarrten Träumen am Gebälk
Schwarzen Leuchtturms. Und das Murmeln traf

Unsere Seelen, wallte, wurde groß
In der Brust dir, die umwuchert schwand
Unter Algenhaaren, nachtgrünem Moos.
Und du rührtest mich mit kühler Hand

Stillen Meeres ...

»Aus dem Dunkel komme ich. / Durch finstere Gassen schritt ich einsam.« Gertrud Kolmar, die 1943 in Auschwitz starb, ist bis heute eine geheimnisvolle Gestalt. Auch ihr Werk bleibt vielfach rätselhaft und ist, ungeachtet aller editorischen Bemühungen, nie so angenommen worden, wie es seinem Rang entspricht. Im Dezember 1934 traf sie sich zum ersten Mal mit einem acht Jahre jüngeren Mann, für den sie lange eine ebenso heftige wie hoffnungslose Liebe empfand. Es war der 1902 in Heidelberg geborene (und dort 1989 gestorbene) Karl Joseph Keller, der zum Zeitpunkt des Zusammentreffens bereits zwei Gedichtbände veröffentlicht hatte, so beim angesehenen Verlag Wolfgang Jeß in Dresden die »Gesänge an Deutschland«, hochfahrende Verse, die in ihrer pathetischen Abgehobenheit ein wenig an Hölderlin, mehr jedoch an den ebenfalls in Heidelberg lebenden Alfred Mombert erinnern. Der glühende Verehrer Deutschlands und die ausgestoßene, verfolgte Jüdin – ein ungleiches Paar, das die mit Gertrud Kolmars Leben und Werk wissenschaftlich Befassten stets aufs Neue zu irritieren scheint.

Denn die Dichterin war von Keller, der sich mit dem Nimbus des Abenteurers und Klabautermanns umgab, nicht nur persönlich gefesselt, er hat auch in einigen ihrer bedeutendsten Texte Spuren hinterlassen. So tritt Keller etwa in dem mythischen Zyklus »Welten«, der letzten abgeschlossenen Gedichtsammlung Kolmars, entstanden 1937, erstmals gedruckt 1947, überdeutlich in Erscheinung. Auch zwischen Gedichten Kolmars und Kellers gibt es spannungsreiche Beziehungen.

Weihnachten 1939 hat sie ihn zum letzten Mal in Ludwigshafen aufgesucht, wo er bei der IG Farben als Chemielaborant arbeitete. Sie wollte ihm seine Briefe und Manuskripte zurückgeben, die bei ihr nicht mehr sicher seien, und erhoffte sich wohl auch Schutz und Hilfe oder wenigstens Zuwendung. Doch Keller, nicht nur ein blasser Poet, sondern auch ein schwacher, zum Selbstmitleid neigender Mensch, hatte hinter ihrem Rücken längst eine andere geheiratet und wies Kolmar ab, die fluchtartig aufbrach. Vermutlich hat er anschließend, aus Furcht, seine Beziehung zu einer Jüdin könnte entdeckt werden, sämtliche Briefe, auch die ihren, vernichtet.

Genau fünf Jahre vorher, bei jener ersten, von Kolmar als »schön«, ja glückhaft empfundenen Begegnung, hielten sich beide etwa drei Tage lang in Hamburg und Lübeck auf. Sie besuchten die Kunsthalle, standen vor dem Buddenbrook-Haus, gingen in Travemünde am Strand spazieren. Bald darauf dürfte Gertrud Kolmar die sieben Gedichte niedergeschrieben haben, die sie als ihr »Reisetagebuch« bezeichnete. Das mit »Travemünde« überschriebene schildert einen gemeinsam-einsamen Winterabend am Meeresstrand.

Die Verse sind meist fünfhebig, gereimt und von einem starken Rhythmus bewegt. Das Metrum ist uneinheitlich, es springt, oft mitten im Vers, vom Daktylischen ins Trochäische und umgekehrt. Ein düster-stimmungsvoller Text; man meint, den leeren Strand am Abend zu sehen, das Meer zu hören und zu riechen. Und man ahnt, wie fragil dieses späte »Glück« der Gertrud Kolmar war, wenn von »sinkender Welt«, »gnadelos« verrinnendem Wasser und »schreienden« Fischen die Rede ist. Vor der »Ewigkeit« der gewaltigen Natur erzittert »unser zarter Tag«. Doch ein Abglanz des murmelnden Meeres lebt auch in der Brust des Geliebten weiter, der am Ende des Gedichts angesprochen wird und im mythisch-erotischen Bild des Wassermanns erscheint: »In der Brust dir, die umwuchert schwand / Unter Algenhaar, nachtgrünem Moos.«

Ähnlich hat Kolmar in anderen Texten die Vereinigung der liebenden Frau mit dem »Schwan«, der mit dem »Wassermann« verschmilzt, als Naturereignis gefeiert, an dem Meer und Wind teilhaben, den kleingewachsenen und durchschnittlichen Karl Joseph Keller damit gewiss hoffnungslos überfordernd: »O breiter Flügel, zuckender Schulter entstiegen! / O bleicher Schwanenflügel, der mich beschattet! / O Nacken, flaumige Brust, o Leib, den ein Wiegen / Verschilfter Bucht umschläfert, zärtlich ermattet!«

DOROTHEA GRÜNZWEIG

DIE VATERLIEBE NICHT
gekannt als Kind bei Leib
wenn auch bei Leben es gab
sie ja sie gabs der Vater
Wortausrichter Mann aus
Wort trug sichs so zu dass
diese Lieb auch heut noch in
den Worten bis
zum Buchstab und den
Buchstabenzwischenräumen wohnt
Ich kann mich ja an viele Worte
'S ist Frage nur den rechten
nachzujagen lehnen
wärmen von
meinen unbehausten Zehn bis
zu dem Kopf der diese
Zuschirmung durch
Worte Schutzzusprechung seit
Kindsentsinnen sucht

Unser ironisches Zeitalter hat jede romantische Regung und jeden höheren Auftrag an die Dichtkunst unter Ideologieverdacht gestellt. Wer am Glauben auf eine »Zuschirmung durch Worte« festhält, der wird als naiver Spätling der deutschen Kunstreligion belächelt. »Wer heute als Heinrich von Ofterdingen erwacht«, so pointierte schon Walter Benjamin, »muss verschlafen haben«.

Die Dichterin Dorothea Grünzweig hat sich das allerorten brüchig gewordene Vertrauen in die »wärmenden« Worte der Dichtung bewahrt. 1952 in der schwäbischen Provinz bei Stuttgart geboren, wuchs die Autorin in einem protestantischen Pfarrhaus auf – und knüpft nun in Gestus und Motivik an jene pietistische Gefühlskultur der Empfindsamkeit an, der wir die großen Werke der romantischen Schule verdanken. Seit 1989 lebt Dorothea Grünzweig in Finnland und flicht dort als »Bürgerin zweier Sprachwelten« an einer naturmagischen Textur, in der finnische und deutsche Sprachoffenbarungen eine innige Symbiose eingehen. Seit 1997 hat die Autorin drei Gedichtbände vorgelegt – aber noch nie ist sie ihrem Traum eines »magischen Singens« so nahe gekommen wie in ihrem Gedichtbuch »Glasstimmen lasinäänet« (»lasinäänet« ist die finnische Vokabel für »Glasstimmen«).

In sieben großen Kapiteln wird in diesem Band »das Singen in Klanglust und Bilderrede« erprobt. Dass es sich dabei um ein zutiefst romantisches Projekt handelt, erschließt sich auch aus dem zeitgleich erschienenen Essay »Die Holde der Sprache« (Edition Ulrich Keicher), in dem die Dichterin ihr Nomadisieren zwischen zwei Sprachlandschaften als sprachmystisches Erweckungserlebnis beschreibt. Die Begegnung mit den »bergenden Wörtern« des Finnischen weckt die romantische Sehnsucht nach einer paradiesischen Ur-Sprache. Wie im vorliegenden Gedicht kehrt Grünzweig auch im Essay zu den Wurzeln ihrer Kindheit im protestantischem Pfarrhaus zurück, in dem die Ehrfurcht gebietende Sprache des Vaters, des mächtigen Pastors, die unbezweifelbare Sprache des Göttlichen war. Die intime Nähe dieser Poesie zum Gesang hat ihren biographischen Ursprung im ritualisierten Singen der Pastorenkinder nach dem Gesangbuch, im täglichen Repetieren der Choräle.

Die Erinnerung des Gedicht-Ichs an die »Vaterliebe« bleibt im Gedicht zwiespältig. Zunächst wird sie schroff negiert, um sie gleich darauf wieder ehrfürchtig zu beschwören. Denn der als unfehlbarer »Wortausrichter« in strenger Definitionsmacht über die Welt gebietende Vater vermittelt auch die Sehnsucht nach intimer mystischer Nähe zu den Buchstaben. Die Poesie als Obdach und Rettung, die uns »Schutzzusprechung« gewährt – man muss vermutlich an der europäischen Peripherie leben, um diese poetische Confessio noch formulieren zu können. Wir aber dürfen es einen Glücksfall nennen, dass es noch Gedichte wie die von Dorothea Grünzweig gibt, die uns – wie es ihr Essay andeutet – am »Nachglühen des Gartens Eden« teilhaben lassen.

RAOUL SCHROTT

Über das Heilige I

ins ende gebaut. und an jeder schwelle das land fuß fassend
in den ackersohlen bis unter den riegel des karstes
wo es seinen kniefall macht. der talschluß als fundament
eines tempels in dem man keiner gottheit je ein standbild
aufstellte. nur die im absterben hoch aufragenden agaven
säumen den steig: jahrhundertpflanzen. du warst es
derer dieses steinerne schweigen gewahr wurde. das raffen
des kleides in den schoß sein rascheln bei jedem schritt
der stöckelschuhe und wie es sich an der achsel straffte erhielt
die nähe einer gegenwart in der sich all das vereinzelte verriet
und hart hervortrat. an den säulen war der mantel
unabgeschlagen die fältelung nicht ausgekehlt. der stirnfries
und das giebelfeld wie ein vom salz zerfressenes paneel
blieben leer unter zuviel himmel. aber da war ein umriß
das rot des kleids tiefer eingedunkelt als die blütenstände
das weiß der arme verletzlich. dein unbefangenes bewahrte es:
dem göttlichen zu widerstehen das sich vollendet wähnte
ohne sich ihm zu widersetzen nahm der ohnmacht ihr erstarrtes

Was hier »ins ende gebaut« erscheint – ans Ende der bewohnten Welt oder auch nur ans Ende eines Gebirgstals – ist ein Tempel auf einem Kalkhügel, von jähen Schluchten umgrenzt, ein heute einsamer, numinoser Ort, den man treppauf, Schwelle um Schwelle erreicht. Ein Tempel freilich, »in dem man keiner gottheit je ein standbild / aufstellte«, dessen dorische Säulen ohne Kanneluren sind und dessen Giebelfeld immer »leer« blieb. Das bedeutet, der Tempel – es handelt sich um den grandiosen Bau von Segesta auf Sizilien – wurde nie fertiggestellt, auch nie geweiht; er ist ohne Namen. Ein »du« wird in diesem »steinernen schweigen« angesprochen, eine Frau, man meint, das Rascheln ihres Kleides und das Klappern ihrer Stöckelschuhe zu hören. Ihre sinnlich-unbefangene Gegenwärtigkeit (»das rot des kleides«, »das weiß der arme«) raubt der Ohnmacht des unvollendeten Heiligen »ihr erstarrtes«. Die Geliebte, als moderne, profane Erscheinungsform des Göttlichen, nimmt, wenigstens für einen Augenblick, dessen Platz in der leeren Cella des Tempels ein.

Wie bei Raoul Schrott, dem Lyriker, Romancier, Essayisten und glanzvollen Vermittler der »Erfindung der Poesie« (1997), kaum anders zu erwarten, ist das Gedicht in einem erhabenen Ton geschrieben, der dem titelgebenden »Heiligen« entspricht. Schrott pflegt das Handwerkliche, die überlieferten Formen der Lyrik als verborgene Kraftquellen, ohne sie in einem strengen Sinn zu erfüllen. So besteht das vorgestellte Gedicht aus rhythmisch bewegten Langzeilen, lässt jedoch ein festes Metrum vermissen. Ebenso sind die Reime oft nur schwer erkennbare Halbreime, Assonanzen und Konsonanzen, also in gewisser Weise

›unvollendet‹. Schrott vermeidet den vollmundigen Gleichklang, der Tautologien produzieren könnte, ebenso wie die Gefahr der Redundanz eines sich wiederholenden Versmaßes. Vermutlich kommen ihm Jambus und Hexameter abgenutzt vor (was heute längst nicht mehr der Fall ist). Dabei erschwert der frei variierende Umgang mit den tradierten Mitteln die Lektüre nicht unbeträchtlich.

Das hier vorgestellte Poem entstammt Schrotts »Weißbuch«, das insgesamt 77 Gedichte umfasst, flankiert von beinahe ebenso vielen teils poetologisch reflexiven, teils tagebuchartigen Randglossen, die zugleich den Ort und den Tag der Entstehung der einzelnen Texte festhalten. »Weißbuch« ist kein herkömmlicher Gedichtband, der mehr oder weniger zufällige Erfahrungen, über Jahre in Gedichtform geronnen, zusammenfasst, sondern ein den Leser aufs Äußerste beanspruchender poetisch-wissenschaftlicher Zyklus, ein dramaturgisch kalkuliertes Reiseprogramm, ein organisierter Aufmarsch am Schreibtisch hart erarbeiteter Texte, vielfältig begleitet durch Theorien und mythologischen Bildungsstoff. Allein 20 Gedichte tragen den lehrhaften Titel »Über das Heilige«.

Aus der Nähe betrachtet, handelt es sich um Liebesgedichte, Verse über »das Heilige, die Jagd und die Frau« (wie Vor- und Nachwort überschrieben sind). Schrott sieht das Heilige nicht religiös eingebunden, es wird eher in der Erscheinung des Ungewöhnlichen, ganz Anderen und übermächtig Fremden erfahrbar, etwa in der Leere und Stille einer Ruine, in den Wundern der Natur (sprechende Bäume und Quellen), in den vieldeutigen Beispielen der Poesie und natürlich auch in der geliebten Frau, die in einigen Texten als das gejagte Wild erscheint.

Im vorliegenden Gedicht könnte die Geliebte, im roten Kleid, auf Stöckelschuhen, sogar die Göttin der Jagd, Diana, selbst vorstellen in der Einsamkeit dieses namenlosen Bergtempels, der so auch, dank Schrott, dem Wortjäger, endlich zu einem Namen käme.

KARL MICKEL

Sie

Ein wenig fröstelnd aber leichten Fußes
Ging sie dahin am Rand der Stadt und fluchte
Der Ton melodisch, dass die Knospen sprangen
Die Worte Unflat, dass der Schlamm erbebte.

In sich versunken an dem fremden Orte
Drang sie hindurch durch Zäune und Verhaue
Nur ihr Kontur ward trübe in den Mauern
Doch höher die Gestalt, die draus hervorging.

Sodaß alsbald, je mehr sie sich entfernte
Der Erde Krümmung ihre Wade deckte
Des Schrittes Schwung der Blicke Winkel ausmaß
Und auf dem Scheitel jäh der Pol-Stern flammte.

Sie wandte sich. Ich sah die schwarzen Zähne
Und sahe die vernähten Augenlider.

Der blinde Engel der Geschichte

In Alterswerken großer Meister blühen oft die Allegorien. So liegt es nahe, das grimmig vor sich hin fluchende Wesen, das da in einem späten Gedicht Karl Mickels durch das Dickicht der Städte stapft, als finsteren Engel der Geschichte zu identifizieren. Was mutet uns diese namenlose »Sie« zu, die an die urbanen Ränder gelangt und bald darüber hinaus strebt? Nichts als Flüche und unflätige Gesänge, nichts als die immer größer werdende Entfernung zu unserer universell verriegelten Lebenswelt. Nichts kann dieses Geschöpf aufhalten, mit großer Entschlossenheit bahnt es sich seinen Weg durch Zäune und Verhaue. Viel spricht dafür, dieses weibliche Wesen als eine allegorische Personifikation der Geschichte zu entziffern, zumal Mickel auch eine Anspielung auf die Denkfiguren der Dialektik in sein Gedicht platziert hat – mit seinem diskreten Hinweis auf die »höhere Gestalt« der Stadtgängerin, ein Motiv, das auf den Fortschrittsglauben materialistischer Geschichtsphilosophien referiert.

In der DDR galt Karl Mickel als zwar staatsbejahender, aber auch skeptischer Materialist, der von den Literaturpolizisten misstrauisch beäugt oder gleich als »krankhaft« abgetan wurde. Sein an Goethe und Brecht geschulter Klassizismus verbündete sich mit einer gewissen Derbheit, die er den proletarischen »Leuten vom Berliner Hof« (Mickel) ablauschte. Im vorliegenden Gedicht gibt es ein ironisch-kokettes Spiel mit den wirkungsmächtigen Topoi des linken Geschichtsoptimismus. An die Peripherie geraten, blickt sich die namenlose »Sie« noch einmal um – verwandt darin Walter Benjamins Engel der Geschichte, der ja beim Blick auf die Vergangenheit »eine einzige

Katastrophe« sieht, »die unablässig Trümmer auf Trümmer häuft«. Bei Mickel scheint die Gestalt der namenlosen »Sie« immer größere Dimensionen anzunehmen. Aber der visionäre Blick bleibt ihr verwehrt, der Engel der Geschichte ist zur Blindheit verdammt: »Sie wandte sich. Ich sah die schwarzen Zähne / Und sahe die vernähten Augenlider.«

In seinen späten Gedichten konnte Mickel mit seiner kalten Virtuosität im Gebrauch des jambischen Versmaßes und mit seiner ausgeklügelten Formbeherrschung im stoischen Altersstil noch einmal zeigen, warum er als »die Autorität der deutschen demokratischen Lyrik« (Bert Papenfuß) bewundert worden ist. Für die Hoffnungen auf die demokratische Transformation der realsozialistischen Welt hatte er am Ende nur noch Hohn übrig, so auch in einem Gedicht über Wandlitz, das in zeitlicher Nähe zum vorliegenden Text entstanden ist: »Die blinde Nymphomanin mit dem Streukrebs / War das die Dame Hoffnung«.

PETER HÄRTLING

Christian Wagner in seinem Haus

Die Stube geweißnet,
die Sätze ausgeschickt, alle,
die Geiß gemolken,
den Himmel übers Haus gespannt,
                                        jetzt
                                        kann er die Antworten
                                        einsammeln
                                        und unter die Türschwelle
                                        legen:
                                        Ihr seid alle
                                        willkommen.

Die Schatten der Kindheit liegen schwer über Peter Härtlings Lebenswerk. Der vielseitige und enorm produktive Autor wurde 1933 in Chemnitz geboren und wohnte ab 1941 im mährischen Olmütz. Auf der Flucht 1945 geriet die Familie nach Zwettl in Niederösterreich, wo der Vater in einem Kriegsgefangenenlager umkam, und landete schließlich 1946 in Nürtingen am Neckar, wo die verzweifelte Mutter sich das Leben nahm. Der so jäh vertriebene und verwaiste Junge hat sich in der schwäbischen Kleinstadt, in der auch Hölderlin aufgewachsen ist, als Fremdling empfunden, als einer, der nicht »willkommen« ist. Kein Wunder, dass er sich zeitlebens den Außenseitern, Sonderlingen und Wanderern unter den Künstlern verwandt fühlte, neben Hölderlin vor allem Waiblinger, Mörike, Lenau, Robert Schumann und dem Franz Schubert der »Winterreise«.

Doch über das Schreiben und die Beschäftigung mit der schwäbischen Dichtung dürfte Härtling im fremden Terrain auch ein wenig heimisch geworden sein, ja, er hat sich, zumindest für Außenstehende, fast in einen Schwaben verwandelt, einen der besten Kenner von Landschaft und regionaler Kultur. Sein Bemühen um die schwäbisch-süddeutsche Dichtung musste ihn irgendwann zu Christian Wagner führen. Der 1835 in Warmbronn bei Stuttgart geborene (und dort 1918 gestorbene) Dorfpoet und Kleinbauer veröffentlichte mit 50 Jahren sein erstes Buch. Tags auf dem Feld und im Stall tätig, las und schrieb er bei Nacht, ein Grübler, Deuter und selbsternannter »Prophet«, beherrscht von dem Glauben, in jeder Kreatur walte eine Seele, die einmal eine Menschenseele gewesen sein könnte: »Kannst du wissen, ob von deinem Hauche / Nicht Atome sind am Rosenstrauche?« Folglich sprach er wie der heilige Franziskus zu Tieren und Pflanzen, er jätete kein Unkraut und schlachtete sein Vieh nicht.

Wagner hat einige anrührende Gedichte geschrieben, die sich den Erscheinungen der Natur – einem Falter, einer Blume – mit Andacht nähern und so zu einer ganz eigenen Sprache finden, daneben aber auch viel Glaubensdeklamation und leere Reimerei. Vor allem seiner großen Naturgedichte wegen haben sich bedeutende Schriftsteller, von Hermann Hesse bis Peter Handke, für den Ekstatiker (»Götter müssen wir werden!«) eingesetzt, dessen »großartiger Glanz in den Augen« schon den jungen Gustav Landauer beeindruckt hat.

Mit dem hier vorgestellten Gedicht reihte sich Peter Härtling um 1985 in den Kreis der Bewunderer des »Bauerndichters« ein. Der sitzt allein in seiner kargen Stube, die er frisch »geweißnet«, also getüncht hat. Körperliche wie geistige Arbeit sind getan, »alle« Sätze ausgeschickt in eine windstille Märchenwelt, die hermetisch abgedichtet erscheint. Wo befinden sich Frau und Kinder? Und was sind das für ausgeschickte »Sätze«, Botschaften vielleicht oder eher Fragen, die wie von selbst »Antworten« hervorrufen, die der buddhahaft Dahockende nur noch »einsammeln« und magisch »unter die Türschwelle legen« muss, wo sie geheimnisvoll weiterwirken; Glücksmomente der Sprache, Verse von biblischer Einfachheit wie die Härtlings ...

In seiner Glaubensgewissheit sind dem Dichter »alle« Antworten »willkommen«, er kennt sie wohl schon im voraus, hat sie selbst unterm engen Himmelszelt formuliert. In seinem Buch »Neuer Glaube« (1894) hat Christian Wagner, zwischen Frage und Antwort wechselnd, sein Evangelium der Schonung alles Lebendigen zusammengefasst: »fragesingend, antwortsagend«.

LIOBA HAPPEL

ICH HABE EINEN APFEL GEGESSEN

Er war makellos giftig und rund
Ich habe ein stilles Tier verschluckt
In der Farbe eines mythos-verwobenen Morgen
Ich war böse gewesen und jetzt lächle ich
Ich war zornig
Und jetzt danke ich Gott
Für einen letzten glücklichen Tag

Letzte glückliche Tage

»Am Anfang war der Apfel«: Im Titel einer Kunstausstellung wurde sie vor einiger Zeit wieder aufgerufen – die Ursprünglichkeit der gefährlich lockenden Frucht. Tatsächlich ist der Apfel ein zentrales mythisches Objekt: als verbotene Frucht des Paradieses, als Zeichen der Verheißung und Instrument der Verführung, nicht zuletzt auch als ein Symbol der Schöpfung. Der antike Mythos berichtet, dass es Dionysos, der Gott der Fruchtbarkeit war, der die Apfelbäume schuf und Aphrodite, der Göttin der Liebe, die Liebesfrucht schenkte. Die Genesis erzählt vom Fehlgriff Evas zur verbotenen Frucht, der zur Vertreibung aus dem Paradies führt.

In der mittelalterlichen Schrift »liber de pomo«, die von einem unbekannten Verfasser vermutlich um 1300 geschrieben wurde, ist es dann der Philosoph Aristoteles, der einen Apfel als Zeichen der Ermutigung an seine Schüler weiter reicht. Auf dem Sterbelager hantiert Aristoteles mit dem Apfel als letztem Lebenselixier, da ihm dessen Duft die nötige Kraft zur Unterweisung seiner trostbedürftigen Schüler verleiht. Ein halbes Jahrtausend später wird ein vergifteter Apfel zum Topos eines berühmten Märchens der Gebrüder Grimm. In diese Motivgeschichte des ebenso oft begehrten wie verbotenen Apfels taucht auch das vorliegende Gedicht von Lioba Happel ein.

Nach den anmutig-neuromantischen und pathetisch-düsteren Gedichten der Bände »Grüne Nachmittage« (1989) und »Der Schlaf überm Eis« (1995) ist es um die Dichterin Lioba Happel still geworden. Schon in ihrem zweiten Band dominierten Verzweiflungsbilder der Kälte, Vereisung, Entfremdung und

Erstarrung. Es waren Gedichte, die ein Pathos der Liebesklage riskierten und von der Übermacht eines Schmerzes erzählten, der die Horizonte verfinstert. Im vorliegenden Gedicht wird nun in mythischen Chiffren die bittere Geschichte einer Abkehr von göttlichen und weltlichen Ordnungen erzählt. Das lyrische Ich, das hier auftritt, nimmt auf vielfache Weise Abschied von der Welt und schickt noch eine bittere Danksagung an Gott. Märchenmotive wehen heran, die Geschichte Schneewittchens, mit ihr auch naive Redegesten, die dann wieder mit ebenso emphatischem wie irritierendem Ernst vertrieben werden. In einer seltsamen Innigkeit trägt ein Ich, dessen Identität unklar bleibt, ein Sündenbekenntnis vor, spricht von Verfehlungen.

Bereits der Verzehr eines Apfels, so wird nach dem Eingangsvers deutlich, führt auf Irrwege, auf vergiftetes Terrain. Aber es bleibt nicht beim Verzehr der gefährlichen Frucht, das Ich leistet sich noch einen weiteren Akt des Verschlingens, der in mythischen Erzählungen kein Vorbild hat. Nur vom berühmten römischen Despoten Nero wird berichtet, er habe eine Kröte verschluckt, um sich das Gefühl einer Schwangerschaft vorstellen zu können. Das »stille Tier«, das im Gedicht verschluckt wird, scheint dagegen mit Attributen einer Verheißung ausgestattet: es wird verbunden mit einem »mythos-verwobenen Morgen«.

Die folgenden Zeilen scheinen ein Schuldeingeständnis des Ich zu formulieren, wobei zugleich ein gewisser Trotz mitschwingt. Denn das Bewusstsein der bösen Tat hält das Ich nicht von einem (wenn auch vorübergehenden) Glücksgefühl ab. Der letzte Vers macht in lakonischer Härte und schockierender Plötzlichkeit deutlich, dass hier ein Ich spricht, das Abschied nimmt und erkennt, dass die Zeit des Glücks unwiderruflich vorbei ist. So ist das lyrische Subjekt am Ende gefangen in jenem fatalistischen Bewusstsein, das auch den Figuren Samuel Becketts eigen ist, wenn sie auf ihre »Glücklichen Tage« blicken: »Was macht das schon, sage ich immer, es wird ein glücklicher Tag gewesen sein, trotz allem wieder ein glücklicher Tag.«

WALTER GROSS

Absage

Nein,
für euch schreibe ich nicht,
hört nicht zu,
lasst mir meinen Vers,
hört, das Licht,
das stürzende,
singt,
die Lerche,
ein Bündel Muskeln,
Blut und Federn
hoch in der Luft,
weg von euch,
beinahe nicht mehr sichtbar,
allein wie ich,
was hat sie zu schaffen
mit euch, mehr nicht
als ich und mein Vers.

Dem Unglück abgetrotzt

Auf den ersten Blick ein bestürzend negatives Gedicht, das seinem Titel »Absage« alle Ehre macht und mit dem sich sein Verfasser, der heute fast ganz vergessene Schweizer Lyriker Walter Gross, wie für immer von seinen Lesern abzuwenden scheint – rund 35 Jahre vor seinem Tod. Doch der Text ist widersprüchlich; denn so isoliert und schneidend, ja alle Kontakte abschneidend das eröffnende »Nein« auch dasteht und so unmissverständlich die Aufforderung »hört nicht zu« ergeht, so unüberhörbar ist gleichzeitig die Klage des Sprechenden über seine Einsamkeit, in der er offensichtlich doch bemerkt werden will. Darauf deutet ebenfalls die »Lerche« hin, die auch in anderen Texten von Walter Gross auftaucht als eine Art Lieblingsvogel, der die Freiheit symbolisieren soll und hier nun, gleichsam in Großaufnahme, als Identifikationsfigur dient: Sie ist »allein wie ich«. Ist nicht ein Schluchzen vernehmbar hinter jedem dieser drei Wörter? Ist das karge, rhythmisch genaue Gedicht nicht ein schriller Hilferuf?

Walter Gross hat nicht oft derart resigniert und abwinkend geschrieben; er hat seine dem Unglück abgetrotzten Gedichte vielmehr als »Botschaften« verstanden, die stets an ein Gegenüber gerichtet waren und auf »Antworten« warteten. Geboren 1924 in Winterthur als Sohn eines Kesselschmieds, erlernte er den Beruf des Buchbinders und hätte doch viel lieber eine höhere Schule besucht und Ornithologie studiert. Erst mit über 20 Jahren begann er zu schreiben und musste sich das meiste selbst beibringen, hielt aber gerade deshalb umso mehr auf literarische Bildung und geistige Tradition.

Sein erster Gedichtband »Botschaften noch im Staub« erschien 1956 im angesehenen Heinrich Ellermann Verlag.

Hinter den frühen Gedichten erkennt man oft noch die von Gross studierten Vorbilder: besonders Lorca, auch Eich, Huchel, Bobrowski (mit dem er bald eng befreundet war). Es herrscht ein hoher Ton vor, verbunden mit dem sinnlichen Erlebnis des Südens: Florenz, Sizilien, die Entdeckung einer (für ihn) noch lebendigen Antike und ihrer Mythen: »An allem habe ich meinen Teil: / an mir haften die Gerüche / der Früchte, der Feigen, / der Trauben, es glänzt / mein Leib von der Feuchte / roter, zerbrochener Melonen.«

Von solchem Überschwang hat Gross sich in seinem zweiten Gedichtband »Antworten«, der auf Vermittlung von Ingeborg Bachmann 1964 beim Piper Verlag in München erschien, abgekehrt. Der Ton ist lapidar geworden, die Motive der Gedichte profan; alle Emphase ist nach innen zurückgenommen. Es sind meist schlichte Verse, der Alltagsästhetik verpflichtet und von persönlicher Erfahrung geprägt. Anrührend etwa das Bild der Mutter, wie sie in der täglichen Arbeit den »Kummer« von sich weghält, sitzend am Küchentisch »vor den ungelenk geschriebenen / Zetteln auf den Einmachgläsern / voller Fehler.«

Walter Gross, der bedürfnislose Wanderer und Vogelkenner, unterhielt freundschaftliche Beziehungen zu vielen Dichtern seiner Generation, die sich in einem umfangreichen Briefverkehr niederschlugen. Er hat Anerkennung gefunden und hatte gute Aussichten, seine Laufbahn als (Natur-)Lyriker mit Erfolg fortzusetzen. Doch er hat nach dem zweiten Gedichtband nichts mehr veröffentlicht und ist für die letzten 30 Jahre seines Lebens auf rätselhafte Weise verstummt, wie es sich in dem hier vorgestellten Gedicht – eine Absage an jede Verfügbarkeit – bereits andeutete. Wollte er nicht mehr schreiben oder konnte er es nicht mehr? Zweifellos war er als *Prosa*autor gescheitert. Seine soziale Lage war katastrophal; er galt in

Winterthur als Almosenempfänger (und war es auch). Um 1960 erkrankte er schwer an Tuberkulose und verlor schließlich – für ihn wohl der härteste Schlag – die Frau, die er liebte, an einen damals bekannten Literaturkritiker. Er wurde rabiat ungesellig, zog sich in sein Schweigen zurück, verwahrloste im Alter, ein früh gebrochener Greis (wie Fotos zeigen), dessen Gedichte freilich erstaunlich frisch geblieben sind und die nun in einer vorzüglichen Ausgabe der »Gesammelten Werke«, für die Peter Hamm zu danken ist, wieder unverwechselbar zu uns sprechen.

URS ALLEMANN

Alkäisch die sechste

Du regnetest. Ich kroch in ein altes Buch.
Der Scheibenwischer wehte davon. Die Welt
war immer der schwarze Quader
um mich aus Stimmen gepresst der Backstein.

Ich las ja nicht. Ich wurde gelesen. Du
rannst schön an mir herunter. Wir starben nicht.
Als ich mich in den Seiten löste
gab es dich wieder. Erinnerungen.

Mein Opa kannte Wörter wie Synthesis.
Es ist nicht wahr. Er drückte den Kinderkopf
mit Fingern die mit dem Wort Finger
ich zu bezeichnen von ihm gelernt hab.

Du regnest nicht mehr. Bö, ich verstecke mich.
Schlaf du mich, Boa. Schupp mir die Worthaut ab.
Es ist nichts drunter. Das Wort Wunde
schluckt das Wort Wunder. Da. Vogelscheisse.

Im täglichen journalistischen Umgang mit der Sprache des Alltags, so hat Urs Allemann einmal gesagt, befalle ihn ein »ganz starkes Derealisierungsgefühl«. Ein sprachskeptisches Unbehagen an den Stereotypen der geläufigen Rede wirkt denn auch als Antriebsenergie in den Oden und Elegien fort, die Allemann nach langer Schreibpause im Frühjahr 2001 veröffentlichte. Nach langer Suche hatte er endlich eine probate Form gefunden, die dem gefährlichen Eigensog der Sprache Widerstand bot. Er fand sie in der strengsten antiken Gedichtform überhaupt: der Ode mit ihrer metrisch genau festgelegten Zahl von betonten und unbetonten Silben in den jeweils vierzeiligen Strophen.

Bis in die neunziger Jahre hinein galt ja die Anverwandlung antiker Formen als Inbegriff lyrischer Rückständigkeit. Nur wenige hatten die Worte des Dichters Ludwig Greve im Ohr, der bereits 1979 plausibel dargelegt hatte, dass das lyrische Sprechen in einer streng geregelten Form zur Präzision zwingt. »Andere«, so Greve damals, »suchen Halt in einer Gruppe oder Überzeugung, ich fand ihn in der alten, immer neu zu gewinnenden Form der Ode.« Zu diesem Zeitpunkt schienen die Möglichkeiten der Ode längst erschöpft. Hölderlin hatte die alkäische und asklepiadeische Odenstrophe zur Vollendung geführt, im 20. Jahrhundert lieferten Dichter wie Rudolf Alexander Schröder und Josef Weinheber fast nur noch epigonale Reprisen dieser Gedichtform.

Urs Allemann erprobt nun eine motivische Erweiterung und formale Radikalisierung der antiken Form, indem er Bilder der Gewalt und Metaphern des Zerreißens und Schneidens in die Ode einführt, die dort bislang kaum Platz gefunden hatten. Hier konstituiert sich nicht eine Sprache der »ständigen Entzückung«, wie sie die traditionelle Lyriktheorie für die Ode vorsieht, sondern eine fragmentarische Sprache der Verstörung und der Glossolalie, die schmerzhafte Einschnitte an Körpern und am Sprachmaterial selbst thematisiert. Die Abfolge der Silben wird konsequent eingehalten, aber zugleich wird die Ode von innen her durch eine brüchige und assoziativ verschlungene Sprachbewegung aufgesprengt. Allemanns Oden sind von prekärer semantischer Instabilität, bewegen sich über Paradoxien, Unschärfen und Sinn-Verweigerungen vorwärts. Eine Identität der Subjekte kann es hier ebenso wenig geben wie eine sprachliche »Synthesis«.

Schon die erste Zeile der vorliegenden alkäischen Ode versucht sich in einer grotesk erscheinenden Gegenüberstellung von Geist und Natur: Ein Ich, das sich in ein altes Buch verkriecht, trifft auf ein Du, das den Regen repräsentiert. Dieses Ich bleibt zunächst genau so unbestimmt wie die Welt aus Wörtern, in die es hineinwächst. Es scheint eingeschlossen zu sein in eine monolithische Welt vor der Ausdifferenzierung der Dinge: in den schwarzen Quader, den Backstein, in den gewalttätigen Griff des Großvaters. Zugleich steht dieses Ich ganz im Zeichen von Sprache und Schrift. Das »alte Buch« wird zum Zufluchtsort, das Ich selbst zum Gegenstand von Lektüre. Aber nie stellt sich die Einheit von Wort und Ding her, die von der Tradition gestiftete und von Kant formulierte Erfahrung der »Synthesis« hat keine Geltung mehr. Im mühevollen Prozess des Zur-Sprache-Kommens tastet sich das Ich über Klangähnlichkeiten vorwärts: über die Homophonie von »Opa« und »Boa« und den feinen Unterschied von »Wunde« und »Wunder«. Überall, wo sich hier Sprache einnistet, lauert auch Gewalt: »Schupp mir die Worthaut ab.« Zurück bleibt der versehrte Körper, hautlos und sprachlos.

RAINER BRAMBACH

Brief an Hans Bender

Für uns die Konturen,
die Akzente.
Für uns das Tabaksfeld mannshoch
und der Weinberg im Badischen Land.
Für uns die Silberpappel am Rhein,
der Vogelschwarm unter den Wolken,
und von mir aus alles,
was über den Wolken ist.

Für dich der Tisch, das Papier
und die verläßliche Feder –
Für mich die Axt,
ich mag Trauerweiden nicht.
Was sind das für Bäume,
die zu Boden zeigen, Hans,
seit Straßburg neben mir unterwegs
auf dieser Erde.

Ein Widmungsgedicht, ein Freundschaftspoem. Man könnte auch von einem »lyrischen Brief« sprechen, denn der Text ist tatsächlich an ein Gegenüber gerichtet: an den Schriftsteller, langjährigen Herausgeber von Zeitschriften und Anthologien, Kritiker und Förderer unbekannter Talente Hans Bender – ein Genie der Freundschaft, Nähe mit Distanz, Mitteilsamkeit mit Diskretion verbindend. Die vermutlich intensivste Dichterfreundschaft, die Hans Bender je einging, galt dem Basler Lyriker und Erzähler Rainer Brambach, der im Unterschied zu dem eher stillen und vorsichtigen Schreibtischmenschen ein Naturbursche gewesen sein dürfte, der dem Literaturbetrieb fernstand, ein vitaler Lebenskünstler und Frauenfreund, der sein Geld als Steinmetz und im Gartenbau verdiente: »Ich muß täglich neuneinhalb Stunden körperlich schwer arbeiten.«

Schon 1954, im ersten Heft der »Akzente«, deren Mitbegründer er war, hat Bender drei Gedichte des ihm von Günter Eich empfohlenen Brambach abgedruckt, und er hat ihn auch weiterhin mehr als irgendeinen anderen Dichter gefördert. So bekam Brambach auf Benders Betreiben hin 1955 in Straßburg den Hugo Jacobi-Preis verliehen. Man besuchte einander in Oftersheim, Mannheim, Basel und später in Köln; zwischendurch ermahnte Bender den Freund: »Hoffentlich hast du nicht nur getrunken, sondern auch einige neue Verse geschrieben, denn überall hört man die Klage: der Brambach produziert zu wenig.«

So verschieden Bender und Brambach, Charakter wie Lebensführung betreffend, auch waren, sie verband vor allem die Liebe zur Literatur und ein ähnliches Verständnis vom

Schreiben. Beide verzichteten auf große Worte, bevorzugten den einfachen Ausdruck, eine alltagsnahe, »natürliche« Sprache, einen kargen, doch warmherzigen Ton. Das demonstriert auch der vorliegende »Brief an Hans Bender«. Er besteht aus zwei Strophen zu je acht Versen und wird geprägt durch einen sich wiederholenden pointierten Auftakt (»Für uns«, »Für dich«, »Für mich«). Die erste Strophe nennt die von Bender herausgegebenen Zeitschriften »Konturen« (1952/53) und »Akzente« (1954-1980), skizziert auch dessen Herkunftslandschaft im Kraichgau und am Oberrhein mit Tabak und Wein und der von ihm geliebten »Silberpappel«. In einigen Briefen hat Brambach später den Freund an »das Tabakfeld in Oftersheim« erinnert (das Bender übrigens auch bedichtet hat); es galt ihm als Sinnbild ihrer mal mehr mal weniger bewegten Jugend. Die zweite Strophe zeigt jeden an seinem besonderen Arbeitsplatz und spielt am Ende auf jene erste Preisverleihung in Straßburg an, mit der die Lebensfreundschaft begann.

Brambach schrieb dieses kraftvoll-positive, Nähe be- wie erzeugende Freundschaftsgedicht 1962 für eine Jubiläumsnummer der »Akzente«, worin es jedoch nicht erschien. Vielleicht hatte der Mitherausgeber Walter Höllerer Einwände. Bender veröffentlichte es erstmals 1965 in dem ebenfalls von ihm (mit-)edierten »Jahresring«.

Der so naturverbundene Rainer Brambach, der indes Trauerweiden mit der Axt zusetzte, gilt in der Schweiz neben Walter Gross als herausragender Lyriker seiner Generation (beide haben einen proletarischen Hintergrund). In Deutschland, wo man seltsamerweise intellektuelle und experimentelle Dichter bevorzugt, scheint sein Werk – »gutes Schwarzbrot«, wie er es selbst nannte – weithin vergessen, was nicht nur seinen noch immer in der Kölner Taubengasse wohnenden Freund und Förderer traurig stimmen dürfte.

ULJANA WOLF

kinderlied

mein vater
der kleine trompeter
gab sein blut
für unsre kehlen

singend führn wir
ihn im schilde
spielend schaufeln
wir sein grab

mein wächter
der kleine trompeter
mit dem blech
an seinen lippen

bläst uns
wenn die herzen
aus der deckung treten
seinen marsch

Dieses verstörende »kinderlied« führt zunächst zurück zu den Urszenen deutscher Geschichte. Im März 1925 wurde bei einer Wahlveranstaltung der Kommunistischen Partei Deutschlands ein Hornist des Roten Frontkämpferbundes von der Polizei erschossen. Dieses Ereignis bildete das mythische Ingrediens der antifaschistischen Heldenlegende vom »kleinen Trompeter«. Es entstanden Lieder und Filme vom »kleinen Trompeter«; nach Gründung der DDR gehörten »die kleinen Trompeterbücher« zum Standardinventar des sozialistischen Kinderzimmers. In ihren lyrischen Suchbewegungen nach den Brennpunkten deutscher und polnischer Geschichte greift die 1979 geborene Uljana Wolf dieses Motiv wieder auf.

In ihrem preisgekröntem Debütbuch »kochanie ich habe brot gekauft« (2005) steht das »kinderlied« in einem weit gespannten Motivkreis von Vater-Tochter-Geschichten. Zunächst fragt hier das lyrische Ich der Gedichte nach den lebensgeschichtlichen Prägungen durch »die Väter«, und anschließend nach den Fähigkeiten der Töchter, sich gegen das allgewaltige Wort der Väter zu behaupten. Die Vater-Tochter-Konstellation kehrt wieder in den drei weiteren Abteilungen dieses streng komponierten Gedichtbuches. In einem Zyklus wird zum Beispiel die grausame Geschichte des römischen Feldherrn Titus Andronicus und seiner Tochter Lavinia aufgerufen, und die ästhetisch-theatralischen Spiegelungen dieses Stoffs in den Stücken Shakespeares und Heiner Müllers. In einem Kommentar zu diesem Shakespeare-Gedicht hat Uljana Wolf das Lavinia-Schicksal als Opfergeschichte gedeutet: die Vergewaltigung der »töchterkörper« interpretiert sie als ein Strukturmerkmal patriarchaler Gesellschaften.

Ganz anders nun das »kinderlied« vom »kleinen trompeter«, in dem die Gestalt des Vaters zunächst nicht als Instanz einer allmächtigen Gewalt auftritt, sondern als Beschützerfigur und als Objekt einer unbestimmten Sehnsucht. Es ist ein raffiniertes Vexierspiel um Begehren, Beschütztwerden und Gewaltdrohung, das in diesen vier Vierzeilern entfaltet wird. Das Lied des kleinen Trompeters ist Verheißung und zugleich Stereotyp. Die Ambivalenz der Emotionen, die sich an die Vatergestalt heften, drückt sich aus in der Ambivalenz der Bilder. Da ist der kindliche Gesang, der den »kleinen Trompeter« bezeichnenderweise »im schilde führt« – es geht also, wenn man die Redewendung »etwas im Schilde führen« wörtlich nimmt, auch um ein Ränkespiel des lyrischen »Wir«, das der väterlichen Imago gilt. Und rätselhaft paradoxal sind auch die zwei folgenden Verse der zweiten Strophe: Das Schaufeln des Grabs wird als »spielerischer« Akt dargestellt – auch hier gibt es also ein Nebeneinander von Unbeschwertheit, Aggression und Todesdrohung. Wenn am Ende auch noch »ein Marsch geblasen« wird, dann verwischt endgültig das Bild einer kindlichen Bewunderung des Vaters. Denn es meint ja die Markierung einer autoritären Geste, wenn jemandem »der Marsch geblasen« wird. Dieses Widerspiel der Ambivalenzen und semantischen Vieldeutigkeiten macht den nicht geringen Reiz der Gedichte Uljana Wolfs aus.

AUTORENVERZEICHNIS

Aichinger, Ilse, *1921 in Wien. Lebt in Wien. Das abgedruckte Gedicht ist aus: *Verschenkter Rat*, Frankfurt a. M. 1991. (169)

Allemann, Urs, *1948 in Schlieren bei Zürich. Lebt in Reigoldswil bei Basel. Das abgedruckte Gedicht ist aus: *schoen! schoen!*, Weil am Rhein 2003. (342)

Anderson, Sascha, *1953 in Weimar. Lebt in Berlin. Das abgedruckte Gedicht ist aus: *Jewish Jetset*, Berlin 1991. (37)

Astel, Hans Arnfrid, *1933 in München. Lebt in Saarbrücken. Das abgedruckte Gedicht ist aus: *Wohin der Hase läuft*, Leipzig 1992. (60)

Bächler, Wolfgang, *1925 in Augsburg. Er starb 2007. Das abgedruckte Gedicht ist aus: *Wo die Wellenschrift endet*, Denklingen 2000. (237)

Becker, Jürgen, *1932 in Köln. Er lebt dort. Das abgedruckte Gedicht ist aus: *Beispielsweise am Wannsee*, Frankfurt a. M. 1992. (76)

Bender, Hans, *1919 in Mühlhausen (Kraichgau). Lebt in Köln. Das abgedruckte Gedicht ist aus: *Akzente*, Heft 6, München 1955. (241)

Beyer, Marcel, *1965 in Tailfingen. Lebt in Dresden. Das abgedruckte Gedicht ist aus: *Zwischen den Zeilen*, Heft 4, Weil am Rhein 1994. (128)

Bossert, Rolf, *1952 in Reschitza (Rumänien). Er starb 1986. Das abgedruckte Gedicht ist aus: *Auf der Milchstraße wieder kein Licht*, Berlin 1986. (199)

Bossong, Nora, *1982 in Bremen. Lebt in Berlin. Das abgedruckte Gedicht ist aus: *Reglose Jagd*, Springe 2007. (307)

Brambach, Rainer, *1917 in Basel. Starb dort 1983. Das abgedruckte Gedicht ist aus: *Gesammelte Gedichte*, Zürich 2003. (345)

Brasch, Thomas, *1945 in Westow (Yorkshire). Er starb 2001. Das abgedruckte Gedicht ist aus: *Der schöne 27. September*, Frankfurt a. M. 1980. (266)

Braun, Volker, *1939 in Dresden. Lebt in Berlin. Das abgedruckte Gedicht ist aus: *neue deutsche literatur*, Heft 12, Berlin 1991. (82)

Delius, Friedrich Christian, *1943 in Rom. Lebt in Berlin. Das abgedruckte Gedicht ist aus: *Selbstporträt mit Luftbrücke*, Reinbek 1993. (72)

Derschau, Christoph, *1938 in Potsdam. Er starb 1995. Das abgedruckte Gedicht ist aus: *So hin und wieder die eigene Haut ritzen*, Frankfurt a. M. 1986. (251)

Dietrich, Wolfgang, *1956 in München. Lebt in Dresden. Das abgedruckte Gedicht ist aus: *Zwischen den Zeilen*, Heft 9, Weil am Rhein 1996. (173)

Domašcyna, Róža, *1951 in Zerna (Sernjany). Lebt in Bautzen. Das abgedruckte Gedicht ist aus: *Zaungucker*, Berlin 1991. (104)

Domin, Hilde, *1909 in Köln. Sie starb 2006. Das abgedruckte Gedicht ist aus: *Der Baum blüht trotzdem*, Frankfurt a. M. 1999. (225)

Donhauser, Michael, *1956 in Vaduz (Liechtenstein). Lebt dort und in Wien. Das abgedruckte Gedicht ist aus: *Sarganserland*, Weil am Rhein 1998. (248)

Draesner, Ulrike, *1962 in München. Lebt in Berlin. Das abgedruckte Gedicht ist aus: *gedächtnisschleifen*, Frankfurt a. M. 1991. (135)

Drawert, Kurt, *1956 in Henningsdorf. Lebt in Darmstadt. Das abgedruckte Gedicht ist aus: *Frühjahrskollektion*, Frankfurt a. M. 2002. (196)

Enzensberger, Hans Magnus, *1929 in Kaufbeuren. Lebt in München. Das abgedruckte Gedicht ist aus: *Zukunftsmusik*, Frankfurt a. M. 1995. (23)

Fels, Ludwig, *1946 in Treuchtlingen. Lebt in Wien. Das abgedruckte Gedicht ist aus: *Jahrbuch der Lyrik 1998/99*, München 1998. (206)

Forestier, George (Pseudonym für Karl Emerich Krämer), *1918 in Düsseldorf. Er starb 1987. Das abgedruckte Gedicht ist aus: *Ich schreibe mein Herz in den Staub der Straße*, Düsseldorf und Köln 1952. (283)

Fried, Erich, *1921 in Wien. Er starb 1988. Das abgedruckte Gedicht ist aus: *Gründe. Gesammelte Gedichte*, Berlin 1989. (19)

Fritz, Walter Helmut, *1929 in Karlsruhe. Er lebt dort. Das abgedruckte Gedicht ist aus: *Das offene Fenster*, Hamburg 1997. (218)

Frommel, Wolfgang, *1902 in Karlsruhe. Er starb 1986. Das abgedruckte Gedicht ist aus: *Gedichte*, Berlin 1937. (303)

Geissler, Christian, *1928 in Hamburg. Er starb 2008. Das abgedruckte Gedicht ist aus: *Klopfzeichen*, Reinbek 1998. (202)

Gerlach, Harald, *1940 in Bunzlau (Schlesien). Er starb 2001. Das abgedruckte Gedicht ist aus: *Wüstungen*, Berlin 1989. (29)

Gräf, Dieter M., *1960 in Ludwigshafen. Lebt in Berlin. Das abgedruckte Gedicht ist aus: *Rauschstudie: Vater + Sohn*, Frankfurt a. M. 1994. (40)

Greve, Ludwig, *1924 in Berlin. Er starb 1991. Das abgedruckte Gedicht ist aus: *Sie lacht und andere Gedichte*, Frankfurt a. M. 1991. (50)

Gross, Walter, *1924 in Winterthur. Er starb dort 1999. Das abgedruckte Gedicht ist aus: *Werke und Briefe*, Zürich 2005. (338)

Grünbein, Durs, *1962 in Dresden. Lebt in Berlin. Das abgedruckte Gedicht ist aus: *Falten und Fallen*, Frankfurt a. M. 1994. (63)

Grünzweig, Dorothea, *1952 in Korntal (Württemberg). Lebt in Südfinnland. Das abgedruckte Gedicht ist aus: *Glasstimmen lasinäänet*, Göttingen 2004. (321)

Härtling, Peter, *1933 in Chemnitz. Lebt in Mörfelden-Walldorf. Das vorgestellte Gedicht ist aus: *Die Mörsinger Pappel*, Frankfurt a. M. 1987. (331)

Hahn, Ulla, *1946 in Brachthausen (Sauerland). Lebt in Hamburg. Das vorgestellte Gedicht ist aus: *Spielende*, Stuttgart 1983. (310)

Hahs, Heinz G., *1934 in Köln. Lebt in Mainz. Das abgedruckte Gedicht ist aus: *Obloch nämlich. Gedichte aus 30 Jahren*, Mainz 1986. (26)

Hamm, Peter, *1937 in München. Lebt in Starnberg. Das abgedruckte Gedicht ist aus: *Der Balken*, München 1981. (13)

Handke, Peter, *1942 in Griffen (Kärnten). Lebt bei Paris. Das abgedruckte Gedicht ist aus: *Das Ende des Flanierens*, Frankfurt a. M. 1980. (131)

Happel, Lioba, *1957 in Aschaffenburg. Lebt in Lausanne. Das vorgestellte Gedicht ist aus: *Park*, Heft 59/60, Berlin 2005. (334)

Haufs, Rolf, *1935 in Düsseldorf. Lebt in Berlin. Das abgedruckte Gedicht ist aus: *Vorabend*, München 1994. (163)

Heckmann, Herbert, *1930 in Frankfurt a. M.. Er starb 1999. Das abgedruckte Gedicht ist aus: *Akzente*, Heft 3, München 1955. (233)

Hein, Manfred Peter, *1931 in Darkehmen (Ostpreußen). Lebt in Finnland. Das abgedruckte Gedicht ist aus: *Über die dunkle Fläche*, Zürich 1994. (108)

Herbeck, Ernst, *1920 in Stockerau bei Wien. Er starb 1991. Das abgedruckte Gedicht ist aus: *Im Herbst da reiht der Feenwind*, Salzburg und Wien 1992. (69)

Herburger, Günter, *1932 in Isny. Lebt wieder dort. Das abgedruckte Gedicht ist aus: *Sturm und Stille*, Hamburg 1993. (88)

Hilbig, Wolfgang, *1941 in Meuselwitz (Sachsen). Er starb 2007. Das abgedruckte Gedicht ist aus: *abwesenheit*, Frankfurt a. M. 1979. (46)

Höllerer, Walter, *1922 in Sulzbach-Rosenberg. Er starb 2003. Das abgedruckte Gedicht ist aus: *Der andere Gast*, Lyrikedition 2000, München 2000. (287)

Holschuh, Andreas, *1957 in Sinsheim. Er starb 1996. Das abgedruckte Gedicht ist aus: *Unterderhand*, Heidelberg 1996. (180)

Igel, Jayne-Ann, *1954 in Leipzig. Lebt in Dresden. Das abgedruckte Gedicht ist aus: *Das Geschlecht der Häuser gebar mir fremde Orte*, Frankfurt a. M. 1989. (152)

Jandl, Ernst, *1925 in Wien. Starb dort 2000. Das abgedruckte Gedicht ist aus: *idyllen*, Hamburg 1989. (141)

Kempker, Birgit, *1956 in Wuppertal. Lebt in Basel. Das abgedruckte Gedicht ist aus: *Als ich das erste Mal mit einem Jungen im Bett lag*, Graz 1998. (229)

Kirsch, Sarah, *1935 in Limlingerode (Südharz). Lebt in Tielenhemme (Schleswig-Holstein). Das abgedruckte Gedicht ist aus: *Rückenwind*, Ebenhausen bei München, 1977. (269)

Kirsten, Wulf, *1934 in Klipphausen (Kreis Meißen). Lebt in Weimar. Das abgedruckte Gedicht ist aus: *Stimmenschotter*, Zürich 1993. (32)

Kling, Thomas, *1957 in Bingen. Er starb 2005. Das abgedruckte Gedicht ist aus: *brennstabm*, Frankfurt a. M. 1991. (16)

Kolbe, Uwe, *1957 in Berlin. Lebt dort. Das abgedruckte Gedicht ist aus: *Vaterlandkanal. Ein Fahrtenbuch*, Frankfurt a. M. 1990. (166)

Kolleritsch, Alfred, *1931 in Brunnsee (Steiermark). Lebt in Graz. Das abgedruckte Gedicht ist aus: *Zwei Wege, mehr nicht*, Salzburg und Wien 1993. (98)

Kolmar, Gertrud, *1894 in Berlin. 1943 in Auschwitz verschollen. Das abgedruckte Gedicht ist aus: *Das lyrische Werk in 3 Bänden*, Band 2, Göttingen 2003. (317)

Kommerell, Max, *1902 in Münsingen (Württemberg). Er starb 1944. Das abgedruckte Gedicht ist aus: *Rückkehr zum Anfang*, Frankfurt a. M. 1956. (276)

Koneffke, Jan, geboren 1960 in Darmstadt. Lebt in Wien. Das abgedruckte Gedicht ist aus: *Was rauchte ich Schwaden zum Mond*, Köln 2001. (280)

Krechel, Ursula, *1947 in Trier. Lebt in Berlin. Das abgedruckte Gedicht ist aus: *Landläufiges Wunder*, Frankfurt a. M. 1995. (176)

Krolow, Karl, *1915 in Hannover. Er starb 1999. Das abgedruckte Gedicht ist aus: *Ich höre mich sagen*, Frankfurt a. M. 1992. (215)

Krüger, Michael, *1943 in Wittgensdorf (Sachsen). Lebt in München. Das abgedruckte Gedicht ist aus: *Brief nach Hause*, Salzburg und Wien 1993. (95)

Küchler, Sabine, *1965 in Bremen. Lebt in Köln. Das abgedruckte Gedicht ist aus: *Unter Wolken*, Heidelberg 2005. (138)

Kühn, Johannes, *1934 in Bergweiler (Saar). Lebt in Hasborn. Das abgedruckte Gedicht ist aus: *Leuchtspur*, München 1995. (148)

Laschen, Gregor, *1941 in Ückermünde (Vorpommern. Lebt in Bremen. Das abgedruckte Gedicht ist aus: *Die andere Geschichte der Wolken*, München 1983. (79)

Laubscher, Werner, *1927 in Kaiserslautern. Lebt in Landau. Das abgedruckte Gedicht ist aus: *Wortflecht und Lautbeiß,* Annweiler 1989. (66)

Lehnert, Christian, *1969 in Dresden. Lebt in Burkhardswalde. Das abgedruckte Gedicht ist aus: *Der Augen Aufgang,* Frankfurt a. M. 2000. (209)

Lenz, Hermann, *1913 in Stuttgart. Er starb 1998. Das abgedruckte Gedicht ist aus: *Akzente*, Heft 1/1988, München 1988. (92)

Lippet, Johann, *1951 in Wels. Lebt in Sandhausen. Das abgedruckte Gedicht ist aus: *Abschied, Laut und Wahrnehmung*, Heidelberg 1994. (160)

Mayröcker, Friederike, *1924 in Wien. Sie lebt dort. Das abgedruckte Gedicht ist aus: *Zwischen den Zeilen*, Heft 4/1994, Basel/Weil am Rhein 1994. Unter dem Titel »Für Christa Wolf« abgedruckt in: *Gesammelte Gedichte*, Frankfurt a. M. 2004. (124)

Meckel, Christoph, *1935 in Berlin. Er lebt dort. Das abgedruckte Gedicht ist aus: *Park*, Heft 47/48, Berlin 1994. (114)

Michel, Sascha, *1970 in Biblis. Lebt in Frankfurt. Das abgedruckte Gedicht ist aus: *Jahrbuch der Lyrik 9*, Hamburg 1993. (85)

Mickel, Karl, *1935 in Dresden. Er starb im Jahr 2000. Das abgedruckte Gedicht ist aus: *Geisterstunde*, Göttingen 2004. (328)

Nakitsch, Marian, *1952 in Novska (Kroatien). Lebt in Berlin. Das abgedruckte Gedicht ist aus: *Flügelapplaus*, Frankfurt a. M. 1994. (121)

Novak, Helga M., *1935 in Berlin. Lebt in Legbad (Polen). Das abgedruckte Gedicht ist aus: *Märkische Feemorgana*, Frankfurt a. M. 1989. (111)

Oleschinski, Brigitte, *1955 in Köln. Lebt in Berlin. Das abgedruckte Gedicht ist aus: *Your Passport is Not Guilty*, Reinbek 1997. (183)

Ostermaier, Albert, *1967 in München. Lebt dort. Das abgedruckte Gedicht ist aus: *Herz Vers Sagen*, Frankfurt a. M. 1995. (187)

Palm, Erwin Walter, *1910 in Frankfurt. Er starb 1988. Das abgedruckte Gedicht ist aus: *Transit. Lyrikbuch der Jahrhundertmitte*, hrsg. von Walter Höllerer, Frankfurt a. M. 1956. (290)

Pietraß, Richard, *1946 in Lichtenstein (Sachsen). Lebt in Berlin. Das abgedruckte Gedicht ist aus: *Schattenwirtschaft*, Leipzig 2002. (297)

Pohlmann, Tom, *1962 in Altenburg. Lebt in Leipzig. Das abgedruckte Gedicht ist eine Erstveröffentlichung. (190)

Rinck, Monika, *1969 in Zweibrücken. Lebt in Berlin. Das abgedruckte Gedicht ist aus: *zum fernbleiben der umarmung*, Berlin 2007. (314)

Rothmann, Ralf, *1953 in Schleswig. Lebt in Berlin. Das abgedruckte Gedicht ist aus: *Gebet in Ruinen*, Frankfurt a. M. 2000. (273)

Rühmkorf, Peter, *1929 in Dortmund. Er starb 2008. Das abgedruckte Gedicht ist aus: *Laß leuchten!*, Reinbek 1993. (221)

Saalfeld, Martha, *1898 in Landau (Pfalz). Sie starb 1976. Das abgedruckte Gedicht ist aus: *Die Gedichte*. Hg. von Berthold Roland, Blieskastel 1998. (262)

Salzinger, Helmut, *1935 in Essen. Er starb 1993. Das abgedruckte Gedicht ist aus: *Die beiden Hände des Sperbers*, Ostheim 1993. (101)

Sartorius, Joachim, *1946 in Fürth. Lebt in Berlin. Das abgedruckte Gedicht ist aus: *Freundschaft der Dichter*, hrsg. von Werner Söllner, Zürich 1997. (193)

Schedlinski, Rainer, *1956 in Magdeburg. Lebt in Berlin. Das abgedruckte Gedicht ist aus: *Die Männer der Frauen*, Berlin 1991. (43)

Schrott, Raoul, *1964 in Tirol. Lebt dort und in Irland. Das abgedruckte Gedicht ist aus: *Weißbuch*, München 2004. (324)

Seiler, Lutz, *1963 in Gera. Lebt in Wilhelmshorst. Das abgedruckte Gedicht ist aus: *Sprache im technischen Zeitalter*, Heft 148, Berlin 1998. (212)

Söllner, Werner, *1951 in Horia (Rumänien). Lebt in Frankfurt. Das abgedruckte Gedicht ist aus: *Der Schlaf des Trommlers*, Zürich 1992. (57)

Stolterfoht, Ulf, *1963 in Stuttgart. Lebt in Berlin. Das abgedruckte Gedicht ist aus: *fachsprachen X-XVIII*, Basel und Weil am Rhein 2002. (66)

Streubel, Manfred, *1932 in Leipzig. Er starb 1992. Das abgedruckte Gedicht ist aus: *Gedenkminute für Manfred Streubel*, hrsg. von Wulf Kirsten u.a., Dresden 1993. (144)

Theobaldy, Jürgen, *1944 in Straßburg. Lebt in Bern. Das abgedruckte Gedicht ist aus: *In den Aufwind*, Berlin 1990. (54)

Thill, Hans, *1954 in Baden-Baden. Lebt in Heidelberg. Das abgedruckte Gedicht ist aus: *Gelächter Sirenen*, Heidelberg 1985. (117)

Urweider, Raphael, *1974 in Bern. Lebt in Freiburg (Schweiz). Das abgedruckte Gedicht ist aus: *Lichter in Menlo Park*, Köln 2000. (258)

Vesper, Guntram, *1941 in Frohburg (Sachsen). Lebt in Göttingen. Das abgedruckte Gedicht ist aus: *Die Inseln im Landmeer*, Frankfurt a.M. 1984. (254)

Wagner, Jan, *1971 in Hamburg. Lebt in Berlin. Das abgedruckte Gedicht ist aus: *Guerickes Sperling*, Berlin 2004. (300)

Wolf, Uljana, *1979 in Berlin. Sie lebt dort. Das abgedruckte Gedicht ist aus: *kochanie ich habe brot gekauft*, Berlin 2005. (348)

Wurm, Franz, *1926 in Prag. Lebt in Zürich. Das abgedruckte Gedicht ist aus: *Dreiundfünfzig Gedichte*, Zürich 1996. (156)

Ziebritzki, Henning, *1961 in Wunstorf. Lebt in Tübingen. Das abgedruckte Gedicht ist aus: *manuskripte*, Heft 156, Graz 2002. (294)

KOMMENTARNACHWEIS

Michael Braun, 1958 in Hauenstein (Pfalz) geboren, lebt in Heidelberg. Er ist Literaturkritiker und Herausgeber des Deutschlandfunk-Lyrikkalenders sowie zahlreicher Anthologien.

Kommentare auf den Seiten:

17, 18, 24, 25, 30, 31, 38, 39, 44, 45, 52, 53, 58, 59, 64, 65, 70, 71, 77, 78, 83, 84, 90, 91, 96, 97, 102, 103, 109, 110, 115, 116, 122, 123, 129, 130, 136, 137, 142, 143, 150, 151, 157, 158, 159, 164, 165, 170, 171, 172, 177, 178, 179, 184, 185, 186, 191, 192, 197, 198, 203, 204, 205, 210, 211, 216, 217, 222, 223, 224, 230, 231, 232, 238, 239, 240, 246, 247, 252, 253, 259, 260, 261, 267, 268, 274, 275, 281, 282, 288, 289, 295, 296, 301, 302, 308, 309, 315, 316, 322, 323, 329, 330, 335, 336, 337, 343, 344, 349, 350

Michael Buselmeier, 1938 in Berlin geboren, lebt als Publizist und Schriftsteller in Heidelberg. Er veröffentlichte Romane, Essays und mehrere Gedichtbände, zuletzt *Lichtaxt* (Wunderhorn 2006).

Kommentare auf den Seiten:

14, 15, 21, 22, 27, 28, 34, 35, 36, 41, 42, 47, 48, 49, 55, 56, 61, 62, 67, 68, 73, 74, 75, 80, 81, 86, 87, 93, 94, 99, 100, 105, 106, 107, 112, 113, 118, 119, 120, 125, 126, 127, 132, 133, 134, 139, 140, 145, 146, 147, 153, 154, 155, 161, 162, 167, 168, 174, 175, 181, 182, 188, 189, 194, 195, 200, 201, 207, 208, 213, 214, 219, 220, 226, 227, 228, 234, 235, 236, 242, 243, 249, 250, 255, 256, 257, 263, 264, 265, 270, 271, 272, 277, 278, 279, 284, 285, 286, 292, 293, 298, 299, 304, 305, 306, 311, 312, 313, 318, 319, 320, 325, 326, 327, 332, 333, 339, 340, 341, 346, 347